Pasión por la banca

Pasión por la banca

Isidre Fainé Casas

Robert Tornabell Carrió

EDICIONES DEUSTO S·A·

Alameda de Recalde, 27
48009 Bilbao

Diseño de la cubierta: Eduard Benito

Composición: Natàlia Bozicevich

Impresión: Grafos, S.A.

ISBN: 84-234-1804-9
Depósito legal: B -7627-2001

Impreso en España

Índice

Prólogo

Éste es un libro poco común y también lo es su título (porque la pasión, según Aristóteles, es lo contrario a la acción, y no obstante todo el texto nos anima a comprometernos de una manera activa en procesos de mejora de toda índole). Es evidente que está escrito para todos los empleados de bancos y cajas de ahorro y desde luego vibra en él la emoción del ejercicio de una actividad sin la que no sería posible tener una economía moderna y disfrutar de los servicios que hacen posible la creación de nuevos empleos y hacer más fácil la vida de los ciudadanos.

Es un libro poco común también porque tiene un hilo conductor desacostumbrado, que a menudo se pasa por alto: los empleados, es decir, los verdaderos protagonistas de las entidades financieras. Los que hacen posible que a través de ellos se transmita la imagen de cada entidad y por cuya mediación los clientes perciben la calidad de los servicios que esperan cuando contratan con los intermediarios financieros. En la industria manufacturera, la calidad puede calibrarse de antemano y se mejora mucho antes de que los productos entren en el proceso de distribución y lleguen al consumidor final. En la banca, la calidad depende de una manera creciente de las actitudes, del entusiasmo y del buen hacer de los empleados. Ellos son a la vez los que muchas veces "crean el servicio" (lo personalizan) y los que lo distribuyen. Ellos son los que hacen real lo que podría quedar en simples apuntes electrónicos o contratos y condiciones de servicio.

Que la preocupación por los protagonistas de las entidades financieras sea el hilo conductor de todo el texto no quiere decir que no se traten las cuestiones que han de permitir a bancos y cajas reinventarse, alcanzar nuevas formas de relación con los clientes, los de hoy y los de mañana. Es muy posible que el libro no nos descubra nuevos mediterráneos, pero a través de una nueva forma de mirar la realidad nos da toda una serie de perspectivas nuevas, algunas de no escaso valor práctico. Entre otras, redescubre lo que valen las redes de oficinas, "el tesoro oculto de las cajas de ahorro", según se dice textualmente en el Capítulo 6. Y eso conviene decirlo de una manera incisiva, porque el sistema bancario español - a diferencia de otros menos eficientes - ha sido capaz de tener puntos de venta en los que podía atenderse al público y a las empresas sin sobrecargas excesivas sobre los gastos de explotación, fundamentalmente porque las ganancias de productividad lo hacían posible.

Quienes se anticiparon en la creación de redes de oficinas sólidas y eficaces, con medios telemáticos modernos y cajeros automáticos para las tareas más repetitivas - algunos desde la década de los años setenta - pueden ahora prestar los servicios de la banca electrónica y hacer complementarias las redes virtuales de Internet con las redes de "tejas y ladrillos" de las oficinas distribuidas en amplios territorios. No son redes competitivas, sino complementarias, que crean sinergias de alcances insospechados.

Las actividades que no se renuevan son rápidamente desplazadas; los clientes emigran hacia otras ofertas mejores y lo mismo podría ocurrir en la banca. Pero en el libro se brindan nuevas soluciones: a diferencia de otros negocios, en la banca las posibilidades de ofrecer nuevos servicios sólo tienen por límite nuestra propia imaginación y la capacidad de brindarlos con la calidad necesaria para unos consumidores que serán cada vez más exigentes. De lo que se trata es de pasar de una manera decidida al márketing relacional, de preguntarnos qué clientes tenemos hoy y cuáles serán los de mañana. De indagar qué esperan de nosotros y anticiparnos a nuestros competidores.

Voltaire solía decir que si vemos a un banquero asomarse por una ventana es que tiene un negocio a la vista a pocos metros; hoy podemos cambiar el sentido de la expresión: allí donde existen "ventanas tecnológicas" se dan también las nuevas oportunidades para la banca moderna.

Algunos temen que con la telefonía móvil de tercera generación ("UMTS") se crearán "oficinas de bolsillo" a disposición de cada ciudadano y que con ello desaparecerán las tarjetas de crédito y una parte de las actividades de intermediación de los bancos. Eso difícilmente puede suceder en la nueva economía digital.

Lo que está ocurriendo en los Estados Unidos demuestra lo contrario: la telefonía móvil avanzada, integrada con Internet, hace posible multiplicar las ventas cruzadas de los bancos modernos; les permite entrar en nuevos segmentos de mercado y ganan nuevas capacidades para brindar servicios hasta ahora difícilmente imaginables, para familias y para empresas pequeñas y medianas; para los inversores en Bolsa y para las grandes instituciones.

En la mayoría de los capítulos se presentan nuevas visiones sobre la motivación de los empleados, sobre la manera de comprometerse en la tarea común de conseguir las metas que se fija cada entidad financiera. En ocasiones apela a la responsabilidad de las personas, quienes como seres únicos e irrepetibles pueden comprometerse y sentirse reconocidos por lo que hacen, dando de sí mismos lo que llevan dentro. Existe, en fin, cierta resonancia del sentido de Spinoza - aunque bajo la concepción moderna de Zaleznick, de la Universidad de Harvard - de convertir en real y efectivo lo que es todavía el potencial de muchas personas; bastaría darles un espacio de libertad y apelar a su responsabilidad para que pudieran ser más creativos y emprendedores.

Para concluir, en este libro, como en la última ópera que escribió Puccini, sentimiento y razón van de la mano. Las emociones nos mueven y la responsabilidad por el trabajo bien hecho nos estimula para alcanzar nuevos logros. Esa forma de concebir la banca moderna es nueva. Quizá sea útil revisar las nuevas propuestas con las que el libro pretende seducir el interés de los lectores.

Josep VILARASAU SALAT

Prefacio

El hombre es verdaderamente grande sólo cuando obra a impulsos de la pasión.

B. Disraeli, Coningsby, libro IV, cap. XIII.

La presentación de este libro no es la habitual de los textos sobre banca. En realidad se inicia invitando a los lectores a participar en un juego; mejor dicho, en una especie de acertijo que, hasta cierto punto, puede ser un reto personal.

El juego es el siguiente: imagine un país - podría muy bien ser España o cualquier otro país europeo avanzado - en el que no existieran ni bancos ni cajas de ahorros[1]. Las reacciones de los que participen en el juego podrían ser algunas de las siguientes:

1. Personas que necesitan endeudarse

La mayoría, si no todas, podrían celebrar con júbilo y una alegría quizá ilimitada la no existencia de entidades financieras. Especialmente si han de endeudarse para comprar una primera vivienda o, en el caso de una empresa, conseguir dinero por un tiempo, mientras cubre un déficit de tesorería. La alegría, en apariencia, podría estar plenamente justificada: al fin y al cabo, bajo esas supuestas condiciones no tendrían que pagar intereses; tampoco tendrían que hacer frente a comisiones y los plazos de devolución del préstamo, si alguien estuviera dispuesto a aceptar este riesgo - y si existiera esta cláusula - quizá serían ilimitados.

[1] A lo largo de los distintos capítulos del libro nos referiremos, por extensión, a las entidades financieras que se agrupan en bancos, cajas de ahorros, cooperativas de crédito y cajas rurales.

2. Personas que tienen ahorros y no saben dónde colocarlos para obtener el máximo rendimiento, pero con la seguridad de recuperar el capital

Por motivos similares, la mayoría podría pensar que tendrían que recibir más por su dinero y, en cuanto a la recuperación de sus saldos, posiblemente algunos dudarían de la liquidez del sistema, pero supongamos que la mayoría considerase que siempre habrá alguien dispuesto a devolvérselo con creces, porque el dinero siempre vale y su valor, creen casi todos, aumenta con el paso del tiempo. Otra cosa muy distinta es lo que luego la realidad nos demuestra.

Un país con estas características sería idílico. Aparentemente - y sólo en apariencia - aumentaría la demanda de viviendas y otros artículos, porque si el dinero apenas tiene coste, ¿por qué no gastar ahora si los medios están a disposición de todos?

Para los ahorradores la cuestión quizá no sería tan fácil, porque si el dinero está barato - los tipos de interés son bajos, incluso por debajo de la inflación - ¿cuánto obtendrán por el dinero que han ahorrado? A su vez, ¿quién les garantiza que los depositarios de sus fondos son plenamente solventes y que siempre habrá alguien dispuesto a anticiparles los adelantos que necesiten?

No existen, evidentemente, esos países idílicos. Pero sí se ha inventado un sistema - como todo lo que funciona, en el fondo es un sistema muy simple - que hace posible que unos profesionales, expertos en el cálculo de riesgos, calculen "cuánto vale el dinero para un empresario, a seis meses o a un año", o bien pueda ofrecer la garantía y plena solvencia de anticipar los ahorros de quienes les confiaron sus patrimonios. El invento no fue fortuito, pues han sido necesarios varios siglos para perfeccionarlo. Se trata de los bancos.

Por la ley de los grandes números - el cálculo de probabilidades - y la capacidad de casar grandes operaciones en los mercados, y, lo que no es menos importante, por su *experticia* en transformar plazos (es decir, tomar dinero a plazos más o menos cortos y prestarlo a plazos más largos) los bancos pueden prestar dinero a diez o veinte años, contando con sus capitales propios y los ahorros que otros depositan a plazos más cortos[2] y, no obstante, hacerlo a unos precios (intereses más comisiones y prima de riesgo) muy por debajo de lo que podría hacerlo cualquier prestamista. La solución es muy sencilla: quien recibe el dinero sabe que no se le va a reclamar la devo-

---

[2] Por encima de todo, un banco se dedica a "transformar plazos"; toma dinero a corto plazo y lo presta para vencimientos varias veces más largos. Siempre puede responder a quienes confían en ellos y les depositan sus ahorros, porque siendo expertos en riesgos calculan el riesgo de liquidez, el riesgo de crédito y otras cuestiones que se tratan en este libro. Hasta una fecha relativamente reciente, el mayor mercado interbancario del mundo, Londres - el que recibe grandes depósitos de bancos y presta grandes sumas a otras entidades de crédito - durante más de medio siglo ha sido capaz de "transformar plazos". Es decir, ha financiado autopistas, grandes centrales eléctricas o buques de grande dimensiones prestando a treinta años y financiándose con depósitos renovables cada tres meses. Eso era inconcebible cuando la mayoría de las monedas europeas no eran convertibles y todo se financiaba mediante depósitos en eurodólares (por estar en Londres) a uno y tres meses.

lución del crédito fuera de las cláusulas que se hayan pactado, cosa que no ocurre cuando no existen bancos. Además, los intereses - por las fuerzas del mercado y la propia normativa - no son más elevados que el coste de los recursos más una prima de riesgo.

Por el lado de quienes depositan sus ahorros para hacerlos crecer, es decir, obtener una rentabilidad de ellos, si no existieran bancos y cajas de ahorro su máxima preocupación sería el riesgo de que no se les devolviera el capital más los intereses acumulados con el paso del tiempo. Es más, tampoco podrían estar seguros de si, en un momento dado, necesitando un anticipo, su acreedor pudiera excusarse, alegando una falta de liquidez transitoria (o definitiva, lo que sería peor) y que dejara pasar los años hasta que pudiera devolverle el capital.

En resumen: lo que preocupa a un deudor es que le exijan que devuelva el crédito o el préstamo antes del vencimiento. Lo que preocupa a un ahorrador es que el fruto de su trabajo sea compensado adecuadamente y, a ser posible, por encima de toda consideración, que no pierda el capital acumulado porque quien le prometió ganancias desorbitadas entre en quiebra o no tenga liquidez para hacer frente a las obligaciones contraídas.

El acertijo podría alargarse, pero en lo esencial consiste en demostrar que los bancos, las cajas de ahorro, las cooperativas de crédito y las cajas rurales en cuanto son entidades financieras que prestan en mejores condiciones que otros, aseguran los plazos de devolución del préstamo y, por ser expertos en el cálculo de riesgos, piden por el dinero un precio ajustado a las condiciones del deudor. El autor de un modelo económico que evalúa esos precios fue galardonado con un Premio Nobel. Otros lo fueron por la fijación del precio de los depósitos, de la venta de activos financieros, etc. Para concluir, las sociedades modernas avanzan cuando tienen entidades financieras que optimizan los recursos, es decir, pueden prestar a menores costes y pagar más por los ahorros, manteniendo su solvencia y liquidez en todo momento.

Por eso la actividad bancaria tiene la naturaleza de "bien público", porque si el público perdiera la confianza en las instituciones de crédito las consecuencias podrían ser catastróficas. Y, por desgracia, la crisis financiera de los países del sureste de Asia del verano del año 1998 - y la crisis de algunos bancos japoneses y la de otros de América Latina - ilustran con toda claridad la importancia de tener bancos y cajas de ahorros que sigan una gestión prudente, eficaz y solvente. Porque el crecimiento económico, el empleo y el bienestar de una sociedad no serían posibles sin ellos.

Después de esta introducción, quizá estemos ahora en condiciones de abordar el título del libro: *Pasión por la banca*. No se trata de la pasión en el sentido del arrebato que nubla la inteligencia y perturba el buen juicio. Es más bien el sentimiento que lleva al artista a crear su obra, a una madre a cuidar sin descanso a su hijo enfermo o el sentimiento del que trabaja con tenacidad para hacer un buen trabajo o para dirigir una empresa hacia nuevas cotas de progreso y seguridad. Se corresponde más bien con la expresión de F. Fénelon, en el sentido de que "toda gran pasión no es más que una esperanza prolongada".

En banca, la pasión la entendemos como el sentimiento que es necesario para dar un mejor servicio a los clientes, para que los empleados tengan trabajos por los que sientan ilusión y en los que puedan realizar todo su potencial, y, en fin, para que toda una organización (un banco o cualquier entidad financiera) se oriente hacia la consecución de resultados duraderos en beneficio de toda la comunidad.

El libro está claramente orientado hacia los valores. Y por consiguiente, tiene un trasfondo que tiene que ver con la ética. Los consejos que Polonio da a Laertes antes de que éste se embarque en un viaje peligroso podrían dar alguna orientación de las cuestiones que tratamos. Es muy posible que nunca se haya escrito algo parecido, pues viene de la pluma de Shakespeare[3]:

"(...) Trata de grabar en tu memoria estos pocos conceptos. No des voz a tus pensamientos, ni des cumplimiento a ningún pensamiento desproporcionado; sé familiar, pero de ningún modo vulgar. Los amigos que tengas, de afecto puesto a prueba, sujétalos al alma con aros de acero, pero no te embotes la mano acariciando a todo camarada. Cuidado con entrar en peleas, pero una vez dentro, llévalas de tal modo que tu adversario tenga que guardarse de ti. Presta oídos a todos, pero a pocos tu voz; recibe la censura de todos, pero resérvate tu juicio... Esto sobre todo: sé fiel a ti mismo, y a eso seguirá, como la noche al día, que no podrás ser entonces falso para nadie.."

De todo eso - y de algunas cosas más, relacionadas directamente con la banca moderna, la banca de servicios[4] - trata este libro.

---

[3] Debemos estas referencias a Federico Trillo-Figueroa, entonces Presidente del Congreso español, quien las expuso en su conferencia de Barcelona (12 de noviembre de 1999) al presentar su libro: *El Poder Político en los Dramas de Shakespeare*, Editorial Espasa, Madrid, 1999. Nuestro texto procede de la obra de William Shakespeare, Hamlet, traducción de José María Valverde, pp. 19 y 20, Editorial Planeta, Barcelona, 1998.

[4] Las relaciones de la banca con la economía real han sido examinadas por la División de Investigación del Banco de la Reserva Federal de los Estados Unidos (banco central). Paul Harrison, Oren Sussman y Joseph Zeira demuestran lo siguiente: el coste de intermediación de los bancos (la diferencia entre lo que cobran por intereses y el coste de los recursos ajenos de que hacen uso) tiene un determinado efecto sobre la economía real o productiva. Se trata precisamente de la variable que resume las relaciones causa-efecto de un sector sobre el otro. Los investigadores demuestran que la especialización de las entidades de crédito tiene como consecuencia que las diferencias de productividad entre diversos países se amplifican gracias a la intermediación que realizan los bancos. Los datos que utilizan para los Estados Unidos (dentro de los distintos estados de la Unión) demuestra que los bancos contribuyen al crecimiento económico al mejorar la productividad de la economía productiva o real. Véase, *Finance and Growth: Theory and New Evidence*, Harrison, Paul, Federal Reserve Board, Division of Research and Statistics, Washington DC 20551, julio 1999.

Capítulo 1

Protagonismo de los empleados

Somos lo que hacemos de una manera continuada. La excelencia, por consiguiente, no es un acto aislado, sino un hábito.

Aristóteles.

1.1 INTRODUCCIÓN

¿De qué debe tratar un libro sobre banca? La respuesta es obvia, pero este libro no está dedicado, de una manera exclusiva, a cuestiones que tienen que ver con márgenes financieros, comisiones y otros aspectos del negocio bancario. Existen ya suficientes textos que tratan de lo mismo y, al fin y al cabo, todos esos temas son la consecuencia de la acción y de las actitudes de los protagonistas de los bancos: los empleados.

El término "protagonistas" es el que mejor conviene a los empleados de un banco o una caja de ahorros, a los directores de oficina y los jefes de zona. Procede del griego: protos (primero) y agonistés (actor). En sentido etimológico - y desde luego real - son la figura principal de un hecho: de su actuación depende todo lo demás.

Por consiguiente, este capítulo, y buena parte de los próximos, se dedica a ellos, a los protagonistas de la banca en general.

El siguiente diagrama 1.1. recoge la posición relativa de cada capítulo y de qué forma se fundamentan en los valores.

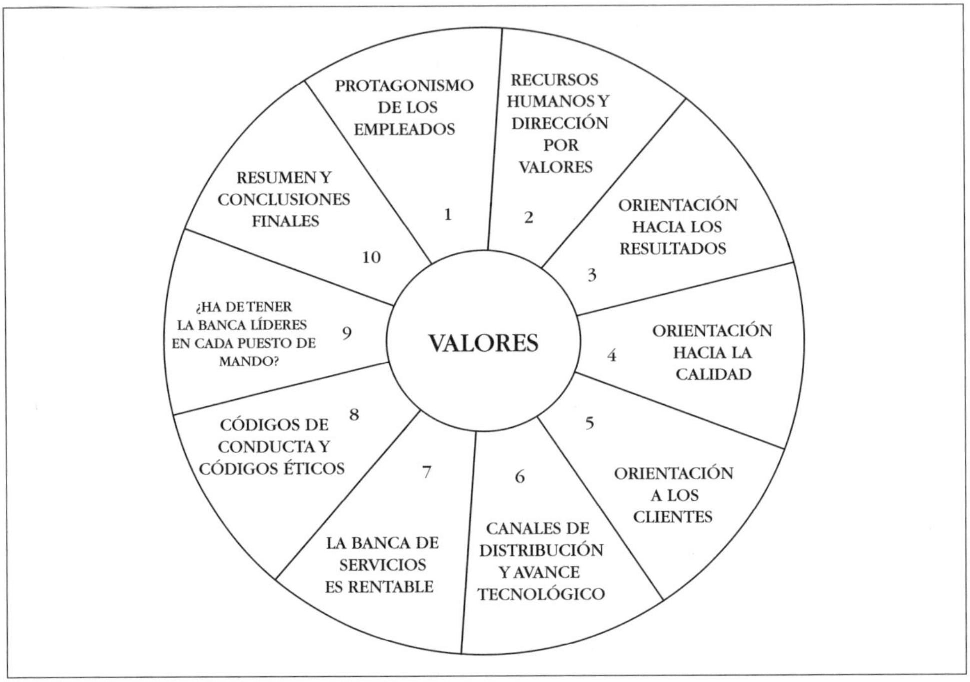

DIAGRAMA 1.1.

Porque, en último término, este libro esta dedicado a una nueva perspectiva de la banca y posiblemente su título, *Pasión por la banca*, no resulta bastante expresivo para transmitir al lector qué papel van a desempeñar bancos y cajas en los próximos años. Existen empresas que pueden facturar cientos de miles de millones de pesetas con una plantilla de algunos centenares de personas. Éste es el caso, por ejemplo, del conjunto de la industria petroquímica de Tarragona: con apenas 5.000 empleados directos factura un billón y cuarto de pesetas, si bien por ser una industria muy intensiva en capital tiene inversiones por valor de más de 750.000 millones de pesetas (lo que equivale a una inversión por empleado del orden de 150 millones de pesetas por persona y año).

La banca también se está convirtiendo en una industria intensiva en capital: para el conjunto de bancos, cajas de ahorros y cooperativas de crédito, en 1998 los activos totales medios alcanzaron la cifra de 149,58 billones de pesetas, con unos beneficios, también globales, de 1,09 billones[1]. Todo ello contando con una plantilla global de 238.901 empleados, lo que equivale a unos activos por empleado del orden de más de 626 millones (más de cuatro veces la cifra correspondiente a la petroquímica de Tarragona).

En la industria del automóvil, una factoría tiene apenas unos centenares de empleados. El resto figuran en la nómina de los proveedores, quienes aportan también el 90% del capital. La red de distribuidores tampoco es propia, pues gozan de una franquicia, de la que también obtiene beneficios el fabricante de la marca. Es más, la financiación figura como una fuente adicional de resultados, que se desarrolla, bajo distintas modalidades, con pocos empleados. Y la cuestión no termina aquí, porque una parte no despreciable de los resultados se obtiene también por los servicios que se prestan, la venta de los recambios e incluso las pólizas de seguros de alguna filial relacionada con la factoría que fabrica los automóviles.

Todo eso, hasta cierto punto, no sucede en banca y es evidente que ha de pagar con cargo a su cuenta de resultados los costes de la red de distribución, ha de mantener una plantilla relativamente elevada, que para un banco grande (BBV España, antes de la fusión con Argentaria, 44.064 empleados[2]) era de casi nueve veces el empleo en la referida petroquímica de Tarragona. Para un banco global, que extiende sus operaciones en todos los continentes, como es el caso de Deutsche Bank, su plantilla era a fines del año 1998 de 69.407 empleados[3].

Por último, una fábrica moderna puede robotizar toda la producción, montaje y distribución de una amplia gama de productos y reducir la plantilla a niveles mínimos. La subcontratación lleva la cuestión a límites insospechados, pues bajo los nuevos modelos organizativos las fábricas de coches se limitan al diseño y ensamblaje. Los proveedores han de correr con los costes de desarrollo, producción y, en muchos casos, con los inventarios.

La banca al detalle - una de las ramas más rentables del sector bancario - no puede hacerlo y las relaciones personalizadas que necesita con sus clientes le exigen tener redes con vida propia, gracias a unos protagonistas que desempeñen su papel con pasión, es decir, sus empleados. Por no poder, los bancos tampoco pueden recurrir al modelo de las fábricas de automóviles, en las que la mayor parte del capital invertido corre a cargo de los proveedores. Antes al contrario, las reglas del Acuerdo de Basilea - sede del Banco Internacional de Pagos - establecen medidas estrictas sobre las proporciones que los fondos propios de cada banco y caja de ahorro han de mantener

---

[1] Para los datos de la petroquímica de Tarragona, véase el Informe Anual de la Asociación de Empresas Químicas de Tarragona del año 1998. Los datos bancarios proceden del *Boletín Económico* del Banco de España, abril de 1999, pp. 63 y siguientes.

[2] Las plantillas de BBV-España corresponden a las cifras publicadas en el informe del año 1997. Por consiguiente, son datos anteriores a la fusión con Argentaria.

[3] Deutsche Bank, *Annual Report for 1998*, p. 91.

según los volúmenes de sus activos y el grado de riesgo de cada componente de su balance. Según tendremos ocasión de demostrar, la banca tiende a ser un sector de creciente "intensidad de capital". Es decir, las fuertes inversiones en tecnología, medios informáticos y las redes de distribución, por no citar las dotaciones que han de realizar para alcanzar las proporciones de recursos propios que establece el referido Banco Internacional de Pagos de Basilea, la están convirtiendo en una "industria intensiva en capital".

1.2 ¿QUÉ ES UN BANCO MODERNO?

Un banco es moderno, (1) cuando tiene una estructura organizativa que se adapta a los cambios del mercado, (2) cuando tiene una política de recursos humanos en la que los empleados establecen en equipo sus propios retos, de acuerdo con sus superiores inmediatos y comparten los objetivos globales de la entidad y (3) satisface las necesidades reales de sus clientes; los de hoy y los que van a salir al mercado mañana. Es un banco que se anticipa a los cambios del mercado y en el que su cultura organizativa tiene una fuerza directriz que propicia la iniciativa y la flexibilidad: los retos que los propios empleados desean plantearse en equipo para dar de sí todo su potencial, hasta realizar la carrera profesional que dé sentido a su trabajo y les haga partícipes del proyecto común de la organización en la que trabajan.

Porque ninguna caja de ahorros o ningún banco es mejor que sus empleados. La imagen que pueda proyectar - y la calidad de sus servicios - dependen exclusivamente de ellos.

Recientemente, el mayor banco de Suiza - Union Bank of Switzerland, "UBS" - según destacaba George Graham, de *Financial Times*, en la edición del 20 de febrero de 2000, ponía de relieve el comportamiento a la baja de sus acciones en los últimos doce meses. La pérdida de "momentum" se atribuía, según el director financiero, al hecho de que se había dedicado en el último año demasiado tiempo a la integración y mantenimiento de los clientes ya existentes y poco a la tarea de captar nuevos clientes[4].

A continuación vamos a desarrollar esas cuestiones.

EL CASO DE UN BANCO AMERICANO QUE VA A REPLANTEAR SU FUTURO

Supongamos el siguiente caso, del que hemos omitido algunos detalles

[4] Graham, George, "UBS strives to regain momentum after underperformance", *Financial Times*, edición del 20 de febrero de 2000, página 8. En concreto, el artículo señalaba: "(..) Client relationship managers had ended up spending too much time on integration and dealing with existing clients, with little time left to seek new ones. This effectively came at an opportunity cost of losing one year´s worth of net money" (según la opinión de Luqman Arnold, director financiero del grupo).

reales: comité de dirección de uno de los bancos americanos más grandes del mundo. Por los cristales ligeramente azulados de los ventanales del piso 55 se divisa, en el horizonte, la isla Ellis y la Estatua de la Libertad. El comité discute el plan estratégico para los próximos cinco años.

Los informes que se han presentado al comité son contradictorios, posiblemente porque el viernes pasado el presidente de la Reserva Federal (el banco emisor americano, equivalente, con algunas variaciones, al Banco Central Europeo) había decidido aumentar los tipos de interés, pues la economía real lleva nueve años de crecimiento ininterrumpido, con ciertas tensiones inflacionistas, y porque existen indicios de que una nueva legislación bancaria puede dar más libertad de expansión a los bancos (y también a sus competidores más directos).

(1) La orientación sesgada por los avances de la tecnología

Para algunos de los directivos que participan en la reunión, en el futuro un banco no será más que un gigantesco sistema de información; por consiguiente, cambiará al ritmo que lo haga la tecnología: es decir, de manera incesante.

A lo sumo, piensan algunos, será una compleja red de anotaciones electrónicas. El dinero - los recursos propios y los recursos ajenos que se administran - no será en el futuro inmediato, según esos criterios, más que meros apuntes electrónicos; impulsos basados en anotaciones "digitales", es decir, meros "bytes". Uno de los directivos, John Nash, sostiene, a este respecto:

"Al cruzar el nuevo milenio (que no será el día primero de enero del año 2000, sino de 2001), el banco que tenga mejores equipos y aplicaciones informáticas dominará todos los mercados, porque podrá procesar con costes más bajos un mayor volumen de transacciones. Y en mercados maduros gana quien tiene ventajas en costes y dispone de productos y redes de distribución diferenciados. Estará en condiciones de crear un sistema cerrado, en el que las órdenes de pago que nos curse un cliente en favor de otro van a quedar dentro de nuestro balance; se producirán muy pocas filtraciones (recursos que se depositen en otros bancos del sistema) y podremos aumentar el volumen de activos sin necesidad de comprometer más recursos propios. Permitidme que os recuerde que durante la década de los años ochenta CITIBANK recuperaba parte de sus inversiones en informática vendiendo a otros bancos las aplicaciones que desarrollaba para el negocio de extranjero, para los créditos documentarios, etc."[5]. Incluso hoy, en octubre de 2000, los costos unitarios por cada transacción electrónica caen rápidamente con

[5] De hecho, en este campo las cosas han ido mucho más lejos. El banco de inversiones americano J. P. Morgan ofrece por Internet sus mediciones del riesgo de distintos activos financieros y evalúa el "Valor en Riesgo" o "VaR" de distintas posiciones de activo y pasivo bancarios. También ofrece por Internet la metodología necesaria para que cada banco pueda aplicar esos procedimientos a sus propias operaciones en el negocio hipotecario, las posiciones de tesorería o los préstamos de cualquier naturaleza, para distintos plazos y divisas.

los volúmenes. Es decir, existen elevadas "economías de escala". El siguiente gráfico lo revela de una manera evidente:

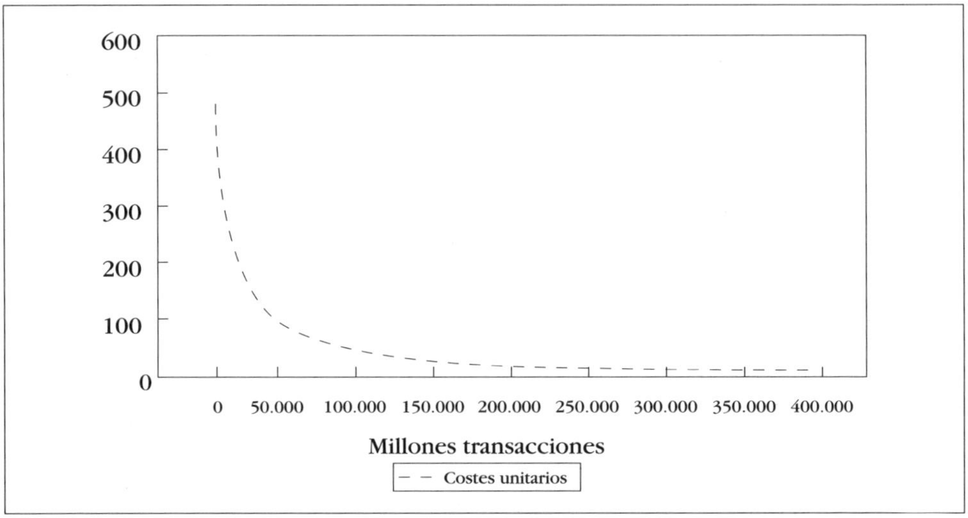

FUENTE: Joseph F. Sinkey, Jr., *Commercial Bank Financial Management in the Financial-Services Industry*, MacMillan P. Co., 1992, Nueva York, p.118.

Curva de costes unitarios (EE.UU.)
Compensación cheques (clearing Houses)

(2) La orientación que da más peso a la dedicación de los empleados

Otros directivos del banco, sin dejar de lado el valor de los sistemas de información y de las consecuencias del avance de la tecnología - Internet, los Intranets del propio banco, el teléfono móvil (tercera generación) ligado a Intranet o a Internet, lo que van a suponer la creación de "agencias bancarias virtuales en el bolsillo de cada cliente", etc.-, ponían todo el acento en los empleados. Según esta segunda orientación, el negocio bancario de hoy (y en mayor medida el de los próximos años) consistirá, esencialmente, en dar servicio para satisfacer las necesidades reales de los clientes. Los bancos son, por encima de toda consideración, empresas de servicios, aunque éstos sean muy especiales y por su propia naturaleza tengan un carácter de "bien público", por cuyo motivo están sujetos a la vigilancia de las autoridades monetarias y operan bajo estrictas regulaciones. La cuestión no puede ser de otra manera, porque de su estabilidad y solvencia dependen la confianza del público, la prosperidad de la economía y la creación de las condiciones que hagan posible la creación de nuevos puestos de trabajo[6]. Ahora bien, ocurre en cuestiones bancarias algo que no se produce en la industria y en muchos negocios.

En efecto: en la industria manufacturera el control de la calidad de los productos - y, en último término, la bondad de los servicios de posventa - está al alcance de los directivos de la compañía. En banca no es tan fácil conseguirlo; quizá algún día podrá serlo, pero por ahora no parece ser algo que pueda estar al alcance de todos. La calidad de los servicios que se prestan, la adecuación de los productos que se venden o de las órdenes que se procesan dependen de quienes intervienen y se relacionan con los clientes, es decir, de los empleados que están en contacto directo con ellos. De ahí que a lo largo de este libro insistamos en que, dentro del marco de responsabilidad de sus jefes, lo esencial es que se consiga crear una cultura bancaria en la que sean los propios empleados quienes se planteen sus propias metas de calidad, servicio, mejora y contribución a los resultados conjuntos de su entidad.

Un banco y cualquier caja de ahorro serán percibidos, en buena medida, por la actitud de sus empleados; por la rapidez y la precisión con que se resuelvan las solicitudes y, aunque debieran producirse sólo en casos excepcionales, van a depender también de la diligencia con que se resuelvan las incidencias de toda índole.

(3) La orientación basada en el papel de los directores de oficinas y de los directores regionales

En el caso del banco que estamos ilustrando, uno de los directivos, John Smith, defendía la orientación basada en el papel de los directores de oficinas y de los directores regionales en términos muy gráficos: ¿Qué ejército puede avanzar si no tiene los capitanes que dirijan a sus hombres, a las órdenes de los coroneles y el Alto Estado Mayor?

"En nuestro banco (sostenía con cierta vehemencia John Smith), todos dependemos de las dotes de liderazgo de los directores de oficinas. Los resultados varían según lo hagan su dedicación, el comportamiento de los impagados y la actitud del personal que está a sus órdenes. Revitalicemos la red por la vía de las personas que la dirigen y los resultados se multiplicarán de nuevo. Son ellos los que saben qué créditos, ante el menor retraso en los pagos, pueden entrar en la categoría de incidencias y luego pasar a la de morosos. También son ellos los que pueden estimular la captación de depósitos y cuentas de ahorro o bien colocar los productos más innovadores."

[6] Lo ocurrido en los países del sureste de Asia, durante el verano del año 1998, demuestra hasta qué punto la prosperidad y el crecimiento sostenible de un país dependen de la solvencia de su sistema bancario. En América Latina ha ocurrido algo similar. Allí donde las autoridades de vigilancia no tienen medios adecuados de control, inspección y fijación de políticas a largo plazo, el sistema bancario se hace vulnerable a la especulación (a menudo como consecuencia de la aplicación de políticas poco exigentes en la concesión de créditos y de evaluaciones inapropiadas de los riesgos de todo tipo).

(4) Orientación hacia los beneficios por cliente

Volviendo al caso que nos ocupa, un tercer grupo del banco americano al que nos estamos refiriendo, liderado por Bill Knohwitz, tenía una concepción muy distinta. Según él, los resultados de un banco dependen de los recursos que invierte - propios y ajenos - y de la recuperación de éstos más los intereses devengados, teniendo en cuenta unas primas de riesgo apropiadas a cada categoría de riesgo.

En los próximos años, medir la rentabilidad por los beneficios sobre activos totales medios no va a ser suficiente. Es posible que tenga tanta o más importancia cuánto se gana por cada cliente, sin poner en riesgo la solvencia de la institución. Será necesario realizar ajustes estadísticos[7], pero sólo el número y la calidad de los clientes - su capacidad para hacer frente a los compromisos de pago; su fidelidad al banco; la generación de ventas cruzadas, etc. - pueden explicar la solidez del margen ordinario, porque de ellos dependen las comisiones que se generen, los márgenes financieros que se obtengan y, en último término, la calidad de los activos. En bastantes entidades, el 20% de los clientes contribuyen con el 80% de los resultados; el resto, que es absolutamente necesario para extender la red de relaciones, apenas contribuye con el 15% al 20% restante. Para diversificar la base propia algunas instituciones financieras creen que será necesario tener redes de oficinas propias, redes paralelas subcontratadas y estimular a los empleados mediante una proporción de retribuciones variables para que, de una manera gradual, su sueldo tenga cierta relación con los objetivos que alcancen y con las metas o "challenges" que se hayan propuesto.

Bill Knohwitz ilustraba su opinión en el comportamiento de los beneficios por cliente para el conjunto de los bancos americanos, agrupados en las grandes entidades y las de tipo medio, según se recoge en el siguiente gráfico.

[7] No es lo mismo dedicarse a la banca comercial, con muchos clientes, de riesgos similares y una escasa dispersión de los importes prestados, que hacerlo a grandes empresas, instituciones y a los mercados internacionales, cuyos márgenes o diferenciales son mucho más bajos. La dispersión de los resultados por cliente es mayor (y por consiguiente son menos representativos los beneficios medios) y mayores los niveles de riesgo que se asumen.

Si los servicios son fundamentales, es necesario medir los resultados por el número de clientes de cada banco

USA: Beneficios ($) por cliente
Grandes bancos frente a medianos

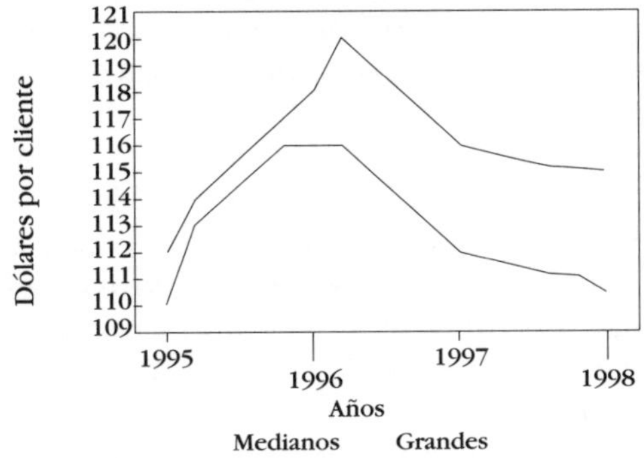

Fuente: *STRATEGIC FINANCE* y estimaciones propias (año 1998).

1.3 LA BANCA DEL FUTURO NO EXISTE: EL MODELO DE LOS PRÓXIMOS AÑOS ESTÁ YA ENTRE NOSOTROS

La reunión del comité ejecutivo del banco americano al que nos referíamos en la Introducción parecía tener orientaciones dispares. Pero en realidad la mayoría confluían en la misma dirección: unos se referían a los medios y a las consecuencias del avance de la tecnología, mientras que el último, Bill Knohwitz, tenía muy claro lo que es esencial en la banca moderna: tener clientes satisfechos, que contribuyan a los resultados globales, y empleados orientados hacia el mercado, con cierta proporción de sueldos variables en función de su contribución a los resultados. Los beneficios, en la banca al detalle, dependen del número de clientes, de su retención (dada por su grado de fidelidad), del número de los nuevos clientes que cada año acuden al mercado que sea posible atraer y conservar, y, en último término, de la actitud de los empleados.

En síntesis, la posición dominante de ese banco podría resumirse en cuatro puntos: (1) recursos humanos adecuados, (2) medios tecnológicos avanzados, (3) capitales propios suficientes, para un nivel de riesgo que no puede sobrepasarse, según la normativa existente, y, por último, pero no en este orden, (4) tener los mejores directores en todas las redes, las propias y las paralelas. En último término, un banco o una caja de ahorros se juega su cuenta de resultados en cada oficina. Y éstas dependen de la dedicación de los directores o directoras que hayan sido asignados; pero también dependen de sus capacidades como dirigentes, de su propósito de brindar a los empleados la oportunidad de que puedan desarrollarse a sí mismos en su condición tanto de profesionales como de personas.

Afortunadamente, la dirección del banco tenía una concepción equilibrada: el éxito del banco no había dependido de un solo factor. Sabía por propia experiencia que la fuerza de ventas depende de los directores de cada agencia, de cada oficina abierta al público o dedicada a las empresas. En cierta ocasión, el director general de este banco se había pronunciado de esta forma:

"Por importante que sea nuestro capital o la expansión que realicemos, nuestra fuerza depende de los directores de oficina. La velocidad de una flecha depende de la fuerza que se aplique al arco. En nuestro caso, dependerá de los retos que se planteen quienes dirigen cada punto de venta, en los distintos canales de distribución."

En otra oportunidad se había referido a la forma de descubrir nuevos talentos:

"(...) a medida que he descentralizado la responsabilidad hacia niveles más bajos en el organigrama he ido descubriendo talentos ocultos; eran personas que al no tener comunicación directa conmigo habían pasado desapercibidas, como si fueran diamantes sin tallar. Ahora tienen a su cargo nuevos frentes y la entidad ha ganado vitalidad en zonas que posiblemente tenían cierto grado de esclerosis. Eso me recuerda lo que aconsejan quienes se dedican a la silvicultura: al podar un árbol las ramas superiores se refuerzan, mientras que las raíces se hacen más profundas; en el caso del cuerpo humano es como si el riego sanguíneo ganara nuevos vasos capilares y el organismo se revitalizara."

Para concluir, este banco americano intentaba seguir la regla de las tres "F": es preciso diseñar organizaciones que sean "planas" ("flat"); que sean capaces de dar respuestas rápidas ("fast") y que la organización sea suficientemente dúctil para adaptarse a los cambios ("flexible"). ¿Cuántos niveles ha de tener un organigrama? ¿Cuántos procesos pueden dividirse? ¿Dónde existen los "yacimientos ocultos" de talentos ignorados o de habilidades todavía por descubrir?

Éstas son cuestiones que nos conducen al próximo apartado acerca de los nuevos estilos de dirección de la banca moderna.

1.4 BANCA MODERNA: DE LOS OBJETIVOS CUANTITATIVOS A LOS "RETOS PERSONALES"

Durante muchos años - y como consecuencia de los modelos de dirección por objetivos que se difundieron desde Estados Unidos a lo largo y lo ancho de toda Europa - las empresas industriales, los bancos y en general todas las compañías de servicios creían ciegamente en un principio: todas serían más eficaces y rentables siguiendo un único modelo organizativo: fijar objetivos a todos los directivos; establecer planes operativos anuales y planes estratégicos que condujeran al cumplimiento de los objetivos que fijaba el director general de la empresa o el consejo de administración. Este modelo se contrapone hoy al que se denomina dirección por valores, donde lo que importa, según hemos anticipado, son las metas que un equipo de profesionales se plantee de acuerdo con las necesidades del mercado que ellos anticipen. Ahora bien, sólo puede aplicarse a organizaciones maduras, dispuestas a descentralizar una parte importante de la gestión y de las decisiones.

El modelo clásico, denominado "dirección por objetivos", tuvo y tiene muchas variantes: objetivos que en algunos casos son negociados, pero en último término prefijados por la dirección general; objetivos de activo y de pasivo (en el caso de los bancos); objetivos de calidad; objetivos de captación de nuevos clientes, y así sucesivamente. Los empleados son evaluados según el grado de cumplimiento de los objetivos que se les hayan fijado, a menudo alejados de lo que convendría a la organización, pues las contradicciones no eran infrecuentes (en el caso de los bancos, prestar en exceso, con riesgos difícilmente asumibles, y tener que acudir al interbancario para cubrir los "gaps" o brechas de tesorería).

El empleado de un banco que estaba sometido al modelo organizativo de "dirección por objetivos" comentaba a un compañero, director de otra agencia:

> *"Son tantos los objetivos que me fijan que al final termino por rechazar las pautas y fijo mis propios criterios. En algunos casos podría superar los que me imponen (o a veces piden) si me dieran más libertad, pues eso me motivaría y vería hasta dónde soy capaz de llegar por mí mismo. No puedo colocar fondos de inversión al primero que llega a la oficina simplemente porque he de alcanzar cierta cifra mensual; en muchos casos sería preferible dar prioridad a la captación de depósitos a plazo, calibrando siempre la capacidad de ahorro del cliente y su situación fiscal. Sería más racional tratar a cada oficina según su localización y características - zona de parejas jóvenes con hijos y Pymes o área de pequeño comercio y clase media con proporción elevada de jubilados - y por la composición de su clientela. No existe mayor injusticia que pretender dar un trato igual a los que no lo son..*

1.5 COMPARACIÓN DEL MODELO DE "DIRECCIÓN POR OBJETIVOS" FRENTE A LA "DIRECCIÓN POR VALORES"

En primer término, la dirección por objetivos es más apropiada para estructuras organizativas donde se tienen dudas razonables sobre el grado de respuesta de los empleados. Se somete todo a mediciones, objetivos, controles y medios burocráticos. Durante un cierto período de tiempo el modelo puede llegar a ser un revulsivo para promover el cambio en organizaciones aletargadas, pues cada empleado sabe qué se espera de él y cómo será evaluado. Pero, en muchos casos, según revelan numerosos estudios, al cabo de un cierto tiempo la estructura empieza a perder agilidad y se aleja de las necesidades de los clientes. Es como si cada cual cumpliera una tarea dando la espalda al mercado. El modelo impide que la organización madure y los directivos caen, a la corta o a la larga, en una especie de burocracia más o menos explícita.

En sentido opuesto, en la dirección por valores (o la gestión en la que los directivos y los empleados se imponen las metas que desean alcanzar), no se trata tanto de atenazar la organización con cascadas de objetivos sino de despertar en cada directivo, en cada empleado, la iniciativa y la responsabilidad que nacen cuando a una persona se le brinda confianza y se le estimula para que convierta en efectivo su potencial humano.

En este sentido, en una entrevista reciente Isidro Fainé señalaba:

"(...) En una organización madura cada uno debe fijarse sus propios retos. El trabajo bancario es algo más que pactar cifras de crecimiento, números de clientes o volúmenes de comisiones... En todo trabajo existe una parcela más personal, menos objetivable. Existen, o puede haber, unos objetivos expresados mediante cifras, pero sobre todo deben existir retos. Y estos retos personales no pueden recogerse en una ficha igual para toda la organización..."

A la pregunta acerca de cómo pueden concebirse los "retos" en el ámbito de una oficina bancaria surgió la siguiente cuestión: ¿Son desafíos personales que uno mismo se impone? La respuesta fue:

"(...) Cambiar los objetivos por retos significa 'crear valor por medio de la creatividad'; se trata de liberar la iniciativa de los directores de oficina, de dejar que la ilusión que ponen en su trabajo les permita situar el listón más arriba. Para conseguir un reto es necesario ejercitar la inteligencia, desarrollar la iniciativa, estimular el afán de mejora, y todo eso, como mínimo, enriquece tanto en el plano de la persona como en el ejercicio profesional."

No se trata de una gestión que carezca de controles. Lo que ocurre, bajo este nuevo sistema de gestión, basado en la confianza, es que cada uno sabe hasta dónde puede llegar en su empeño de trabajar para una organización. Cada director de oficina, cada gerente comercial y cada empleado disponen de los medios para medir los resultados de su propia gestión. Pueden y deben compararlos con los del año anterior y con los de las oficinas de su entorno. Pero es preciso hacer una puntualización: no se trata de establecer "rankings" o competiciones, sino de tener información para mejorar el desempeño de las funciones que tienen asignadas y para desarrollar las que su espíritu creativo les sugiere. Shakespeare dejó escrito, acerca del potencial de las personas: "Sabemos lo que somos, pero no lo que podemos llegar a ser".

Para concluir, lo que realmente importa es el diálogo que se produzca entre cada director de oficina y su gerente comercial, o bien entre cada empleado con su director. Eso es esencial en el modelo de gestión por valores (es el mejor medio para dar paso a los "retos personales"; la altura del listón que uno mismo se impone):

> *"(...) No se trata de que el gerente comercial reparta las tareas a realizar. Lo que se busca es un diálogo profundo y continuado entre el gerente comercial y cada uno de los directores de oficinas, y éstos, a su vez, con los empleados. En una época de márgenes estrechos, la distinción frente a la competencia sólo puede darse, en gran medida, por el lado de lo que es cualitativo."*

A continuación, recurriendo a nueve criterios, se comparan los dos modelos de gestión.

Conceptos - Misión/Orientación	BANCA TRADICIONAL (dirección por objetivos y, en muchos casos, por instrucciones impuestas)	BANCA DE LA EXCELENCIA (dirección por valores o "retos" personales)
	- Hacer máximos los beneficios sobre activos totales medios. - No existe una cultura orientada hacia los clientes y el mercado.	- Satisfacer las necesidades de los clientes. No se vende lo que se tiene, sino que se ofrece lo que van a necesitar los clientes actuales (y potenciales) - En mercados maduros, sólo se puede crecer si se tienen (a) ventajas en costes y (b) productos y redes diferenciados. - Hacer rentables los capitales invertidos, con riesgos de liquidez y solvencia mínimos. - Existe una cultura orientada a los clientes y hacia el mercado que impregna todas las decisiones y al conjunto de la estructura organizativa de toda la entidad.

- Focalización	- Margen financiero o margen de intermediación (diferencia entre ingresos y costes financieros o recursos onerosos). - Los ingresos por servicios y resultados de operaciones financieras no llegan al 25% del margen ordinario.	- Buscar la "eficiencia en todas las operaciones" - Hacer máximo el margen ordinario, y mínimos los costes de todo tipo (costes financieros; gastos de explotación y costes dotaciones por créditos fallidos). - Los ingresos por servicios y otros superan el 25% del margen ordinario.
- Orientación recursos humanos	- Fijación de objetivos de activo y pasivo; no se tiene en cuenta la descentralización de las operaciones por oficinas. - No se tiene en cuenta que los directores de oficinas y los gerentes comerciales prefieren fijarse sus propias "metas," porque es una forma de darles libertad y demostrarles confianza. Lo más probable es que esa orientación despierte el sentido de responsabilidad y mejore los resultados. - No se tienen en cuenta las brechas de liquidez que pueden producirse en distintos tipos de oficinas y tampoco la calidad de los préstamos y créditos.	- Aplicación del modelo "dirección por valores" (que implica una progresiva descentralización). - En una organización madura, cada director de oficina (y cada gerente comercial) ha de fijarse sus propias metas, dentro de un contexto general de armonía. Eso no quiere decir que no existan controles, pero los objetivos cuantitativos tienen la coherencia del marco global. Es la forma de liberar el talento y de que los empleados se sientan realmente comprometidos con su trabajo. - Los empleados están orientados al servicio de los clientes y a la calidad. - En algunas organizaciones, una parte creciente del sueldo es variable, según resultados. En otras, los directores de oficinas y gerentes comerciales prefieren las promociones internas y aceptar nuevas responsabilidades. - El personal dedicado a la acción comercial llega a representar entre el 85 % y el 90 % de la plantilla total.

- Gestión recursos materiales de la entidad	- Existen activos ociosos no ligados a la actividad bancaria.	- Los activos materiales no financieros (ociosos) se reducen progresivamente.
- Medidas de la eficiencia	- Los gastos de explotación (generales, personal y amortizaciones) absorben más del 70 % margen ordinario.	- Los gastos de explotación absorben menos del 63 % del margen ordinario, con tendencia a la baja.
- Política de precios y riesgo de crédito.	- Precios demasiado elevados para los créditos buenos y precios insuficientes para créditos de riesgo alto. Pymes y familias pagan primas de riesgo excesivas, que han de compensar los bajos márgenes de los créditos de riesgo inapropiado.	- El precio de un crédito ha de cubrir el coste de capital ponderado y una prima de riesgo. Las Pymes o los préstamos personales pagan lo que corresponde a su nivel de riesgo estimado.
- Gastos en sistemas de información	- Gastan menos del 13 % (sobre el total de los costes de transformación).	- De acuerdo con algunas agencias de "rating" y auditoras, gastan más del 13 % de los costes de transformación en sistemas de información (equipos; aplicaciones informáticas y medios de telecomunicación).
- Fuerza de ventas	- Sólo red propia (más de seis empleados por oficina). No existen redes paralelas o subcontratación. Más del 23 % dedicados a servicios centrales y delegaciones. El 77 % se dedica a la red de oficinas.	- Red propia, junto a redes paralelas y subcontratación de ventas. - Menos de 5 empleados por oficina.
- Beneficios/clientes	En algunos casos, menos de 12.000 pesetas por cliente.	- En algunos casos, más de 14.000 pesetas por cliente

¿Qué elemento esencial, qué factor distintivo separa un modelo de otro? Sólo uno: los empleados (y evidentemente sus actitudes, su manera de ser, su motivación y el grado de entusiasmo con que se sientan copartícipes de los objetivos de la institución).

Porque, insistimos de nuevo, ningún banco es mejor que los empleados que tiene. De ellos depende la excelencia con que se presten los servicios y la calidad de la imagen que van a proyectar en el público.

Algunos expertos en organización quizá no aceptarán - posiblemente con buen juicio - una afirmación hasta cierto punto categórica. Al fin y al cabo, pueden argumentar, la estrategia[8] se adapta y sigue los cambios que se producen en el mercado; la estructura organizativa, a su vez, sigue el camino que hayan abierto las nuevas estrategias. Pero éstas son cuestiones que reservamos para el próximo capítulo.

Si un banco tiene una proporción excesiva de la plantilla en su sede central y en las delegaciones territoriales - pongamos por caso, más del 15 por ciento - estaremos ante una cuestión que tiene que ver con el diseño organizativo y queda al margen de la motivación de los empleados, pero incide en su productividad de una manera intensa y puede afectar seriamente la cuenta de resultados de la entidad. Si existen demasiados empleados por oficina y éstas generan poco negocio - y, por consiguiente, los beneficios por cliente son bajos -, posiblemente sean también cuestiones que algo tendrán que ver con la forma de organizar los recursos humanos de la entidad. Los nueve criterios que hemos presentado en el cuadro anterior se desarrollan, en cascada, en los siguientes capítulos, pero en todos ellos influyen los empleados y sus actitudes frente a cada modelo bancario. Para dar respuesta a la pregunta que hemos formulado convendrá que distingamos inicialmente entre los directores de oficinas y los empleados dedicados al desempeño de distintas tareas, funciones y procesos.

---

[8] Inicialmente, A. Chandler había propuesto que el diseño de la estructura global de una empresa (su modelo organizativo) tenía que estar ligado a la estrategia de producto/mercado que persiguiera. En una obra clásica de Galbraith Jay R., y Daniel E. Nathanson, *Strategy Implementation: The Role of Structure and Process*, los autores llegan a la conclusión de que los resultados de una empresa son mejores cuando se consigue la coherencia entre la estrategia que persigue, la estructura bajo la que se organiza y los procesos en que trabaja, así como la forma como retribuye a sus empleados y la manera como los asigna a cada tarea". Este estado de equilibrio nunca se consigue, pero ha de tenerse siempre presente.

1.6 RESUMEN

1. En *Ricardo III*, el mayor dramaturgo de todos los tiempos expresa: "Nuestra vida está tejida con el hilo de nuestros sueños". Nuestras acciones y nuestros logros dependen de lo que nos propongamos alcanzar. En banca y en cualquier actividad.

2. Es un hecho probado que para adaptarse a los cambios de cada mercado es necesario diseñar una determinada estructura organizativa. Las empresas que tienen éxito adaptan la estructura de su organización para que tenga coherencia con las estrategias que persiguen para dar respuestas eficientes a esos cambios.

3. Desde los Estados Unidos nos llegó el modelo organizativo que parecía destinado a resolver todas las situaciones: la "dirección por objetivos". Existía en su concepción el eco de la expresión de un científico (Lord Kelvin), cuando sostuvo que sólo se conoce lo que es medible. Posiblemente por eso se establecieron en la banca toda una serie de mediciones; el comportamiento de los directores de oficinas y de los empleados se reguló mediante objetivos de todo tipo que habían de cumplirse cada año (a menudo fruto de un pacto, pero en muchos casos a través de instrucciones). Luego eran objeto de evaluaciones y, según el grado de cumplimiento, eran promocionados (o, en los Estados Unidos, recibían compensaciones adicionales o "bonus").

4. Pero en banca - como sucede en otros tipos de negocios - si bien conviene establecer mediciones y tener planes de futuro que aseguren la continuidad y expansión de la empresa, no todo es medible. Existen aspectos difícilmente cuantificables y los objetivos puramente numéricos pueden producir contradicciones que perjudiquen a la propia entidad. Es más, dirigir una organización exclusivamente a través de la fijación de objetivos puede llegar a provocar la esclerosis de toda la empresa. La rutina se apodera de las principales decisiones y en algunos casos la gestión se hace a espaldas del mercado y las necesidades reales de los clientes. Llega un momento en que los árboles (los objetivos) no dejan ver el bosque (la orientación hacia el crecimiento con seguridad de la organización).

5. Existen formas de organización más eficaces: pasar de los objetivos a los "retos". En organizaciones maduras y ante mercados financieros con márgenes que tienden a estrecharse, dar confianza a los directores de oficinas, a los gerentes comerciales y a los empleados puede traducirse, normalmente, en respuestas positivas. Las personas pueden sentirse apeladas directamente y responder con una mayor responsabilidad. Su trabajo puede tener más sentido, pues son ellos los que establecen sus objetivos, no sólo los que son de tipo cuantitativo sino los de naturaleza cualitativa; en pocas palabras, lo que

se sienten capaces de realizar. Y nadie conoce mejor que uno mismo hasta dónde llega su potencial. De lo que se trata es de crear valor gracias a brindar a las personas un espacio de libertad. Eso permite que aflore la iniciativa y que se encuentren soluciones más creativas. En último término, aumenta el sentido de pertenencia a la organización o entidad (ya sea un banco, una caja de ahorros, una cooperativa de crédito o una caja rural). Desde otro plano, todo eso tiene que ver con la condición humana. Según dejó escrito Rudyard Kipling , "(...) Si encomiendas a un hombre más de lo que puede hacer, lo hará. Si solamente le encomiendas lo que puede hacer, no hará nada".

6. En una concepción que tiene en cuenta los valores, de una manera colectiva para toda agencia bancaria, cabe la posibilidad de que la propia persona, en el ejercicio de su libertad, se fije en un trabajo en equipo sus propias "metas" de acuerdo con su jefe y de una manera colectiva para toda la oficina. Es muy probable que con ello obtendrá mejores resultados, se sentirá más identificada con su trabajo y la organización con la que colabora.

7. Para concluir, la nueva forma de gestionar las empresas entra de lleno en el asunto más delicado: la gente desea que su trabajo tenga un sentido y todos quieren también que se les reconozca por su contribución. Pero esas cuestiones nos llevan a un campo que exige un nuevo capítulo, dedicado a las motivaciones de las personas, a los distintos tipos de inteligencia y, en fin, a la gestión moderna de los recursos humanos. Este capítulo nos permite insistir en algo que se desarrollará sucesivamente a lo largo del libro: ningún banco o caja de ahorros es mejor que sus empleados.

Capítulo 2

Recursos humanos y dirección por valores

Las ilusiones sostienen al hombre; las alas, al pájaro.

Victor Hugo

2.1 INTRODUCCIÓN

En el capítulo anterior hemos planteado lo que será la base de todo el libro: dirigir las organizaciones por "metas" o, por usar un término deportivo, por "challenges". Quien se pone el listón a dos metros de altura nunca los sobrepasará; las "metas" no nos son impuestas, como sí podrían serlo los objetivos, aunque éstos no siempre se negocien o se alcancen por consenso: somos nosotros quienes, en uso de la libertad y la confianza que nos brinden, nos sentimos impulsados a conseguir mejores resultados. Las metas compartidas que nos proponemos alcanzar tienen algo que ver con el ámbito de las ilusiones.

Hemos sugerido anteriormente que en mercados maduros ganarán ventajas competitivas quienes den más importancia a los aspectos cualitativos. Es un hecho comprobado que cuando sólo se presta atención a lo cuantitativo - tasas de crecimiento, objetivos, cuotas, etc. - y esas medidas se dan a conocer públicamente se corre el riesgo de acentuar más el control mecanicista en detrimento de la iniciativa y la flexibilidad que son lo propio de todo lo humano. En muchos casos las medidas van en contra de lo que se pretendía: hacer avanzar la organización y alcanzar las metas de creatividad y desarrollo personal que se habían propuesto.

En este capítulo damos un paso más en la misma dirección, poniendo el acento en las motivaciones personales y las características de los directivos bancarios para los próximos años.

2.2 ¿ES POSIBLE MOTIVAR A LAS PERSONAS, A LOS EMPLEADOS DE UNA ORGANIZACIÓN?

La respuesta a estas preguntas no es fácil y será preciso dar algún rodeo.

En unas jornadas anuales de directores de recursos humanos, el directivo de un banco comentaba a otro colega:

"(...) Íñigo, yo ya no sé qué hacer con los empleados de la red. He contratado cursos sobre márketing relacional y parece que la mayoría los han seguido con mucho interés. Han tenido seminarios sobre ventas cruzadas y también han seguido prácticas dirigidas a desarrollar actitudes más activas para lograr los objetivos de venta que pactamos cada año. Algunos (y algunas) han reaccionado muy bien. Pero para otros parece como si los resultados de la entidad no dependieran también del esfuerzo de ellos y de todos..."

Su colega, en un intercambio de confidencias y dejando de lado la lucha por las cuotas de mercado y los rankings sobre qué entidad tiene el liderazgo por tamaño y cuál no, le contestó,

"(...) En primer término, Íñigo, los empleados han de tener muy claro qué espera de ellos la entidad. Pero eso no basta, porque en la motivación de las personas nadie puede tener una influencia excesiva. Es algo muy íntimo y depende de su manera de ser; está ligado a su infancia y a las experiencias que luego hayan tenido. En realidad, todos somos hijos de nuestra infancia. Sólo ellos pueden motivarse a sí mismos. La cuestión es que actúen por convicción; que se sientan persuadidos de que el trabajo tiene un sentido. Ahora bien, lo esencial es que tengan confianza y un jefe que les plantee proyectos que despierten de nuevo sus ilusiones por trabajar con entusiasmo. Pero a pesar de eso te confieso que yo tampoco sé qué hacer. No pierdo la esperanza,

porque creo en el valor de las ilusiones, de los sentimientos que despiertan lo mejor de las personas. Yo creo que a medida que se vayan difundiendo los estilos de dirección basados en los valores - es decir, en las convicciones antes que en la órdenes o los presupuestos que sólo proponen objetivos y cifras - la cuestión podrá resolverse de otra manera más racional y a la vez entrar en el terreno en donde se despiertan las emociones, que son, en último término, las que nos mueven a todos"[1].

Los empleados y los directivos de un banco - o de cualquier empresa - han de conocer qué esperan de ellos la dirección general, el comité ejecutivo o el consejero delegado (o quien tenga a su cargo trazar las líneas maestras de la Planificación Estratégica para los próximos años). Pero lo decisivo es que sientan la pasión de ejercer su trabajo; de plantearse metas de mejora y, en definitiva, de intentar llevarlo a cabo de una manera entusiasta. Si, como indicábamos en el capítulo anterior, la gente se siente motivada por metas permanentes (un objetivo que no se sustente en una meta no es propiamente un objetivo sostenible) los empleados tenderán a conseguir más de lo que unos simples objetivos podrían, aparentemente, motivarles.

Las emociones son lo que nos mueve - y eso significa el término "e-moción", movimiento inducido. Bancos y cajas han de encontrar los medios para que sus empleados se sientan partícipes de un trabajo común que les atraiga.

Numerosos estudios demuestran que las personas son seres finalistas, que buscan un sentido a su trabajo. Por consiguiente, es preciso que tengan un conocimiento claro de lo que se espera de ellos y de lo que el banco pretende alcanzar a medio y largo plazo.

En el capítulo anterior hemos destacado algunos de los factores que distinguen la banca tradicional de la banca de servicios o la banca moderna, caracterizada ésta por los servicios de todo orden que presta a sus clientes para satisfacer sus necesidades reales. Hemos puesto de relieve también que ningún banco es mejor que sus empleados. En la banca moderna y dado que los niveles de tecnología de cada banco tenderán a igualarse en mayor o menor grado - y los que no lo hagan dejarán de ser competitivos -, un banco sólo podrá diferenciarse de otro por sus empleados y éstos por las actitudes que manifiesten, el grado de sintonía que tengan con la cultura organizativa y las exigencias que les plantee la entidad de crédito y su modo de entender el ejercicio de su profesión.

---

[1] Mariano estuvo tentado por un momento y dudó si plantear a su amigo una cuestión difícil de discutir de una manera abierta: la profesión que una persona ejerce - el trabajo por el que le valora la sociedad - en alemán tiene un significado más profundo, porque "Beruf" es a la vez profesión y vocación, en el sentido de sentirse llamado a contribuir a la mejora de la comunidad o al desarrollo de una actividad concreta.

El entusiasmo se comunica, de la misma manera que la energía no se agota, sino que se transforma. Una organización galvanizada por el sentido de una misión que todos comparten y unas propuestas firmes que, dentro de un espacio de libertad, cada uno de los empleados se plantee con su jefe inmediato, dentro de un plan general, pueden potenciar los resultados, no importa cuál sea la dimensión de la entidad o el tamaño del mercado.

2.3 LA PASIÓN POR LA BANCA PUEDE TRADUCIRSE EN EL DESEMPEÑO DE EMPLEOS Y FUNCIONES CON UNA VERDADERA REALIZACIÓN DE LAS PERSONAS Y LA MEJORA DE LOS RESULTADOS DE BANCOS Y CAJAS DE AHORROS.

El entusiasmo por el trabajo, la pasión con la que se ejerce una determinada función dependen, en buena medida, de la motivación de las personas. Es éste un reducto estrictamente personal; queda en el dominio de la libertad del hombre y él y sólo él puede influir en su orientación.

No se trata de darle información - que muy pronto satura el interés de las personas - sino de ayudarle a que haga una hoguera con todos esos materiales y alimente el fuego del entusiasmo. Pero sólo él puede provocar la chispa que ha de encender el fuego. A pesar de eso, nosotros distinguimos tres tipos de motivaciones:

(1) la motivación extrínseca: básicamente es la que proporciona la retribución salarial[2],

(2) la motivación "intrínseca" (la que tiene que ver con el desarrollo personal y el cumplimiento de los planes que toda persona se forja para convertir en real su capacidad potencial), en definitiva, la que le estimula para realizar sus sueños y,

(3) la motivación "social" y trascendente: el carácter social del ser humano lo conduce inevitablemente al deseo de ser reconocido por los demás; de sentirse apreciado por sus superiores. Y, por encima de todo, de creer en los valores de la dirección y en la función social que realiza la empresa. Todo ello tiene mucho que ver con afirmaciones del siguiente tipo:

"(...) Bueno, al fin y al cabo estoy trabajando para una empresa en la que creo; también ellos me brindan el reconocimiento de mi progreso profesional y de mi contribución a la institución ..."

Como señaló oportunamente Harry Levinson, en su obra *The Executive*[3],

---

[2] Estas notas siguen los trabajos de los profesores del IESE, Pérez López, Juan Antonio, Introducción a la Dirección de Empresas, año 1997, y Chinchilla, María Nuria, "Empresas o negocio?: distintos enfoques para la dirección de personas en las Organizaciones", septiembre 1990 (Nota Técnica de la División de Investigación).

[3] Levinson, Harry, *Executive: The guide to responsive management*, Harvard University Press, Cambridge, Massachusetts, 1981.

"por su carácter social, el hombre es consciente de su valor cuando es reconocido por los demás; en definitiva, por la sociedad".

Ninguna empresa puede escapar a las presiones del mercado. Y sólo la motivación de sus empleados hará posible que bancos y cajas tengan éxito cuando han de trabajar en mercados maduros.

De nuevo, insistimos en nuestra propuesta del primer capítulo: cuando se da confianza a las personas normalmente éstas responden de una manera positiva. En general asumen una responsabilidad porque se sienten apelados en su fuero interno. Las "metas" que ellos mismos se proponen, bajo la guía de un buen directivo, harán posible que se libere el talento que permanecía en estado latente y esa apelación a la responsabilidad despierta el sentido de compromiso con la empresa.

2.4 ¿QUÉ TIPO DE DIRECTIVOS BANCARIOS PUEDEN SER LOS IMPULSORES DEL MODELO DE "BANCA DE SERVICIOS"?

Desde luego han de ser los "protagonistas" a los que nos hemos referido antes. A continuación desarrollamos algunos aspectos poco tratados en materia de cualidades y competencias y que tienen que ver con la dirección por valores y, dentro de ella, para las organizaciones maduras, el caso en que los directores de oficinas, jefes de zona y directores regionales, los gerentes comerciales y todos los empleados se plantean metas de mejora.

2.4.1 ¿Existe una nueva concepción en materia de recursos humanos basada en las competencias de los directivos?

La respuesta es afirmativa, pero para desarrollarla de una manera adecuada tendremos que abordarla desde distintos ángulos. En efecto, una cosa es la inteligencia analítica (abstracta, lógica) y otra muy distinta la inteligencia social, la que favorece las relaciones con otras personas, la que facilita las negociaciones y evita los conflictos; la que es capaz de percibir la situación del "otro", de ponerse en su lugar y hacerle más fácil las gestiones que ha de realizar, la forma de dar más rentabilidad a sus ahorros o de tener un mejor plan de pensiones. Con eso nos estamos aproximando a una cuestión que en banca es decisiva: ¿Qué tiene más importancia, un coeficiente intelectual elevado (en inglés "IQ", "Intelligence Quotient") o distintos tipos de inteligencia, en el supuesto de que éstos puedan existir o ser medidos?

Uno de los pioneros en el análisis de las competencias fue, en la Universidad de Harvard, David McClelland. Él, quien definió el "punto crítico". Daniel Goleman, uno de sus discípulos, lo describe en los siguientes términos:

"(..) Las competencias no aparecen aisladas sino en grupos. Y el hecho es que para que una persona alcance una actuación descollante no basta con que destaque en uno de esos grupos, sino que debe hacerlo en varios a la vez. David McClelland descubrió que los empleados "estrella" (es decir, los mejores) no sólo demuestran un talento singular - como, por ejemplo, dotes de iniciativa o la capacidad de ejercer cierta influencia en los demás - sino que también presentan una especial fuerza en cada uno de los cinco grandes dominios en que hemos categorizado la inteligencia emocional (conciencia de uno mismo, autorregulación, motivación, empatía y habilidades sociales)"[4].

2.4.2 ¿Existe un tipo único de inteligencia?

Según la escuela desarrollada en la Universidad de Harvard, ciertamente no. Existen múltiples tipos de inteligencia. Y eso no siempre ha sido reconocido de una manera clara. Ni en la industria ni en la banca. Debemos a las investigaciones de Gardner[5] (Universidad de Harvard) la identificación de siete tipos de inteligencia, que luego se desdoblan en otras variantes. Sus trabajos demuestran que algunos de los tipos identificados pueden ser subdivididos en otros. Por ejemplo, la "inteligencia interpersonal" puede ser dividida en cuatro habilidades distintas:

(a) la capacidad de ejercer el liderazgo,

(b) la capacidad de desarrollar relaciones personales y de mantener los amigos,

(c) la capacidad de resolver conflictos, y

(d) la capacidad de tener un cierto grado de percepción de lo social (de percibir su propia identidad y de entender a los demás).

Según Howard Gardner,

"(...) La inteligencia interpersonal es la capacidad de comprender a los otros, de entender qué es lo que los motiva, cómo trabajan, y también cómo trabajar con ellos de una manera cooperativa. Los vendedores que tienen éxito, algunos políticos destacados, los mejores profesores y los líderes de la sociedad de distinta índole son todos ellos individuos que poseen un alto grado de orientación hacia los demás (...). En otro sentido, la inteli-

[4] Hemos adaptado el texto de Daniel Goleman a partir de la edición española de su libro *La práctica de la inteligencia emocional*, Editorial Kairós, 1998, Barcelona, p. 63. Más adelante hacemos referencia a las contribuciones de Gardner (también de la Universidad de Harvard) y a las del propio Goleman.

[5] La medida de los cocientes de inteligencia ("IQ") se puso de moda en la I Guerra Mundial, cuando dos millones de ciudadanos de los Estados Unidos fueron seleccionados mediante pruebas de inteligencia o "tests" basados en puntuaciones, según un simple procedimiento ideado entonces por Lewis Termann, de la Universidad de Stanford.

gencia intrapersonal (...) es una habilidad correlativa, pero mirando hacia dentro. Es la capacidad de alcanzar una visión acertada de sí mismo y de ser capaces de hacer uso de este modelo para actuar de una manera efectiva en la vida"[6].

Durante años, en las empresas - industriales o financieras - muchas pruebas de selección de personal han estado sujetas, entre otras medidas de tipo cuantitativo, al "cociente de inteligencia", como si ésta fuera la única forma o variante capaz de medir la capacidad intelectual. Para cubrir un puesto determinado, parecía tener más posibilidades quien tuviera un cociente de inteligencia más alto. ¿Sería algo así como una prueba de salto con pértiga, en el que vale más quien lo hace con el listón más alto, como el ucraniano Bubka en los Juegos Olímpicos de Barcelona? Nadie niega que una persona inteligente tendrá, probablemente, una visión más acertada para resolver los conflictos latentes; posiblemente encontrará soluciones más imaginativas, pero la inteligencia de tipo puramente racional no basta para todas las situaciones a las que ha de hacer frente cada día un directivo bancario.

Otro tanto ha ocurrido en la mayoría de las universidades del mundo: el cociente de inteligencia tenía un fuerte peso en la selección o las pruebas de ingreso. Esto ha sido así hasta que se ha abierto camino la visión más real que Goleman[7] ha calificado de "inteligencia emocional". La nueva concepción, en sus aplicaciones a la banca, la desarrollaremos en algunos apartados y especialmente en el capítulo dedicado a las dotes de liderazgo en la banca, pero como una introducción a continuación se revisan algunas de sus dimensiones.

2.5 ¿CÓMO PUEDE MEJORARSE LA GESTIÓN DE LOS RECURSOS HUMANOS?

Para empezar, si aceptamos que existe una "inteligencia emocional", distinta de la puramente racional (lógica o abstracta), la banca que busca la excelencia tendrá que adaptarse a los nuevos conceptos. Porque si, de acuerdo con el cuadro del capítulo 1, no menos del 85% al 90% de la plantilla ha de dedicarse a la atención de los clientes y a operaciones de asesoría y venta, quienes tengan un mayor grado de "inteligencia interpersonal" conseguirán un mejor desempeño y estarán más satisfechos de sí mismos, al propio tiempo que la entidad obtendrá mejores resultados y beneficios más elevados por cada cliente.

---

6 Este extracto procede del libro que Gardner publicó después de diez años de investigaciones en la Universidad de Harvard. Véase, Gardner, Howard, *Multiple Intelligences. The Theory in practice*, Nueva York, Basic Books, 1993, p.80.

7 Goleman, Daniel, ibíd.

En materia de dirección de recursos humanos, la formación que se imparta en bancos y cajas tendría que estar orientada a conseguir desarrollar todo el potencial de la inteligencia - lógica y emocional - de los empleados, identificando las competencias necesarias para el desempeño de cada puesto de trabajo y los medios para preparar la carrera profesional de quienes, teniendo un elevado potencial, pueden alcanzar niveles superiores mediante una preparación adecuada.

Como ha señalado Goleman, en esencia todas las emociones son impulsos para actuar, la respuesta inmediata a los estímulos, una reacción que debemos al proceso de evolución de la especie humana[8].

Según el autor, los sociobiólogos se preguntan por qué el corazón - los sentimientos - han llegado a tener tanta importancia, incluso para llegar a dominar lo racional, la mente, especialmente en momentos cruciales de la vida. ¿Por qué la evolución ha dado un papel tan importante a las emociones?[9].

Las emociones nos guían en las cuestiones que son decisivas y en las situaciones que parece que no pueden dejarse solamente al cuidado de la mente o de la razón: puede tratarse de situaciones en las que tengamos que salvar un peligro; mantener nuestra perseverancia cuando intentamos alcanzar unos objetivos (o mejor todavía, hacer frente a determinadas "metas") que otros consideran poco valiosos o equivocados o, en fin, tratar de convencer de las cualidades de un determinado producto a quienes se muestran escépticos o tienen incluso cierta prevención, porque dudan de la credibilidad de las ofertas que les llegan de distintos bancos o cajas de ahorro, en muchos casos muy parecidas unas a otras.

La inteligencia emocional, el despliegue de su fuerza en el caso de quienes la tienen (en mayor o menor grado), se observa en la vida ordinaria y en el mundo profesional. Pero se hace posiblemente más evidente cuando se constatan sus efectos entre los hombres de negocios y los directivos que tienen espíritu emprendedor. También es común entre los líderes.Tuvieron una idea en su juventud y no pudieron llevarla a cabo por falta de recursos. Esa idea no fue fruto de un razonamiento; fue más bien como un destello; una ráfaga que por un instante les sugirió una nueva idea, posiblemente algo que no se le había ocurrido antes a nadie. Pusieron en relación numerosas experiencia y observaciones de la realidad (necesidades de los consumidores;

---

[8] Las obras de Gardner primero y luego las más recientes de Goleman parecen haber descubierto que no existe un tipo único de inteligencia. En realidad, según exponemos en el capítulo 7, la *Ilíada* reconocía distintos tipos de líderes. El propio Descartes tuvo una concepción dual. Ahora gana fuerza la idea de que nuestra mente está dividida: una tiene que ver con las emociones; la otra, con los conceptos abstractos, la lógica y todo lo que hemos venido calificando de "racional". El "logos" de los griegos clásicos correspondería a este último grupo.

[9] Goleman, Daniel., ibíd., p. 4.

nuevas oportunidades nacidas de los cambios de la sociedad, etc.) y en un instante se dieron cuenta de que ellos podían contribuir al mercado con nuevas soluciones. Luego fueron necesarios años de esfuerzos tenaces, de perseverancia ante los escollos que tenían que vencer hasta ser capaces de poner manos a la obra y realizar su proyecto ¿Qué fue más importante en su éxito? Sin duda alguna, cierto grado, nunca desdeñable, de inteligencia racional, pero la parte emocional, de la que depende la perseverancia, el propósito firme y la decisión de sortear todos los obstáculos, ha sido en muchos casos decisiva.

Pero también desempeñó una parte no menos importante el intelecto, el acto de saber discernir entre lo que es esencial y lo que puede desecharse por ser accesorio. En último término, primero fue la percepción de un sentimiento (a menudo de una cierta imagen); luego vino la forma de convertirlo en conceptos, de racionalizar lo que se había sentido (percibido).

Muchos hombres de negocios, directivos y líderes han tenido experiencias similares.

En este sentido, el inventor Thomas Alva Edison, al ser preguntado por las empresas que también dirigía - y no sólo por sus inventos incesantes - y la manera como conseguía llevarlas adelante contestó: "Es necesario tener una buena memoria, capaz de presentar a la mente, rápidamente, todas las experiencias que pueden contribuir a tomar la decisión adecuada"[10].

Por su parte, para Goleman,

"Cada emoción nos brinda una manera rápida de actuar, y lo hace en la dirección en que la especie humana ha tenido éxito para hacer frente a los retos de la vida a lo largo de toda la historia de la humanidad. A medida que estas situaciones fueron repitiéndose a lo largo de la historia de nuestra evolución, la supervivencia de nuestras emociones quedó incorporada en nuestros sentidos como algo innato, como si fueran tendencias automáticas del corazón humano"[11].

Joseph LeDoux, un neurólogo del Centro de Ciencia Neuronal de la Universidad de Nueva York, fue el primero en descubrir el papel clave del córtex en el "cerebro emocional". Él fue quien primero estableció los circuitos del cerebro emocional, lo que desplazó una creencia generalizada sobre el sistema límbico. Sus investigaciones explican de qué forma el neocórtex puede tomar el control de lo que hacemos incluso cuando la parte del cerebro que piensa no ha llegado todavía a tomar una decisión. En nuestro desa-

---

[10] Cita a partir del artículo "Inventing the Century", de Neil Baldwin, Hyperion, 1995 (citado por Business Week, edición del veinte de febrero de 1995). Textualmente, la respuesta de Edison fue la siguiente: "The single most important quality for an executive.... is a fine memory .. memory was the cornestone for the ability to make a quick, correct decision, marshalling all the facts at one's disposal".

[11] Goleman, Daniel, ibíd., p.12.

rrollo, el neocórtex nos permite llegar a cuestiones tan sutiles como tener sentimientos sobre nuestros propios sentimientos[12].

2.6 ¿QUÉ REGLAS DEBERÍAN TENER EN CUENTA LOS EMPLEADOS QUE BUSCAN LA EXCELENCIA EN BANCA?

En primer término, es necesario sentir entusiasmo por el desempeño del puesto que se ocupa dentro de la organización. No basta con un compromiso puramente formal. Si lo que nos mueve son las emociones, será preciso que se planteen metas de mejora. De ellas nace el impulso que nos conduce a trabajar con un mayor entusiasmo. De nuevo, se trata de las emociones que nos inducen en el sentido de actuar, de reaccionar en sentido positivo. Al fin y al cabo, como señaló Waldo Emerson, "nada grande se ha conseguido sin entusiasmo". No existe ningún trabajo que no contribuya a dar prestigio a una organización. De todos ellos depende la imagen que va a transmitirse a los clientes, a otros seres humanos, dentro y fuera de la organización.

Lo cierto es que existe un conjunto de reglas que no pueden pasarse por alto y son, desde luego, de índole muy variada. En este capítulo destacaremos sólo las que tienen que ver, de una manera más directa, con la orientación hacia los clientes y sus necesidades reales.

2.6.1 ¿Han de tener espíritu emprendedor los directivos bancarios?

La respuesta a esta pregunta es desde luego obvia. Según se desprende del cuadro del capítulo 1, los empleados y directivos de bancos y cajas de ahorros han de tener dotes que les permitan ser proactivos. Es más, en toda la organización en la que desempeñen sus funciones ha de vivirse una "cultura orientada a los clientes y hacia el mercado". No son personas que están "al otro lado del mostrador". En realidad, insistimos de nuevo, de ellos depende la imagen de la entidad. Es un "challenge" que han de hacer suyo y, de una manera muy especial, todos los que tratan con el público en general.

El director de cada oficina bancaria y los empleados son los que mantienen viva la cartera de clientes - los que les son fieles, porque tienen cuentas abiertas vivas y ellos recuerdan inmediatamente sus nombres y sus operaciones -, y los que tienen que atraer de otras entidades (o los que acuden por primera vez al mercado, a edades cada vez más tempranas), y, por último pero sin agotar todos los casos, los que necesitan otra entidad mejor. En todos esos casos, los usuarios han de encontrar - mejor dicho, han de ser atendidos, porque el verbo "encontrar" tiene un sentido que puede interpre-

[12] Goleman, Daniel, ibíd., p. 16.

tarse como algo casual o forzado - y recibir el servicio que no han conseguido en otra entidad similar. El espíritu emprendedor es necesario en cualquier actividad, desde la captación de nuevas cuentas hasta las operaciones de créditos para públicos muy diversos (hipotecas personales; créditos de circulante para Pymes, pólizas de crédito preferenciales y financiación para empresas exportadoras, etc.).

¿Qué se necesita para ser emprendedor? ¿Tiene que ver con la inteligencia racional o, por el contrario, es una de las cualidades que se derivan de la "inteligencia emocional"?

No podemos extendernos en un campo que tiene su propia especialidad, pero conviene reproducir, en este contexto, un extracto del poema de Rudyard Kipling sobre el éxito y el fracaso, a los que trata como a dos impostores. En último término, todo depende del esfuerzo, la ilusión que se ponga en el trabajo y la perseverancia para alcanzar las metas que se hayan propuesto.

"(...) Si puedes hacer frente al triunfo y al fracaso y tratar a estos dos impostores de la misma manera..."

En el plano de los recursos humanos y de la psicología empresarial, A. Bhide señala, tratándose de las personas con espíritu emprendedor:

"Para sobrevivir a los desengaños y tropiezos a los que hay que hacer frente en el duro camino del éxito es necesario tener una gran pasión por el trabajo o por la profesión que uno ha escogido" [13].

Bhide distingue tres elementos "críticos" en el proceso de tomar una decisión comprometedora, que puede darse en la banca o en una empresa no financiera:

(1) una rápida visión de las oportunidades, descartando a la vez las que parecen menos prometedoras;

(2) un análisis de las ideas o posibilidades que pueden ser aceptables, pero concentrando la atención en los puntos más importantes y,

(3) la integración de las ideas que se han analizado con la acción, sin esperar a tener todos los puntos claros antes de actuar[14].

---

[13] Bhide, A., *How entrepreneurs craft strategies that work*, Harvard Business Review, marzo-abril 1994, citada por Jaume Filella en la publicación de la Generalitat de Catalunya, "L'esperit empresarial a Catalunya", dirigida por Tornabell Carrió, Robert, Direcció General d'Indústria, Barcelona, 1995.

[14] Según Bhide, en el caso de nuevos negocios, un 40% de los empresarios encuestados no tenía ningún plan de acción; un 26% tenía una idea vaga y esquemática de lo que haría y un 5% había escrito algunas notas esquemáticas para los posibles inversores. Sólo un 28% tenía un plan de negocio detallado. Tratándose de la banca, existen medios para mejorar el espíritu empresarial de los empleados: la iniciativa puede ejercitarse y el cultivo de un clima propicio para inducir nuevas ideas y proyectos se ha desarrollado en distintos medios.

Como señala Jaume Filella, "en el proceso empresarial es necesario improvisar muchas cosas y hacer cambios sobre la marcha"[15]. En cuanto a las características personales de los emprendedores, Filella destaca las siguientes:

1. Compromiso con un proyecto; persistencia; capacidad de decisión; confianza en uno mismo.
2. Habilidad mental: visión, orientación hacia objetivos concretos, saber conceptualizar; ser inteligente (en el sentido racional).
3. Motivación: ser muy competitivo; tener sentido de la realidad; tener espíritu de superación.
4. Perspectiva de alcanzar el éxito: autoconfianza; inspiración; capacidad de aprovechar las oportunidades; ser capaz de aprender de los errores.
5. Habilidad relacional: ser capaz de "trabajar todos a una" - algo que no es fácilmente alcanzable - y de aprovechar las oportunidades que añaden valor a la empresa.

En estas características se destacan, de manera elocuente, las que tienen una relación directa con la "inteligencia emocional" (autoconfianza; perseverancia; inspiración, etc.) y también, por supuesto, con las que dependen de una manera más directa de lo que denominamos inteligencia racional.

No cabe duda de que el director de una oficina bancaria o de una jefatura de zona ha de tener cierto sentido empresarial, dado por su iniciativa, su sentido de la oportunidad y por la orientación hacia los clientes. A este respecto, Jennings, Cox y Cooper (1994) señalan:

> *"Todos los que han destacado en el mundo de los negocios han tenido en su infancia algunas experiencias parecidas, que han dado lugar a características bastante constantes, tales como la tenacidad en el empeño, la capacidad de recuperarse de los traumas que puedan haber vivido y la motivación por alcanzar el éxito. Parece ser que lo que importa para el futuro es la reacción frente al trauma y no el trauma en sí mismo. No discutimos que algunas características mentales se heredan, no existe ninguna duda de que algunos acontecimientos que han configurado la infancia contribuyen a la configuración de los que posiblemente algún día llegarán a ser líderes. La combinación de haber sido capaz de aprender de las adversidades, junto a la tenacidad frente a las situaciones que se han vivido, conduce a un tipo de experiencia que hace posible que la gente con espíritu emprendedor pueda superar las dificultades. Los emprendedores demuestran un grado muy elevado de automotivación y de control de su entorno, pero tienen también una elevada elasticidad cuando han de hacer frente a las experiencias negativas"*[16].

---

[15] Filella, Jaume, ibíd., p. 16.

[16] Jennings, R., Cox, Ch. y Cooper G.L., *Business Elites*.

2.6.2 ¿A quienes tienden a confiar sus secretos (y sus problemas profesionales) los que tienen un empleo y ahorros que desean rentabilizar?

Es un hecho plenamente reconocido que muchos directores de oficinas bancarias, agencias y sucursales han podido comprobar, a lo largo del desempeño de sus funciones directivas, algunas experiencias como las siguientes: a menudo los clientes confían más en el empleado o el director de su caja de ahorros o agencia bancaria para buscar respuestas a sus preocupaciones de distinto orden; es frecuente que vean en él (o en ella) a una persona en quien poner su confianza sobre cuestiones que no revelarían a otra.

En unos casos puede tratarse de cómo invertir mejor unos ahorros. En otros averiguar cuál puede ser el mejor plan de pensiones. Pero no es infrecuente que las cuestiones desborden esos límites, porque pueden tener más confianza en ellos que en un vecino, un amigo o incluso un familiar. En estos casos - y en otros similares - se establece una relación especial basada en la confianza. Nace de esta forma un trato confidencial de los términos de las consultas o del patrimonio de quien acude al banco o a la caja. Confían en la profesionalidad y el sentido de respeto que conduce a velar por la discreción con la que desean ser tratados todos los clientes. A menudo no quieren que otros, próximos a ellos, sepan lo que ganan o lo que ahorran (o en qué lo gastan). A continuación presentamos algunas cuestiones que están relacionadas con la manera de comportarse ante situaciones que tienen que ver con las relaciones personales. Se refieren, de nuevo, a una nueva forma de concebir la banca de servicios. Tiene mucho que ver con la profesionalidad que cada empleado de banca ha de perseguir.

2.6.3 La inteligencia emocional en las relaciones de los empleados bancarios con sus clientes

Tendemos a creer que nos comunicamos sólo y de una manera exclusiva por medio de la palabra. Suponemos que el empleado que recibe la solicitud de un cliente potencial en una agencia bancaria se comunica sin barreras cuando le informa sobre las ventajas de este o aquel producto. Pero diversas investigaciones demuestran que la expresión verbal tiene solamente un peso de apenas el 15%; tiene un mayor valor la actitud, la empatía, es decir, el estar dispuesto a ponerse en la situación de quien acude a nuestras oficinas para que le resolvamos alguna cuestión. De nuevo, también en estas cuestiones nos movemos en el terreno de la "inteligencia emocional".

Ese conjunto de factores tendría un peso superior al 50%. Quedaría un 35%, que correspondería al valor que asignamos a la entonación, a la modulación de la voz. "El medio es el mensaje", escribió hace algunos años Mac

Luhan; Furnham va más allá y nos da una serie de pistas acerca del valor de los "medios" que se utilizan en las relaciones interpersonales, que a continuación desarrollamos[17]. En materia de prestación de servicios bancarios, la actitud personal del director de la oficina y de los empleados lo es casi todo.

EN BANCA, EL MEDIO ES TAMBIÉN EL MENSAJE	
(1) Influencia de la comunicación verbal del empleado para convencer al cliente	= 15%
(2) Influencia de la actitud, de la empatía, de la manera de atender al cliente,	= 50%
(3) Influencia de la entonación y la modulación de la voz del vendedor	= 35%
Total	100%

Puede parecer pueril, pero las investigaciones así lo demuestran: importa mucho más la credibilidad que consiga el empleado que el argumento que se utilice para convencer a un cliente; pero a menudo son tanto o más importantes las manifestaciones que confieren verosimilitud a lo que se está diciendo. Lo decisivo es, evidentemente, la credibilidad que inspiren a sus clientes el director de la oficina y los empleados bancarios.

Al fin y al cabo, el director de una oficina y el empleado que desempeña funciones de tipo comercial han de conseguir que su actitud despierte la confianza de quien espera un trato personalizado. En último término, lo que importa es cómo somos percibidos por los demás.

Debemos a Furnham un agudo análisis sobre el valor de las palabras - los argumentos de venta - frente a las actitudes y comportamiento de todo tipo. Según este psicólogo inglés,

> *"En los cursos que se dan sobre el arte de establecer negociaciones, los profesores suelen poner el acento sobre la manera de 'interpretar' la actitud del oponente. En los cursos sobre técnicas de selección de personal, los instructores destacan cómo puede detectarse la actitud de disimulo que puedan tener algunos de los entrevistados. Y, en cualquier caso, ningún curso sobre el arte de conseguir más y mejores ventas puede considerarse completo sin que se den consejos de cómo han de observarse los comportamientos de los clientes y cómo hay que tratar de hacer máximas las cifras de ventas. Frente a la expresión clásica de 'dame un punto de apoyo y levantaré el mundo', en materia de satis-*

[17] Véase, Furnham, Adrian, profesor de psicología de la Universidad de Londres. Su artículo, que tiene por título "Actions speak louder than words. Our background and emotions are apparent before we say a word...", fue publicado en la edición de *Financial Times*, del 12 de abril de 1999- Sus trabajos son ilustrativos de esa corriente de pensamiento.

facer las necesidades de los clientes lo esencial es 'dame el perfil del cliente potencial y te diré qué puede interesarle'."

Según Furnham, existen algunos puntos clave que han de ser tenidos en cuenta cuando se trata de interpretar el lenguaje del cuerpo. En primer término, ese lenguaje, aparentemente no explícito - pero no por ello menos evidente -, en ningún caso se produce al azar, sino que sigue ciertas reglas. Tomemos, por ejemplo, el contacto visual, que está determinado en parte por la distancia física ("si estamos demasiado cerca, en un ascensor, el contacto visual disminuye o deja de tener efecto"). También se reduce el contacto visual cuando una persona, en una conversación cualquiera, se siente avergonzada o ha de hacer frente a una situación que para ella es embarazosa. Es muy probable que deje de mirar fijamente a su interlocutor (y de manera especial si éste es su superior). En sentido opuesto, quien no nos mira directamente a los ojos, de una manera franca, puede estar revelando un estado de vergüenza o cierto embarazo por algún motivo oculto.

Otro tanto ocurre en las relaciones interpersonales: acostumbramos mirar a quienes nos gustan o a los que nos caen bien. En el caso de los trabajos o tareas de tipo cooperativo, miramos más a los que cooperan que a los competidores o los que se muestran más reacios a compartir un objetivo o una misión determinada. El sentido de la visión también tiene que ver con la personalidad de quienes intervienen en el encuentro o en una reunión: los extravertidos tienden a mirar más que los que son introvertidos[18].

En segundo término, el lenguaje del cuerpo no es innato, sino que en buena medida se aprende. Con pocas excepciones (como es el caso de las expresiones faciales), muchas características no verbales, tales como los gestos y las posturas, se aprenden como parte del proceso de hacernos adultos.

Según Furnham, en Nápoles, la capital mundial en el uso de los gestos (y casi podríamos decir en el arte de gesticular), es frecuente ver gestos que son utilizados para comunicar ideas, algo que, en otro contexto, se expresa mediante conceptos o simples frases porque se trata de cuestiones de uso habitual y corriente.

En tercer lugar, las pistas no verbales son un buen indicador del estado emocional en que se encuentra una persona. Eso se da con más intensidad en los casos extremos: ponerse a sudar en un ambiente no necesariamente caluroso, ponerse a temblar o manifestar nerviosismo son todos ellos signos de ansiedad, sobre la que, por cierto, la persona que los manifiesta no tiene control.

---

[18] Esta interpretación sigue otro camino respecto de la distinción de Freud, para quien las personas pueden ser "inner-drive" o impulsadas por su yo interno, de las que se dejan influir por lo externo. Para los primeros lo que importa es el cumplimiento de sus deseos más profundos; las reglas externas pueden llegar a ser para ellos como barreras que coartan su libertad, porque, en último término, para ellos lo que está en juego es su propia identidad, su yo más íntimo.

Pero todo eso no quiere decir que, de una manera automática, la comunicación mediante el lenguaje del cuerpo (por medio de encuentros cara a cara o mediante la visión de cintas de vídeo) sea necesariamente mejor que utilizar un medio más restringido, tales como el correo electrónico, el teléfono o el correo oficial. Normalmente, según Furnham, la gente acostumbra recordar en mayor medida un mensaje recibido en forma impresa que si lo ve en una presentación audiovisual. Otra cosa es la intensidad de lo que se lee (tiene que ser breve, despertar la imaginación del lector y poner en movimiento sus emociones).

De otra parte, es más fácil detectar por teléfono a las personas que nos ocultan la verdad, a través de las pistas verbales que nos están dando, que hacerlo en una conversación que mantengamos con ellas, cara a cara[19].

2.7 RESUMEN

En este capítulo hemos introducido, dentro de cierta aproximación, la dirección por valores aplicada a los recursos humanos. Hubo un tiempo en el que quizá los empleados que atendían al público despachaban productos o servicios. El verbo "despachar" no es propio de la banca de servicios y es muy revelador que todavía se utilice[20]. Todo eso no tiene nada que ver con la orientación al cliente ni la orientación al mercado que hemos destacado en el primer capítulo.

Los servicios bancarios se prestan gratuitamente y partiendo de la base de que se trata de una relación entre iguales. La confianza del cliente se gana a lo largo de una serie de servicios prestados con dedicación y respeto a la persona.

¿Cómo conseguir que los empleados de una entidad financiera hagan suyas las metas de toda la institución? A menudo se hace referencia a la "motivación personal", como si ésta fuera fácilmente asequible y de fácil transmisión. Pero la motivación de los empleados, de los directores de oficinas o

---

[19] Lo que ocurre es que las pistas verbales incluyen señales tales como las siguientes:

- las respuestas que nos dan por teléfono tienen un ritmo que parece sincopado (se retrasan sin justificación, como si estuvieran buscando la respuesta adecuada a lo que les hemos preguntado)
- la conversación por teléfono se produce, toda ella, en un tono impersonal, como queriendo tomar cierta distancia. El "yo" es sustituido por el "uno" (se nos dice, "uno acostumbra pensar X", en vez de decir, simplemente, "yo creo" o "yo pienso"...)
- hablando por teléfono también podemos percibir que se produce una reacción exagerada; quieren decirnos más de lo que esperamos, como si estuvieran intentando rellenar los espacios que contienen pausas y los momentos de silencio, lo que puede revelar o dar pistas de que pueden estar ocultándonos algo mediante palabras de relleno. También pueden detectarse como posible signo de falsas afirmaciones la pérdida de sentido del final de muchas frases.

[20] El diccionario de María Moliner le asigna distintas acepciones, tales como: (1) tratar los asuntos con sus subordinados; dictar órdenes; (2) el ministro delega en el subsecretario el despacho de los asuntos de trámite; (3) desenvoltura y, entre otras, (4) "desparpajo"

sucursales es algo muy íntimo; está en la raíz de la propia personalidad y poco puede hacerse para despertarla si no surge de una manera espontánea de ellos mismos. Depende de su fuero interno, de sus experiencias y de la credibilidad que sientan respecto a sus jefes y directivos.

Las emociones son las que nos mueven - y eso significa el término "e-moción"; un movimiento inducido. Podemos sentir emociones sobre nuestras propias emociones - autoestima; reconocimiento del trabajo de los demás -, pero necesitamos también creer en los argumentos que la dirección general nos presente; las imágenes que se nos ofrezcan han de ser creíbles. En algunos casos pueden decirnos:"Si hemos conseguido lo más difícil, ¿porqué no vamos a conseguir lo que lo es menos?". Conviene que los argumentos sean vivificados por las emociones, las que nacen en algunos casos del entusiasmo por hacer algo mejor; de la ilusión por desarrollar las iniciativas que un ambiente de libertad puede hacer brotar de quienes desean progresar en su carrera profesional y contribuir al avance de la entidad financiera.

Al fin y al cabo, entramos en una época en la que un banco sólo podrá diferenciarse de otro por sus empleados y éstos por las actitudes que manifiesten.Y éstas dependen en muchos casos del grado de sintonía que tengan con la cultura y las exigencias que les plantee la entidad de crédito y la forma como entiendan el ejercicio de su profesión. Somos seres finalistas; los empleados necesitan conocer el porqué de lo que se les pide; el para qué de lo que hacen y, en último término, necesitan el reconocimiento por el trabajo al que dedican sus esfuerzos y su imaginación.

En cualquier empresa - industrial o financiera - la motivación de las personas debería de trascender la pura remuneración económica. En cuanto somos seres sociales, necesitamos el reconocimiento de la sociedad; el aprecio de nuestros superiores; la colaboración de todos los empleados. Y a menudo este reconocimiento está más allá de las remuneraciones y son más importantes las promociones que pueden conseguirse a través de una carrera bien diseñada y el reconocimiento de un trabajo realizado con dedicación.

El entusiasmo se comunica - según hemos destacado a lo largo del capítulo -, de la misma manera que la energía no se agota, sino que se transforma. Cuando el entusiasmo va acompañado por el convencimiento que se ha alcanzado gracias a los argumentos de la dirección es posible que se produzca algo único: puede alcanzarse la sintonía con las metas que persigue la institución financiera. En una orquesta, la partitura puede marcar los acordes y los tiempos; el director coordina la entrada de los virtuosos de cada instrumento y la pasión que nace de la búsqueda de los sentimientos - la belleza y la bondad eran los bienes supremos de los clásicos. El director de la orquesta puede conseguir que se alcance el sentimiento difícilmente explicable en que, gracias a la inspiración y el entusiasmo, la orquesta y él mismo llegan a una armonía única. Esos momentos son tan intensos que hacen brotar los mejores sentimientos. Se produce una especie de comunión en la que participan la audiencia y todos los miembros de la orquesta. Otro tanto ocurre en el teatro; un buen texto, un mejor director y los intérpretes más inspirados renuevan la magia de la dramaturgia griega[21].

Querámoslo o no, en la banca - como en cualquier actividad humana - nada grande puede conseguirse sin el entusiasmo por el trabajo. Éste depende de la pasión con la que se desempeña una función o toda una carrera profesional. Pero, insistimos, está en manos de las personas porque es un reducto estrictamente personal. Queda en el dominio de la libertad del hombre y sólo él puede influir en su orientación. Poco conseguiremos saturándole con todo tipo de informaciones, que muy pronto agota el interés de las personas. De lo que se trata es de conseguir que sea él mismo quien haga una hoguera con todos esos materiales y alimente el fuego interno de su entusiasmo. Pero sólo ella o él pueden provocar la chispa que ha de encender el fuego.

Se ha demostrado que los empleados "estrella", es decir, los que destacan rápidamente no sólo demuestran un talento singular - dotes de iniciativa o la capacidad de formar equipos y reconocer el trabajo de los demás -, sino que también están dotados de una especial fuerza en los cinco dominios de lo que hemos denominado "inteligencia emocional": conciencia de uno mismo, autorregulación, motivación, empatía y habilidades sociales.

Eso no significa que la inteligencia de tipo lógico y abstracto haya de quedar relegada en un segundo plano. Es una condición necesaria para resolver con éxito cuestiones complejas que requieren de buen juicio y de las dotes de saber distinguir lo que es esencial respecto de lo que puede desecharse como accesorio. Tiene que ver con la capacidad lógica de aprender sobre las experiencias adquiridas. La inteligencia emocional es la que nos brinda el sentido de perseverancia, el deseo de esforzarnos para alcanzar las metas que nos hemos propuesto y, en fin, la que nos hace más valiosos, porque podemos ponernos en la situación de los otros - de los clientes, de otros empleados, y de la propia institución - y trabajar con el entusiasmo que brota del convencimiento de estar haciendo un trabajo que es reconocido por todos. Un empleado definió esta cuestión en términos muy claros:

> *"Bueno, al fin y al cabo estoy trabajando para una empresa en la que creo; también ellos me brindan el reconocimiento de mi progreso profesional y de mi contribución a la institución ...".*

---

[21] En la formación de empleados y directivos bancarios no es infrecuente que se recurra a simulaciones denominadas "rol playing"; unos son los clientes, otros los servicios centrales y unos pocos los empleados de las oficinas. Suelen tomarse las reglas del teatro moderno, pero otros recurren a las adaptaciones del teatro griego clásico. En él los personajes nunca se hablan entre sí. Se dirigen a confidentes, al coro y al público. En último término, la obra persigue representar el cumplimiento de un destino. Eso no sería adecuado, a nuestro juicio, para muchas simulaciones bancarias.

No son éstas cuestiones fáciles y será necesario volver a ellas desde nuevos ángulos. Pero antes hemos de presentar una nueva perspectiva: ninguna empresa - industrial, de servicios o financiera - puede avanzar si no tiene muy en cuenta la orientación hacia los resultados. Eso se aborda en los dos próximos capítulos; el primero, en cuanto a los resultados económicos y financieros; el segundo, respecto a la calidad de los servicios y la satisfacción de los clientes.

Capítulo 3

Orientación hacia los resultados

Para quien no sabe a qué puerto encaminarse, ningún viento es el suyo.

L.A. Séneca; *Epistolae ad Lucilium*, ep. LXXXI, 3.

3.1 INTRODUCCIÓN

En los dos capítulos anteriores nos hemos referido a las condiciones necesarias para que una entidad financiera sea capaz de adaptarse a los cambios que se producen hoy y los que pueden producirse en el futuro. En los próximos años sólo podrán prosperar, bajo esas condiciones de cambio incesante, las entidades financieras que sean flexibles y tengan proyectos nacidos de la iniciativa de sus empleados.

Hemos puesto de relieve las condiciones que favorecen el espíritu de iniciativa, la responsabilidad y los medios que conducen a crear una cultura organizativa en la que las metas de la institución son asumidas por todos. Se produce entonces una fuerza directriz que permite que cada empleado, trabajando en equipo y de acuerdo con su superior inmediato, tenga la posibilidad de convertir en efectivo y real lo que podía haber quedado como algo potencial o latente, sin llegar a definir su carrera profesional. En pocas palabras, la entidad le permite dar lo mejor de sí mismo y recibe el reconocimiento y la promoción profesional que suele producirse en esos casos.

Todo eso son condiciones necesarias, pero no bastan. De la misma forma que tres puntos determinan un plano - y de ahí la estabilidad de este tipo de figuras -, junto a la flexibilidad y la iniciativa es necesario contar con el entusiasmo de todos los empleados para la búsqueda de los mejores resultados. En primer término, porque los beneficios que obtiene una entidad financiera son la remuneración por el riesgo que asume y la buena gestión que realiza con los recursos de los accionistas y de quienes le confían sus ahorros o recursos en general. En segundo término, si la actividad bancaria - como se admite en todos los países avanzados - es un bien público, según lo reconocen las autoridades monetarias, las ganancias son el único medio de dotar las necesarias reservas para hacer frente a eventuales operaciones de crédito fallidas y, evidentemente, para poder atraer nuevos capitales con los que consolidar su posición y expandirse sobre la base de solvencia y seguridad.

En Europa - y en mayor medida en los Estados Unidos - se han extendido en los últimos años dos corrientes de pensamiento contradictorias.

La primera sostiene que la dimensión lo es todo, porque con ella se consiguen beneficios más elevados - en términos absolutos y relativos - y la entidad se pone a cubierto de posibles amenazas.

La otra corriente no niega la importancia de tener entidades financieras con una masa crítica suficiente, pero pone por delante la productividad de las operaciones, la rentabilidad de los recursos propios empleados - cubriendo la prima de riesgo que ha de exigirse - y la solvencia bajo cualquier circunstancia.

La banca española, por lo que se refiere al mercado doméstico o nacional, ha de trabajar en segmentos maduros, en los que los márgenes pueden estrecharse o, en el mejor de los casos, mantenerse estancados. Bajo ese escenario, tendrá ventajas competitivas quien tenga costes más bajos y sea capaz de innovar en productos y servicios, pero dando por supuesto la orientación hacia la "creatividad" de los empleados de cada entidad, según hemos destacado en los capítulos anteriores. En éste nos referimos a la orientación hacia los resultados. Se revisan brevemente las condiciones en que se desenvolvía la banca tradicional y cuáles podrían ser las más adecuadas para la banca de los próximos años.

3.2 DE LA BANCA TRADICIONAL A LA BANCA MODERNA

La banca tradicional ha evolucionado en los últimos años, básicamente, a partir de cinco factores que se han dado en distinta medida según las entidades financieras:

(1) Un amplio margen financiero (sobre activos totales medios, "ATM"). En algunos años éste se había situado entre el 4% y el 5%. En ocho años se ha reducido a menos de la mitad. En 1998 había llegado al 2,29% sobre ATM (1,88% en el caso de los bancos; 2,95% para las cajas de ahorros, pues éstas tuvieron mayores ingresos relativos y unos costes de financiación inferiores). En 1999 se llegó al 2,19%, también sobre ATM (1,79% los bancos y 2,77% las cajas de ahorros).

(2) Los elevados márgenes de intermediación favorecieron en los mejores años, o cuando menos estimularon, la existencia de elevadas proporciones de las plantillas en las sedes centrales y las delegaciones (a principio de la década de los años noventa, la media de los bancos tenía en las sedes centrales y delegaciones más del 23% de su plantilla).

(3) Una situación de este tipo no ponía el énfasis en los servicios (en parte por la sobrecarga de tareas de tipo operativo que recaía en las oficinas).

(4) En consecuencia, se daba poco servicio y las comisiones que se generaban no eran tan importantes (en el año 1994, el 0,47% sobre ATM); en 1999, el 0,68%, también sobre ATM.

(5) En definitiva, una situación de esta naturaleza no era la mejor base para hacer frente a la reducción del margen financiero. En las fases bajistas del ciclo económico (y el aumento correspondiente de los morosos), el margen ordinario y los resultados netos empezaron a sufrir las consecuencias de los impagados, aunque las dotaciones eran más que suficientes y los saneamientos fueron adecuados. A pesar de esas dificultades, la banca española supo encontrar su trayectoria de avance y hoy es uno de los sistemas más solventes y rentables del mundo.

En el gráfico 3.1 se pone de manifiesto, para una serie de diez años, de qué forma el aumento de los ingresos por comisiones (sobre activos totales medios) ha hecho posible que el margen ordinario tuviera una contribución más importante por este concepto a partir del año 1994.

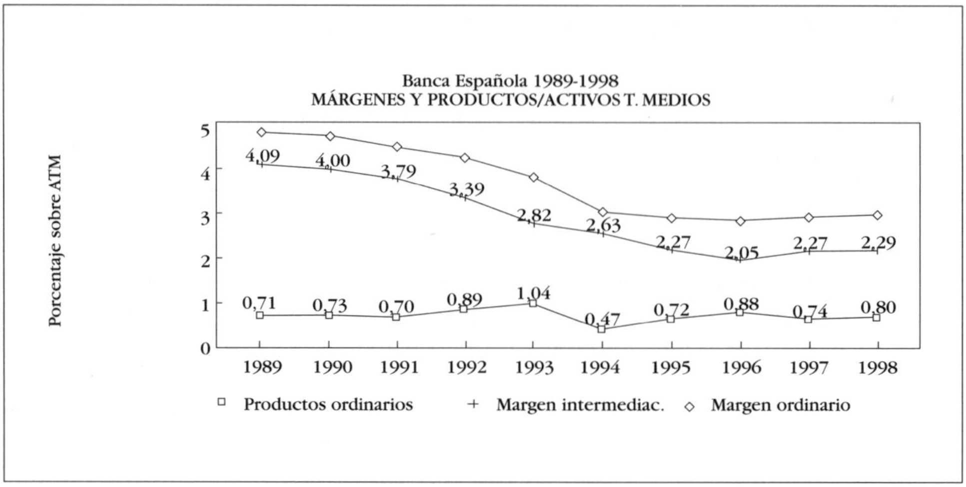

GRÁFICO 3.1

Banca: el aumento de comisiones sobre "ATM" compensa, en parte, el bajo margen financiero

La banca moderna - la banca de servicios - ha de orientarse de una manera especial hacia los resultados, como consecuencia de su amplia oferta de servicios, cuestión que se desarrolla en el siguiente apartado.

3.3 ORIENTACIÓN A LOS RESULTADOS

Una entidad financiera es como un organismo vivo: tiene unos recursos ajenos - que le han sido confiados por quienes tienen confianza en su eficacia y su buena gestión - y ha de remunerar los capitales propios y ajenos y a los empleados que hacen posible que se alcancen los resultados esperados. Las organizaciones tienen una cultura determinada, fruto de la tradición y de las orientaciones que la dirección ha impulsado. Existen bancos orientados al crecimiento a toda costa; otros ponen el acento en la calidad de los activos, el servicio a los clientes y la satisfacción de los empleados en el ejercicio de sus funciones.

De acuerdo con el cuadro 1.1 del capítulo primero, existen algunos indicadores que, ante la reducción de los márgenes financieros, han de tenerse muy presentes.

Es importante destacar, en primer término, el valor del ratio de eficiencia, es decir, la proporción que guardan los gastos de explotación respecto al margen ordinario o bien, desde otra perspectiva, el porcentaje del margen ordinario que las entidades destinan a gastos de explotación.

Para el conjunto del sistema bancario español, en el año 1999 el ratio de eficiencia se situó en el 65,5%. Por grupos de entidades, el ratio de eficiencia sigue siendo más bajo para el conjunto de cajas (64%) que en los bancos (67%). Pero las cooperativas de crédito tuvieron el mejor índice (61%).

Los aumentos de productividad - por empleado y por oficina - pueden reducir el porcentaje del margen ordinario que ha de destinarse a gastos de explotación, pero existen otros factores no menos importantes. En el siguiente apartado se destacan, a partir de la cascada de resultados del conjunto del sistema bancario, algunos de dichos indicadores.

3.3.1 Cascada de resultados del conjunto de entidades de depósito en pesetas (año 1998)

El año 1998 es el último en el que el Banco de España - Boletín Económico - publica los datos agregados de las entidades de depósito españolas en pesetas. A partir de 1999 éstas están obligadas a presentarlos en euros, de manera que existen algunos efectos de conversión que nos obligan a presentar por separado las cascadas de resultados de los dos años[1].

Primero lo hacemos en pesetas, para los datos del año 1998 (cuadro 3.1) y luego en euros.

En el siguiente cuadro 3.1 se ha resumido, para el conjunto de entidades de depósito, la cascada de resultados a partir del margen financiero y el uso de activos (activos totales medios). Para el año 1998, la tasa de beneficios se situaba, como media, en un 0,73%, para un uso de 149.586 miles de millones de pesetas en activos totales medios (ATM). Este resultado fue debido a un margen de intermediación del 2,29% (menos de la mitad del de hace 8 años), pero pudo alcanzarse un margen ordinario del 3,09% sobre ATM gracias a las comisiones netas generadas (y otras operaciones financieras), según se detalla más adelante.

[1] En el Boletín Económico de abril de 2000, p. 83, nota número 4 de pie de página, el Banco de España destaca lo siguiente: "(...) Normalmente, el análisis del margen de intermediación debe hacerse teniendo en cuenta los efectos que puedan derivarse de los traspasos que hayan existido entre la actividad euro-pesetas y en moneda extranjera. Como es bien sabido, las entidades de crédito deben declarar, a partir del inicio de 1999, sus estados contables en euros, donde incluirán, lógicamente, toda la actividad realizada en dicha moneda, que incluye una parte importante de la actividad que hasta 1998 se declaraba en moneda extranjera. Por tanto, si se comparan los datos en euros de 1999 con los de pesetas de 1998 o los datos en moneda extranjera entre ambos períodos se observa, lógicamente, una fuerte reducción de la operativa en moneda extranjera, derivada únicamente de dicho cambio. Por este motivo, en este ejercicio no es posible realizar un análisis coherente de los cambios estructurales que se hayan podido producir en la actividad por monedas, así como de sus efectos sobre el margen de intermediación. Tampoco es posible analizar la evolución de los ratios y márgenes financieros que hagan distinción entre euros y moneda extranjera..."

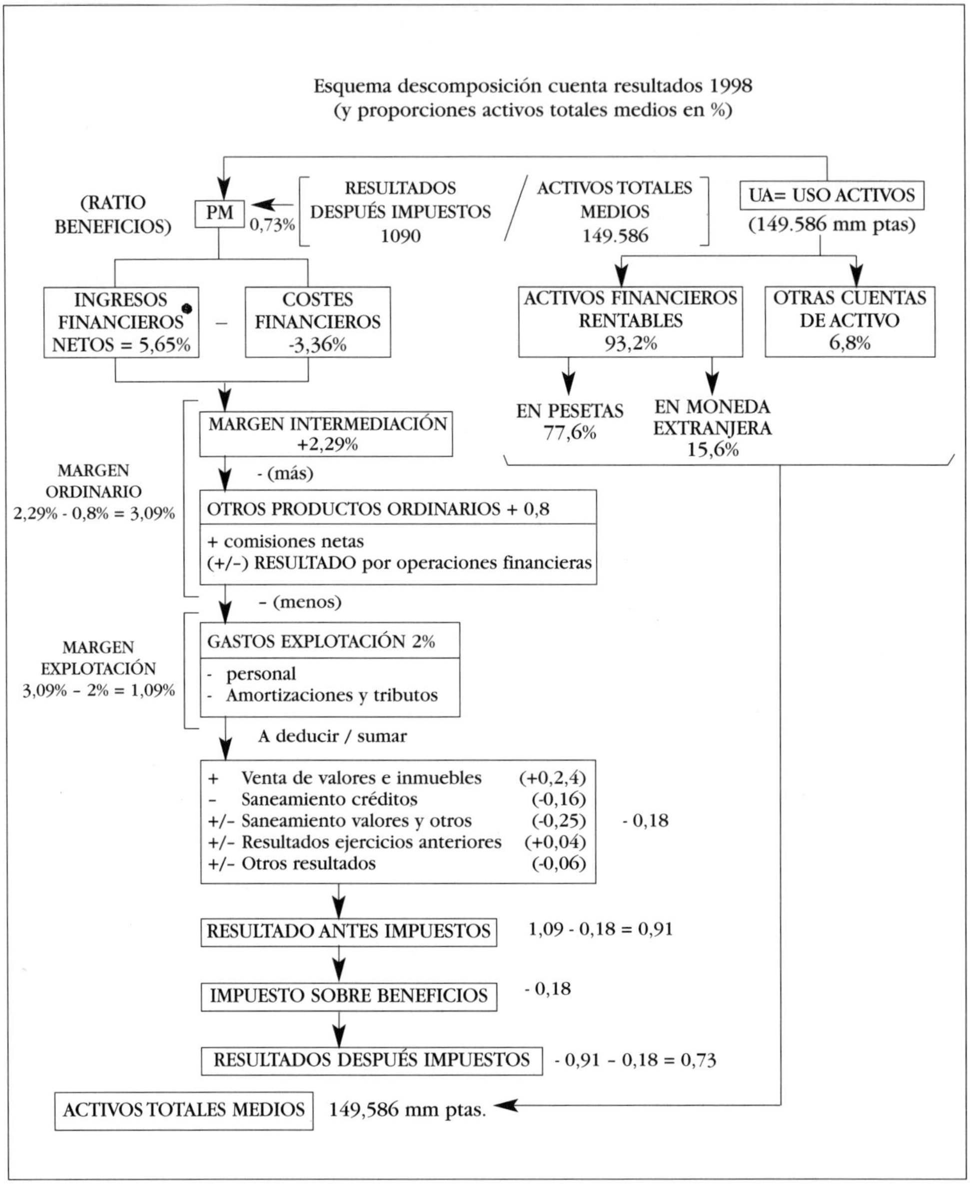

CUADRO 3.1

Conjunto de entidades de depósito
(Bancos, cajas de ahorros y cooperativas de crédito)

Los gastos de explotación representaron el 2% (también sobre ATM), y en consecuencia el margen de explotación se redujo al 1,09%. Teniendo en cuenta la parte que esos gastos de explotación representan sobre el margen ordinario, el ratio de eficiencia se situó, para el conjunto de las entidades de depósito, ligeramente por debajo del 65%.

Por último, en el mismo cuadro 3.1 se destacan, por el lado de los activos de que hizo uso el sistema bancario, los activos financieros rentables (el 93,2%) y los no rentables (el 6,.8% restante). De los rentables, el 77,6% correspondió a operaciones activas en pesetas y el 15,6% en moneda extranjera.

Desde otra perspectiva, en el siguiente cuadro 3.2 se analizan la rentabilidad de los recursos propios, las operaciones sujetas a riesgo y los distintos tipos de riesgo a que puede verse sometido un banco.

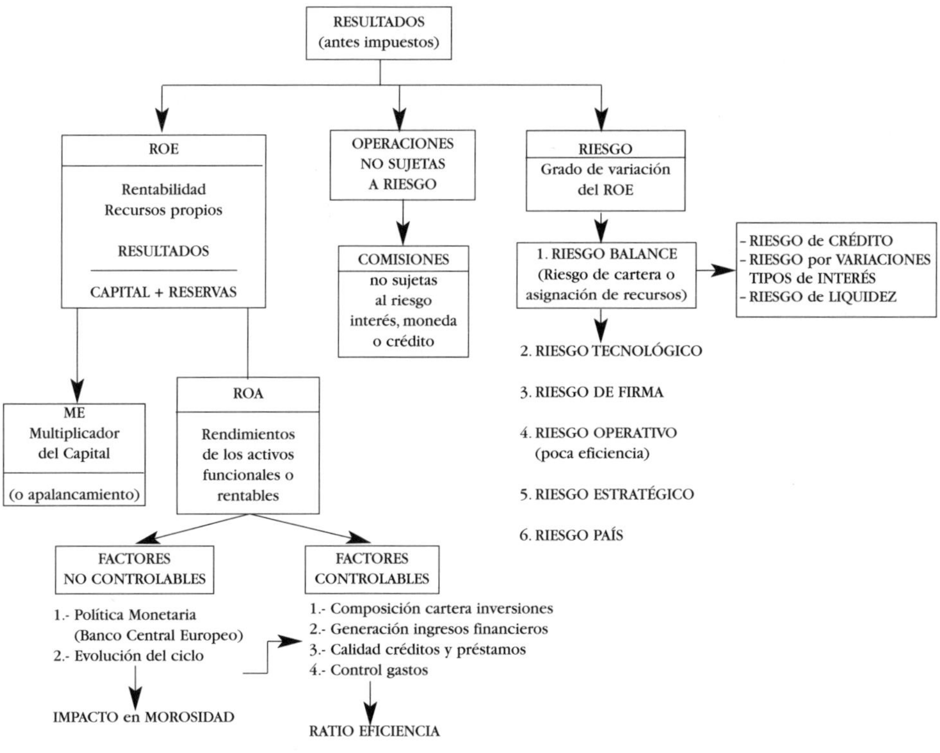

Fuente: Adaptación a partir de Joseph F. Sinkey, Jr., *Commercial Bank Management*, 4ª edición

CUADRO 3.2

3.3.2 Resultados y riesgo

En el cuadro 3.2, la rentabilidad de los recursos propios (ROE) se relaciona con el apalancamiento (o multiplicador del capital) y el rendimiento de los activos rentables (ROA). Éstos están sujetos a riesgo y los bancos tienen ante sí dos tipos de condicionantes: los factores controlables (la composición de la cartera de inversiones; la generación de ingresos financieros; la calidad de los créditos y préstamos en general y, sin agotar todos los casos, el control de los gastos de explotación y su incidencia en la ratio de eficiencia), y los factores no controlables.

Entre estos últimos destacamos la política monetaria que siga el Banco Central Europeo - en cuanto a la evolución de los tipos de interés - y la evolución del ciclo económico, y éste directamente relacionado con el impacto de la morosidad, según examinamos más adelante.

En las operaciones no sujetas a riesgo destacamos la mayor parte de las comisiones generadas en la prestación de servicios, que cuando sean en pesetas o euros no están sujetas al riesgo de interés y riesgo de moneda, según las condiciones que más adelante se analizan.

Por último, en el cuadro el "riesgo" general de la entidad se expresa como el grado de variación del ROE, dependiendo del riesgo de balance (riesgo de cartera o de asignación de recursos) y sus relaciones con el riesgo de crédito, el riesgo de tipos de interés y el de liquidez. Por último se destacan otros tipos de riesgo, a los que haremos referencia también más adelante.

En el cuadro 3.3 se comparan los diferenciales de los activos rentables y los pasivos onerosos de bancos y cajas entre los años 1998 y 1997.

	BANCA NACIONAL	CAJAS (diez grandes)
ACTIVOS RENTABLES menos pasivos onerosos = variación sobre 1997	1,97% - 0,08	2,81% - 0,25
Inversión crediticia menos Financiación no interbancaria (en pesetas) variación sobre 1997	3,53% - 0,47	3,46% - 0,04

Fuente: Banco de España, *Boletín Económico*, pág. 102. Abril 1999.

CUADRO 3.3

Diferenciales de bancos y cajas (1998)

Para los bancos, los activos rentables menos pasivos onerosos tuvieron un diferencial del 1,97%; las diez cajas más grandes, el 2,81%. En cuanto al diferencial de inversión crediticia menos financiación no interbancaria en pesetas fue, respectivamente, del 3,53% y 3,46%.

3.3.3 Cascada de resultados en euros (año 1999)

En el año 1999, el resultado después de impuestos del conjunto de las entidades de depósito (bancos, cajas y cooperativas de crédito) alcanzó la cifra de 7.000 millones de euros (1,16 billones de pesetas). Véase el cuadro 3.4. Su crecimiento (6,7%) fue inferior al de otros años. El volumen de negocio, medido a través de los activos totales medios (ATM), creció moderadamente: 5,8%.

El margen de intermediación aumentó ligeramente (1,4%) y se ha mantenido la tendencia descendente de los últimos años, situándose en el 2,19%.

Los otros productos ordinarios crecieron a un ritmo inferior al de otros años. En este sentido, las comisiones crecieron un 10%, prácticamente la mitad que en el año 1998.

Los gastos de explotación crecieron a un menor ritmo que en el pasado año, consiguiendo que por primera vez queden por debajo del 2% sobre ATM. En consecuencia, el margen de explotación se ha estancado en términos absolutos (con una reducción de 6 puntos básicos respecto a los ATM). En definitiva, se aproxima ya al 1%.

Cuadro 3.4

Cuenta de resultados. 1999 (millones de euros)

	Entidades de depósito			Bancos			Cajas			Cooperativas		
	Importe	% s/ATM	%Δ	Importe	% s/ATM	%Δ	Importe	% s/ATM	%Δ	Importe	% s/ATM	%Δ
Productos financieros	44.821	4,72	-11,6	27.360	4,68	-13,0	15.824	4,75	-9,3	1.637	5,04	-8,5
Costes financieros	-23.975	-2,52	-20,4	-16.872	-2,88	-18,9	-6.605	-1,98	-23,5	-498	-1,53	-29,2
Margen de intermediación	20.846	2,19	1,4	10.487	1,79	-1,6	9.219	2,77	4,5	1.139	3,51	4,9
Otros productos ordinarios	7.496	0,79	4,0	4.805	0,82	4,0	2.455	0,74	3,3	236	0,73	12,3
Comisiones	6.507	0,68	10,2	4.211	0,72	9,7	2.100	0,63	11,0	195	0,6	12,3
Resultados por operaciones financieras	989	0,10	-24,0	594	0,10	-24,0	355	0,11	-26,7	41	0,13	12,2
Margen ordinario	28.343	2,98	2,1	15.293	2,61	0,1	11.675	3,51	4,3	1.375	4,24	6,1
Gastos de explotación	-18.584	-1,96	3,2	-10.254	-1,75	2,0	-7.497	-2,25	4,7	-832	-2,56	5,4
Margen de explotación	9.759	1,03	0,0	5.038	0,86	-3,4	4.178	1,25	3,6	543	1,67	7,1
Venta de valores e inmuebles	1.720	0,18	-21,6	772	0,13	-40,4	925	0,28	6,7	23	0,07	-25
Saneamientos de créditos	-1.253	-0,13	-11,4	-723	-0,12	-4,3	-517	-0,16	-12,8	-13	-0,04	-80,1
Saneamientos de valores y otros	-1.028	-0,11	-52,6	-487	-0,08	-64,0	-472	-0,14	-40,5	-68	0,21	183,5
Resultados de ejercicios anteriores	332	0,03	1,5	188	0,03	16,6	132	0,04	-16,3	12	0,04	43,9
Otros resultados	-634	-0,07	16,4	-223	-0,04	-42,9	-374	-0,11	185,9	-37	-0,11	58,0
Resultado antes de impuestos	8.896	0,94	9,1	4.565	0,78	9,3	3.871	1,16	9,3	460	1,42	6,3
Impuesto sobre beneficios	-1.908	-0,20	19,3	-968	-0,17	31,6	-866	-0,26	9,4	-74	-0,23	3,6
Resultado después de impuestos	6.987	0,74	6,7	3.597	0,62	4,5	3.005	0,90	9,3	386	1,19	6,8
PRO MEMORIA:												
Activos totales medios (ATM)	950.292	-	5,8	584.823	-	2,8	332.996	-	11,2	32.473	-	10,6

FUENTE: Banco de España, *Boletín Económico*, abril 2000, p. 78. Cuadro 1.

Los gastos de explotación representaron el 1,96% (también sobre ATM), y en consecuencia el margen de explotación se redujo al 1,03%. Teniendo en cuenta la parte que esos gastos de explotación representan sobre el margen ordinario, el ratio de eficiencia se situó, para el conjunto de las entidades de depósito, en el 65,55%. Esos gastos, para el conjunto de las entidades de depósito, han tenido por segundo año consecutivo una desaceleración en su crecimiento.

3.4 DISTRIBUCIÓN DE LA PLANTILLA: UN MEDIO PARA MEJORAR EL SERVICIO PERSONALIZADO Y LA EFICIENCIA

Se trata de la proporción de la plantilla dedicada a la red respecto a la que sigue en los servicios centrales y las direcciones regionales de cada entidad. En el siguiente cuadro 3.5 se destaca la evolución de los últimos años, a partir de datos del Banco de España.

Años	En servicios centrales	%	Sucursales	%	Totales
1992	35.843	22.28%	125.012	77.72%	160.855
1993	36.615	23.82%	117.070	76,18%	153.685
1994	35.325	23.37%	115.849	76,63%	151.174
1995	35.202	23.63%	113.742	76.37%	148.944
1996	33.244	23.28%	109.584	76.72%	142.828
1997	32.184	23.12%	107.014	76.88%	139.198

FUENTE: Banco de España, *Boletín Económico*, septiembre 1998; los empleados a tiempo parcial, que alcanzan proporciones pequeñas, no han sido incluidos en los totales.

CUADRO 3.5

Conjunto de bancos: personal activo por destinos (1992-1997)

Para el conjunto de bancos, la proporción de los empleados activos destinados a los servicios centrales ha aumentado ligeramente, pasando del 22,28% en el año 1992 al 23,12% en 1997. La proporción podría ser considerada demasiado elevada - y en el capítulo 1 hemos señalado como objetivo a conseguir un máximo del 15% -, pero no parece que para el grupo en cuestión se avance en esa dirección. De nuevo, sería preciso calcular las desviaciones típicas, pues mientras algunos bancos se aproximan al referido 15% otros están más alejados de la media.

Por lo que se refiere a las cajas de ahorros, en el siguiente cuadro 3.6 y para el mismo período se establecen las mismas comparaciones.

Años	En servicios centrales	%	Sucursales	%	Totales
1992	21.868	26.43%	60.863	73.57%	82.731
1993	21.282	25.80%	61.215	74.20%	82.497
1994	21.044	25.12%	62.714	74.88%	83.758
1995	20.169	23.92%	64.167	76.08%	84.336
1996	20.924	23.73%	67.263	76.26%	88.187
1997	20.824	23.12%	69.229	76.88%	90.053

FUENTE: Banco de España, *Boletín Económico*, septiembre 1998; los empleados a tiempo parcial, que alcanzan proporciones pequeñas, no han sido incluidos en los totales.

CUADRO 3.6

Conjunto de cajas: personal activo por destinos (1992-1997)

Para el conjunto de cajas, el personal activo dedicado a los servicios centrales puede resultar también excesivo (26,43% en 1992 y 23,12% en 1998), pero la tendencia a la reducción es más pronunciada que en el caso de los bancos. Diversos factores influyen en esas tendencias positivas (productividad por empleado y oficina; cierre de oficinas por parte de los bancos y expansión territorial de las cajas, entre otras cuestiones que más adelante pondremos de relieve).

Conseguir entidades financieras con estructuras "más planas", es decir, con menos personal en la sede central y las jefaturas de las delegaciones territoriales y, a la vez, menos tramos en los organigramas no es tarea fácil. Pero algunos bancos y cajas lo han conseguido. A continuación se presenta un caso que hasta cierto punto puede ser paradigmático de cómo hay que distribuir todos los recursos - y especialmente los recursos humanos - para estar más próximos a los clientes.

3.5 CASOS ILUSTRATIVOS DE BANCOS QUE SIGUEN EL MODELO DE BANCA UNIVERSAL

El sistema bancario español, como es sobradamente conocido, debe no poco de su éxito a la adopción del modelo de banca universal. En sentido contrario, las dificultades que durante años atravesó el sistema bancario italiano se explican - hasta cierto punto - por seguir un modelo de banca especializada y de cajas de ahorro sujetas a todas las restricciones imaginables (hasta la promulgación de la Ley Amato) y forzadas a desenvolverse dentro de los estrechos límites de sus respectivas regiones o incluso ciudades[2].

Pero a la luz de las elevadas proporciones de empleados que los bancos (y en menor medida las cajas de ahorro) mantienen en los servicios centrales y las direcciones territoriales, según hemos destacado en el apartado anterior, cabe formularse la siguiente pregunta: ¿cómo han resuelto otros bancos el dilema de crecer aligerando el peso de las sedes centrales?

Existen diversos modelos organizativos. Uno de ellos, con ciertas variaciones de grado, es el que calificamos de "segregación" de actividades o unidades de negocio ("spin-outs").

En este orden de ideas, Deutsche Bank, un típico banco universal desde su constitución, está siguiendo un modelo que persigue reducir el volumen de la plantilla de sus servicios centrales y reorientar el banco hacia unidades totalmente volcadas hacia el mercado. En su Memoria Anual de 1998, el presidente declaraba,

> *"(...) En 1997 tomamos una serie de medidas para reestructurar nuestro grupo y convertirlo en una organización de especialización múltiple. Nuestro servicio central (Corporate Centre) es ahora extremadamente ligero, mientras que con la creación de cinco divisiones hemos conseguido notables sinergias. Estas divisiones operan como parte de una holding virtual y compiten con los mejores especialistas en sus respectivos segmentos de mercado"*[3].

Los servicios centrales de Deutsche Bank tienen ahora - según el avance de resultados de junio de 1999 - tan sólo 687 empleados, divididos en catorce unidades. Esas cifras son más elocuentes si se tiene en cuenta que el grupo, tras la compra de Bankers Trust, tiene 75.000 empleados, repartidos en 60 países - Europa, Estados Unidos y Asia -, por cuyo motivo la proporción de empleados de la sede central respecto a los que se dedican directa-

---

[2] Para un análisis más técnico de estas cuestiones, véase *El euro, la banca y las empresas*, de Fainé, Isidre y Tornabell, Robert, Ed. Temas de Hoy, Madrid, 1998; también puede consultarse, de los mismos autores, *Una nueva forma de hacer banca*, Ed. Ariel, Barcelona, 1992.

[3] Véase, Deutsche Bank, Annual Report for 1998, y el avance del primer semestre de 1999. Discurso del presidente del grupo, Herr Rolf-E. Breuer, Frankfurt del Main, marzo de 1999.

mente al mercado - en sus distintos segmentos de clientes - no llegaría apenas a situarse entre el 1% y el 2%, descontando los que tienen también actividades relacionadas con la dirección de cada filial o división.

Se trata, evidentemente, de un caso extremo, pero es un buen indicador acerca de las tendencias que siguen los grandes bancos universales. En este caso, la de uno de los mayores bancos del mundo en términos de activos.

¿Cómo ha conseguido Deutsche Bank reestructurar su grupo de una manera tan eficaz?

En apretada síntesis, el banco ha seguido un modelo en el que merece destacarse lo siguiente:

Desagregación de las inversiones industriales

- Se creó en 1998 una especie de unidad, "Deutsche Bank Investor", que opera como un centro de beneficios. La empresa tiene solamente 21 empleados, mientras que el valor de mercado de las acciones que detenta - valor capitalizado en Bolsa - sumaban el 30 de junio de 1999 la cifra de 22.8 miles de millones de euros.

En cierto modo, el modelo aplicado es el denominado de "spin-outs", dirigido a reducir la plantilla de los servicios centrales y aproximar todas las divisiones del banco (cinco) al mercado y a los clientes.

3.6 IMPACTO DE LA MOROSIDAD EN LA CUENTA DE RESULTADOS

Dejando de lado los procesos de reestructuración de Deutsche Bank, por lo que se refiere a la banca española, la morosidad en general se ha convertido en una variable cíclica, pues aumenta cuando la economía avanza dentro de un proceso de recesión y disminuye cuando el ciclo alcista cambia el signo del crecimiento del PIB y, por consiguiente, se produce un aumento del empleo y de los ingresos personales disponibles de los deudores.

Como es sobradamente conocido, se denomina ratio de morosidad el porcentaje que adeudan los deudores morosos a fin de período respecto al volumen total de riesgos.

En los dos últimos años, y como consecuencia del crecimiento económico y de la mejora del empleo, los saneamientos de créditos del conjunto de las entidades de depósito españolas ha tenido una evolución favorable. Como señala el *Boletín Económico* del Banco de España,

"(...) Los saneamientos de créditos... han disminuido en 161 millones de euros, debido a que han sido necesarios 352 millones de euros menos de dotaciones, tanto en las dotaciones por insolvencias como por riesgo-país. Sin embargo, también han disminuido las recuperaciones (161 millones de euros)... Estos sanea-

mientos han detraído 1,3 milímetros de euros, el 13% del margen de explotación... Si embargo, estos recortes están siendo menores cada año, lo que parece mostrar que, quizás, se esté llegando al nivel mínimo posible de dotaciones... La calidad de la cartera crediticia sigue siendo muy elevada, con un ratio de morosidad que se sitúa en el mínimo histórico del 1,2% de los riesgos totales, con un descenso de los riesgos dudosos del 16%, inferior al del año anterior, y un aumento de los riesgos totales, también del 16%".

En relación al comportamiento de la morosidad y el ciclo económico, en el siguiente gráfico 3.2 se presenta, para datos reales del crecimiento del PIB de la economía española - ajustados por la inflación - el ratio de morosidad de un banco hipotético.

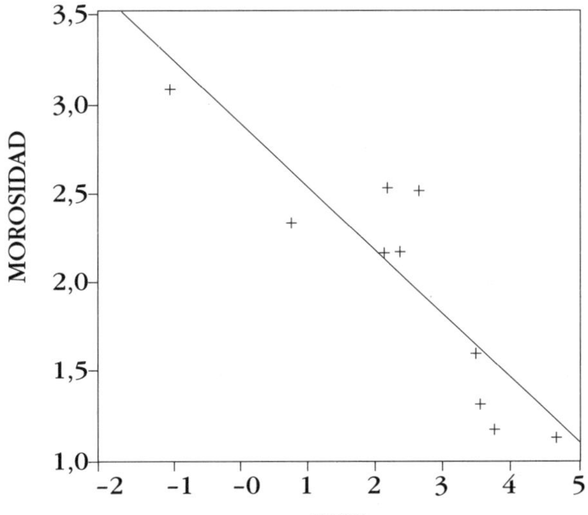

GRÁFICO 3.2

Banco bien gestionado: la morosidad disminuye al crecer el PIB (1989-98).

El banco está bien gestionado y, por consiguiente, la morosidad (variable "morosidad", representada en el eje vertical) disminuye cuando la economía se recupera y pasa a tener tasas de crecimiento que se aceleran. En 1995, las tasas de crecimiento real del PIB español fueron superiores al dos por ciento y en los tres últimos años han superado el tres por ciento.

La media de bancos y cajas de ahorros registran ratios de morosidad que siguen un comportamiento relativamente próximo, según los casos, al del banco del gráfico anterior.

Como señala el Banco de España, al comentar en el *Boletín Económico* de abril de 1999 los resultados del año anterior, la recuperación de la economía tuvo resultados muy favorables para la reducción del saneamiento de créditos:

> *"(...) Un año más, los saneamientos han mostrado los efectos de una evolución muy favorable. Han disminuido en 50.000 millones de pesetas, debido a que han sido necesarios 45.000 millones menos de dotaciones y a que han aumentado las recuperaciones de fondos en 5.000 millones en su mayor parte de los activos en suspenso. Estos saneamientos han detraído 233.000 millones, el 14% del margen de explotación, cuando en 1997 el porcentaje fue del 18%. En términos de ATM, han supuesto 16 pb, 4 pb menos que en el año anterior. Todo ello debido a la notable mejora en la calidad de la cartera crediticia, con un ratio de morosidad que se sitúa en un mínimo histórico del 1,5% de los riesgos totales, con un descenso de los riesgos dudosos de casi el 25% y un aumento de los riesgos totales del 17%".*

En cuanto al ratio de cobertura de los riesgos dudosos (fondos de insolvencias dividido por riesgos dudosos), para el conjunto del sistema bancario superaba en el año de estudio el 120%[4].

(a) Productividad de los empleados

Es la piedra de toque de la cuenta de resultados y del balance de todo banco o caja de ahorros. Ninguna entidad puede crecer y rentabilizar sus capitales si no aumenta la productividad de sus recursos humanos, como consecuencia de su desarrollo profesional y la mejora de la rentabilidad de los recursos financieros.

(b) Productividad por oficina

En conjunto, dada la proporción de la plantilla en la red y direcciones regionales que recomendamos (un nivel en torno al 15% y el 10%), así como las productividades señaladas hasta aquí, sería recomendable alcanzar un ratio de eficiencia próximo al 63%.

Pero lo decisivo es que éste tenga una clara tendencia a la baja, lo cual dependerá de la reducción de los gastos, el aumento de la actividad en general y la mejora de la productividad.

---

[4] Este ratio es tan elevado como consecuencia de las normas contables del Banco de España, que obligan a hacer coberturas genéricas por el conjunto de los riesgos asumidos. Con ello se persigue cubrir posibles dudosos no detectados o contabilizados como tales, así como contingencias futuras. Véase, en este sentido, *Boletín Económico*, Banco de España, abril 1999, p. 81 y siguientes.

3.7 RIESGO DE TIPOS DE INTERÉS

El riesgo de tipos de interés también puede influir en los resultados. Expuesto en sus términos más simples, el riesgo de interés de una oficina bancaria determinada depende (1) de las operaciones de crédito vivas que se hayan concedido a tipo variable y con revisiones periódicas, (2) de la evolución de los tipos de interés con los que la entidad financie o refinancie esas operaciones activas, y (3) por el lado del pasivo, los depósitos que la misma oficina tenga y los períodos de revisión. Pero también en el caso de tipos de interés fijos puede producirse el riesgo de interés - aunque en plazos más dilatados - cuando el volumen de lo prestado por una oficina supere el del pasivo que haya captado o recíprocamente, según sea la evolución de los tipos de interés[5].

3.8 ALGUNAS DE LAS CAUSAS DE LA MOROSIDAD

En el capítulo "La banca de servicios es rentable" se examinan algunas de las posibles causas de la morosidad en el caso de las tarjetas de crédito. En este capítulo nos referimos, de una parte, a los préstamos hipotecarios, y, de otra, a las operaciones crediticias para las actividades empresariales.

3.8.1 Algunas notas características de los préstamos hipotecarios

En general, según el jefe de créditos de una importante institución financiera, algunas de las causas podrían resumirse en 10 puntos:

(1) Son el resultados de operaciones que no se realizaron con los profesionales del sector (nos referimos a algunos promotores de viviendas).

(2) Son también el resultado de operaciones realizadas con profesionales del sector, pero fuera de su ámbito de actuación.

(3) Operaciones que financiaban prácticamente la compra de solares.

(4) Operaciones con garantía de solares, pero en las que no se tuvo en cuenta el plan de negocios ("Business Plan") y no se tenía, por consiguiente, una visión de conjunto de los flujos de caja esperados, de los compromisos de pago y de la posible evolución de las ventas y los beneficios después del pago de impuestos.

(5) Operaciones en las que existía una localización diferente: los bienes

[5] Para un análisis más detallado del riesgo de tipos de interés, de los medios de cobertura y la determinación de las brechas que puedan producirse y las estrategias más adecuadas según que se trate de tipos de interés al alza o a la baja, véase, Fainé, Isidre y Tornabell, Robert, *Una nueva forma de hacer banca*, Ed. Ariel, Barcelona, 1992. Para las operaciones en euros, véase, de los mismos autores, *El euro, la banca y las empresas*, Editorial Temas de Hoy, Madrid, 1998.

raíces que se daban en garantía estaban situados en un lugar distinto al de la oficina gestora de la entidad bancaria.

(6) Créditos en los que no existían garantías suplementarias.

(7) Los prestatarios no tenían un volumen de fondos propios adecuados o eran insuficientes para las inversiones que tenían que realizarse.

(8) La entidad que concedió el crédito se dejó llevar por cierto grado de mimetismo, siguiendo lo que hacían la mayoría de entidades financieras. Por consiguiente, no se analizaron los riesgos de la operación con criterios propios.

(9) Se dio una importancia excesiva a la tasación de los bienes que tenían que garantizar la operación de préstamo hipotecario y se descuidó el análisis del plan de negocio de la empresa prestataria.

(10) Como factor ajeno a la entidad financiera, la evolución del ciclo perjudicó la capacidad de pago de los prestatarios (una consecuencia de la maduración de los mercados). Existen, evidentemente, otras causas que varían según cada tipo de operación. Para un tratamiento más general, véase nuestro libro, *El euro, la banca y las empresas*[6].

3.8.2 Algunas causas de tipo general de otras operaciones crediticias

- En primer término pueden señalarse errores en la formalización de la operación de crédito

- En segundo término se constata que no se evaluó adecuadamente el nivel de riesgo que la entidad financiera estaba aceptando.

- En general tiende a conocerse poco la marcha de las empresas, sus equipos directivos, y no existe un proceso de seguimiento que permita detectar las primeras señales de alerta que podrían evitar que una primera incidencia se convirtiera en un moroso al cabo de poco tiempo.

- En general se observa también una falta de seguimiento de las operaciones vivas que están en la cartera de préstamos o créditos de la entidad.

- Evidentemente, la evolución del ciclo no afecta por igual a todas las empresas. Unas son más sensibles, y son las primeras en sufrir las consecuencias, y otras sufren el impacto negativo más tarde. De nuevo se trata de una cuestión de previsión, seguimiento y sentido de la anticipación por parte de quienes han de tener a su cargo el seguimiento de las operaciones vivas más sensibles a los cambios del ciclo económico.

En un estudio llevado a cabo por un conjunto de entidades financieras se llegó a las siguientes conclusiones:

(1) El 25% de los fallidos se debe a un análisis inadecuado de la operación de crédito,

[6] Loc. cit.,

(2) El 35%, a la falta de un proceso de seguimiento apropiado, capaz de detectar las primeras evidencias y evitar que se conviertan en operaciones abocadas a la morosidad.

(3) Y el 40% restante se debía a errores producidos en la fase de formalización, en la vulneración de las facultades de quienes tenían competencia para dar los créditos, a comportamientos fraudulentos de algunos empleados y, en muchos casos, a la propia evolución negativa del sector.

En resumen, una de cada dos operaciones fallidas podría haberse evitado con una gestión adecuada.

3.9 NUEVAS ESTRATEGIAS BANCARIAS EN LA ORIENTACIÓN A LOS RESULTADOS

Los cambios del mercado hacen necesarias nuevas estrategias. Y las estrategias exigen a su vez una forma distinta de gestión: de los recursos humanos y de los recursos materiales, y, en definitiva, representa una manera distinta de concebir la cadena de valor.

En los dos siguientes diagramas presentamos la cadena de valor propia de la banca tradicional comparándola con la de la banca moderna.

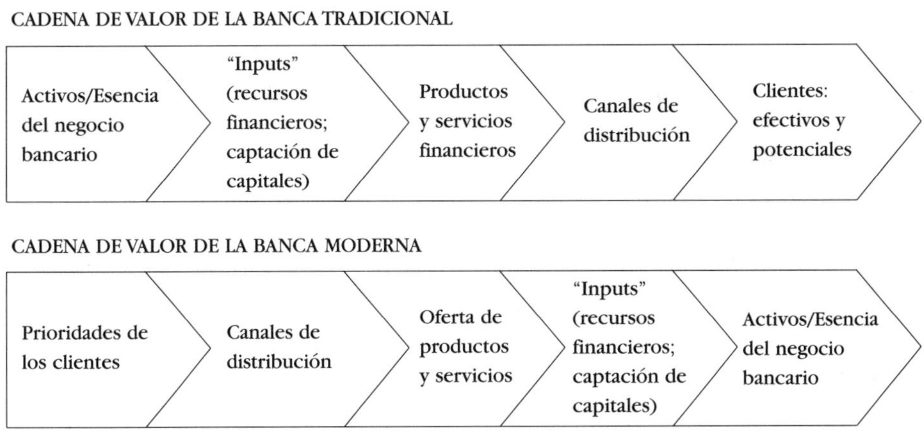

Fuente: Adaptación a partir de *The Profit Zone*, Slywotzky, Morrison et al.

Cadena de valor

En la banca tradicional, la cadena de valor parte de los activos (que se conciben como la esencia del negocio), da paso a los "inputs" (los recursos financieros y la captación de capitales) y la cadena termina en los clientes efectivos y potenciales.

En la banca moderna la cadena de valor se reinvierte: la primera prioridad son los clientes (es necesario hacer más rentables las relaciones con la cartera actual y atraer nuevas cuentas), se pasa a los canales de distribución (propios y paralelos) y en éstos se distribuyen productos y servicios bajo distintas modalidades. En último término, se presta más atención a las prioridades de los clientes y se cambia el tratamiento de los activos: los que son "ociosos" se hacen rentables dentro de los márgenes posibles; los que ya lo son se gestionan de manera que tengan menos riesgo de crédito, una morosidad menor, mayores rotaciones y una productividad más elevada.

Para concluir, la banca moderna, según insistimos en los distintos capítulos, se basará en forma creciente en la generación de comisiones de todo orden y tendrán un menor peso relativo las actividades que llevan implícito cualquier tipo de riesgo.

En los siguientes cuadros presentamos las fuerzas directrices de una gestión que ha de estar orientada hacia los resultados.

Concepto	Medidas recomendables	Posible impacto en la cuenta de resultados
1. Revitalizar la cartera de clientes existentes	- Es preciso captar nuevos clientes (los nuevos del mercado y los de otras entidades) - Pero no deben descuidarse los existentes: diseñar nuevos servicios (los clientes están dispuestos a pagar si lo que se les ofrece satisface con creces sus necesidades reales) - El aumento de la tasa de retención tiene un efecto amplificador	- Operaciones de activo * Revisar primas de riesgo en función de riesgos estimados. * Revitalizar ventas cruzadas: tienen menores costes para operaciones sucesivas y mayor impacto en cuenta de resultados
2. ¿Tenemos las respuestas adecuadas para las preguntas habituales tales como: (a) Qué hacer para captar nuevos clientes?	- Es absolutamente preciso cambiar el enfoque: ¿Qué podemos ofrecerles a los clientes actuales?	- Las comisiones no implican riesgo. - Los clientes están dispuestos a pagar lo que se les ofrece si tiene calidad y un precio equitativo.

(b) ¿Cómo podemos aumentar los ingresos (productos financieros)? (c) ¿Cómo podemos aumentar los ingresos por comisiones?	- Si por un cierto tiempo los fondos de inversión son menos interesantes (cuando la Bolsa es inestable y/o a la baja) y los depósitos a plazo pueden competir con fiscalidad similar, tener una actitud proactiva. Ofrecer opciones más rentables y seguras, etc. - Analizar, caso por caso, y demostrar a los clientes que la entidad piensa por encima de todo en aumentar sus ingresos personales netos y no tenerlos en cartera como simples cuentas anónimas de las que (algunos creen) se espera una contribución a la cuenta de resultados del banco. Los directores y empleados han de conocer a cada cliente por su nombre y demostrarles un claro interés por la mejor gestión de sus ahorros. Ellos no son números; son personas con nombres y apellidos	- Para el conjunto de las entidades de depósito, los ingresos por comisiones representaron en 1999 el 0,68% sobre activos totales medios y el 23% sobre el margen ordinario. No existe límite a esta contribución (sólo depende de nuestra imaginación). No obstante, respecto a 1998 perdieron fuerza (crecieron la mitad; 10% respecto al 20% en el año anterior). - Ningún banco o caja puede pretender ser la única entidad de sus clientes. Avanzamos hacia una época en la que se compartirán los clientes antiguos con más de una entidad financiera. Eso hace más necesario que nunca crear nuevos productos y servicios útiles, imaginativos y que sean capaces de aumentar la retención de nuestros clientes (conseguir una mayor "fidelidad del conjunto"). - Sólo un departamento de márketing potente puede ser la fuerza directriz que estimule, gracias a la creatividad de sus componentes, el avance de toda la entidad financiera
Organización del trabajo en las oficinas	- Los procesos pueden realizarse con menos tiempo y mejor calidad en el servicio que se presta	- Puede contribuir al aumento de la productividad, mejorar el ratio de eficiencia (relación entre los gastos de explotación y el margen ordinario) y aumentar el beneficio neto de la entidad
Empleados, directores de agencias y jefaturas regionales proactivos	- Ante los sucesivos cambios de las condiciones fiscales, la volatilidad de la Bolsa, el precio del dinero y las nuevas ofertas de la competencia, muchos clientes antiguos se preguntan: ¿Por qué no recibo de mi entidad más opciones para que obtenga más por mis ahorros (y pague sólo una prima de riesgo adecuada a mi nivel de riesgo)?	- Los clientes que no se sienten tratados con equidad pueden fácilmente cambiar de entidad. Otra cosa sucede cuando perciben que se les da un trato personalizado. A cada cambio de la situación del mercado reciben nuevas ofertas. Los empleados han de preguntarse: ¿En qué puedo mejorar la rentabilidad de los ahorros de mis clientes directos? ¿Qué les estarán ofreciendo otras entidades financieras?

¿Cómo se comportan los empleados más directamente relacionados con los clientes (es decir, la mayor parte de la plantilla)?	Como empleado, como director de una agencia y como todos los que se sienten partícipes de los objetivos de la entidad he de preguntarme a menudo: ¿Hago lo que sé hacer o lo que debería hacer?	- De nuevo, el ratio de eficiencia (gastos de explotación sobre margen ordinario), la generación de comisiones y, en último término, la productividad por oficina, dependen de hacer lo que realmente es necesario para los clientes actuales y los que estamos captando (los nuevos y los de otras entidades financieras).

¿ESTAMOS REALMENTE CONTRIBUYENDO A RENTABILIZAR LOS AHORROS DE NUESTROS CLIENTES ACTUALES Y A DARLES CRÉDITOS CON LAS MEJORES PRIMAS DE RIESGO QUE LES CORRESPONDERÍA POR SU PERFIL Y SITUACIÓN?

Es mucho lo que queda por hacer en los dos sentidos (rentabilizar los ahorros de los clientes y darles préstamos con primas de riesgo equitativas, que se correspondan con el riesgo implícito en cada caso). Para eso se requiere una atención personalizada y un cambio de actitudes. Y no obstante, la cuenta de resultados depende, de una manera muy directa, de la forma como gestionemos los dos lados del balance: los depósitos que se capten y los préstamos y créditos que se concedan (y en la forma como se haga, teniendo en cuenta la morosidad potencial).

En nuestro primer libro, *Una nueva forma de hacer banca,* introdujimos los conceptos de ventas cruzadas. Varios años después sigue siendo necesario insistir en algunos de los puntos que entonces anticipábamos. A ellos dedicamos las próximas páginas.

3.10 ¿EXISTE TODAVÍA CAMPO PARA AUMENTAR LAS VENTAS CRUZADAS, GENERAR NUEVAS COMISIONES Y DAR UN MEJOR SERVICIO?

Las respuestas son afirmativas. De hecho, diversas encuestas demuestran que muchos clientes esperan actitudes más proactivas de sus entidades financieras.

Es preciso reconocer que el comercio electrónico a través de Internet está cambiando, de una manera todavía paulatina, la forma de conseguir ventas, pero en cualquier caso va a multiplicar las posibilidades de crear nuevas formas de tener mayores volúmenes de ventas cruzadas, en todos los órdenes.

Es posible que en la fase de despegue el comercio electrónico de industria a industria (el denominado "B2B" o "Business to Business") sea el que más se extienda (en Estados Unidos representa ya el 16%). El comercio electrónico de negocios a consumidores (denominado "B2C") avanzará en la medida en que progresen los medios de pago que den confianza a los compradores y se disponga de buenos canales de distribución para la entrega final de los productos a los consumidores.

Otra cosa es lo que está ocurriendo con la banca electrónica, especialmente en la compraventa de valores de Bolsa, los medios de pago y un conjunto de operaciones que antes dependían de las oficinas físicas o de "tejas y ladrillos", frente a las oficinas virtuales de Internet, que no dejan de crecer en todo el ámbito bancario.

Lo que sí se está comprobando es que Internet va a revitalizar el viejo concepto de las ventas cruzadas.

Hace pocos años los clientes no solían llamar espontáneamente a la puerta como hacen cuando se presentan a las oficinas de un banco o de una caja de ahorros y pedían abrir una cuenta, solicitaban información sobre un plan de pensiones o averiguaban las condiciones vigentes para conseguir una hipoteca. En fechas todavía recientes era normal que bancos y cajas de ahorro consideraran como algo natural que los clientes potenciales acudieran a ellos inevitablemente y sin ningún esfuerzo por su parte; si se trataba de pasivo, ¿por qué hacer promociones si al fin y al cabo todas las entidades pagaban prácticamente lo mismo? Y si lo que el cliente buscaba eran préstamos, tampoco las condiciones variaban demasiado de una entidad a otra. Pero esas situaciones dejaron de darse desde hace algunos años: (1) porque al cliente que acuda a la oficina bancaria será necesario intentar asesorarle antes que él busque una mejor oferta en otra entidad, (2) porque ya no será un caso aislado el hecho de que algunos bancos o cajas de ahorro llamen a las puertas de posibles clientes (o se pongan en contacto con él por teléfono), (3) porque las oficinas bancarias no son ya los únicos puntos de venta de que disponen bancos y cajas de ahorro. La banca electrónica y los móviles de tercera generación - según analizamos más adelante - han creado "el banco de bolsillo". Las solicitudes de información pueden llegar por vía electrónica; nuestra "Web" o página electrónica puede recibir millones de visitas y a través de ella pueden contratarse operaciones, conseguir ventas cruzadas y, en fin, aumentar el volumen posible de nuevas formas de generar comisiones.

No obstante, las oficinas físicas - las de "tejas y ladrillos" - seguirán siendo la base de la banca al detalle. Ellas son el tesoro oculto de las cajas de ahorros. Y con la banca electrónica ganarán importancia las posibilidades de tener un mayor volumen de ventas cruzadas.

Pero entrando de lleno en las ventas cruzadas, cuando en banca se dice "este mes hemos conseguido un aumento del tres por ciento en los depósitos de clientes" se está enmascarando la realidad. Se presenta la imagen sugerente del bosque porque se desconoce la realidad de los árboles que le dan vida ¿Qué volumen corresponde a nuevas cuentas, abiertas precisamente en este mes concreto? ¿Cuántas de esas cuentas lo son como "venta cruzada", a partir de una primera cuenta o de otra operación preexistente? ¿Qué volumen representa el puro y simple "tráfico" de la oficina y cuál es el volumen de negocio efectivo que se consigue gracias al esfuerzo de los empleados?

Concepto de "venta cruzada"

¿Qué se entiende por "venta cruzada"? El término es simplemente la traducción, más o menos afortunada, de la expresión que los americanos usan: "cross selling". Expuesto en su forma más simple, la "venta cruzada" puede definirse como la venta de un segundo producto bancario a un cliente en un período de tiempo predeterminado.

Algunos bancos (y cajas de ahorro) han llegado a una medida aproximada de lo que constituye para ellos un ratio indicativo de la eficiencia de sus "ventas cruzadas". Su razonamiento sigue las siguientes líneas:

"Si yo tengo un millón de clientes que utilizaron en el pasado año 1,8 millones de servicios bancarios, el cliente medio utilizó 1,8 servicios; no es por consiguiente un resultado malo. Pues más de un 80% de nuestros clientes nos ha pedido un segundo producto bancario".

Para quienes siguen ese razonamiento, la entidad tiene un ratio de "ventas cruzadas" del 80%. ¿Es eso cierto? Pues no: el bosque no les deja ver los árboles de los que depende la vitalidad de la vegetación.

Pero es útil en banca que se llegue a precisar un ratio significativo. Es preciso atender a los aspectos de márketing: lo que realmente importa es qué se ha conseguido vender efectivamente, a partir de un primer producto o servicio bancario, en un período de tiempo dado (si es posible, dentro de un mes). De esta forma, el ratio de D.S. Ritter es muy apropiado para el sistema bancario español. Se reconstruye, en el caso de las cuentas bancarias abiertas, de la siguiente forma:

Primer paso:

(1) Número total de primeras cuentas

más,

(2) total de segundas cuentas realmente vendidas ("ventas cruzadas")

Segundo paso:

Cociente de dividir (1)/(2), es decir,

Ratio de eficiencia en las "ventas cruzadas" = número total de cuentas/ventas cruzadas = ratio de "ventas cruzadas"

Si denominamos a ese ratio "REV", los valores que puede tomar variarán con el grado de entrenamiento que tenga el personal de las oficinas bancarias y la cultura organizativa de la institución, y, por supuesto, estará en función de los objetivos que se hayan establecido por parte de los delegados de cada zona o región específicas. En los Estados Unidos y según las investigaciones de D.S. Ritter, correspondientes a un colectivo de cinco mil empleados bancarios, algunos valores indicativos podrían ser los que a continuación se resumen:

Grado de entrenamiento del personal	Valor ratio "REV"
(a) Personal de ventas con un entrenamiento medio.	1,20
(b) Personal con un entrenamiento formal apropiado.	1,50

Esos ratios se calculan sobre una base mensual. Por consiguiente, si un cliente se presenta a una oficina bancaria y abre una primera cuenta y se le vende otro producto bancario será considerado como "primera cuenta" solamente en el mes siguiente, pero no en períodos posteriores, pues no se trata de un ratio de carácter acumulativo. De este modo, un empleado bancario que vendiera un segundo producto financiero a cada cliente, cada mes, tendría un ratio "RVC" de 2.

Al proceder de esta forma, la medición no se ve distorsionada por el movimiento o la operativa que se produzca en la oficina bancaria cuya eficiencia, en materia de "ventas cruzadas", se esté tratando de medir.

Conviene insistir en el concepto: no se trata de un ratio acumulativo. Hay que medirlo para períodos de un mes (aunque algunas instituciones suelen hacerlo para períodos decenales, cuando menos para los objetivos de pasivo).

Algunas reglas aproximadas

Para entidades bancarias dotadas de cajeros automáticos, es decir, puntos de venta en los que el personal de las oficinas está dedicado realmente a la gestión, atención a los clientes y a la consecución de "ventas cruzadas", las siguientes relaciones podrían tomarse, dentro de cierta aproximación, como indicativas de la eficacia del personal que tiene a su cargo la oficina. En los Estados Unidos se denomina,

Regla del 3 a 1 para un factor del 50%	

Según D.S. Ritter, un empleado bancario medio que consigue 70 nuevas cuentas en un mes es probable que esté en relación con 210 clientes potenciales. Y si realiza el 50% de "ventas cruzadas" a esos 70 primeros clientes se tratará de un "empleado típico", de donde la citada regla significa que el movimiento medio es tres veces el número de primeras cuentas y que la mitad de éstas tendría que resultar en ventas cruzadas.

Esas reglas no son directamente extrapolables al caso español. En nuestro sistema bancario, es preciso indagar en concreto las relaciones más plausibles según los casos específicos. Tratándose de oficinas bancarias situadas en zonas urbanas y en barrios donde exista un cierto "mix" de parejas jóvenes, empresas pequeñas y medianas (comercios, talleres) y un pequeño porcentaje de gente con capacidad de ahorro (población de edades comprendidas entre 45 y 60 años), una regla apropiada sería la siguiente:

Regla del 2,5 a 1; factor del 30%

Es decir, por cada cincuenta cuentas nuevas conseguidas en el mes X se han mantenido contactos con 125 clientes potenciales, con el resultado de que se venden a esas 50 nuevas cuentas quince productos bancarios adicionales.

Conviene advertir que estos ratios y factores no tienen en cuenta el efecto multiplicador que está teniendo la banca electrónica mediante los servicios de Internet. Algunas primeras estimaciones señalan incrementos en el volumen de ventas cruzadas del orden del 45%.

¿Cómo se consiguen las ventas cruzadas?

Existen cinco cuestiones a tener en cuenta al intentar conseguir que en una oficina bancaria determinada aumenten las "ventas cruzadas": (1) la motivación de los empleados, (2) la cultura de la organización (en cuanto a los mensajes que transmite a la red de oficinas), (3) los productos y/o servicios que inducen las "ventas cruzadas", (4) la forma de abordar a los clientes (potenciales o actuales), y (5) la existencia de los servicios de banca electrónica, con una buena Web y una poderosa gama de oferta. Existe además la posibilidad de conseguir un mayor número de operaciones gracias a los teléfonos móviles de tercera generación y de Internet.

3.11 PERSPECTIVAS DE LA BANCA ELECTRÓNICA, LAS VENTAS CRUZADAS Y EL HECHO DE QUE ES NECESARIO COMPARTIR LOS CLIENTES CON OTRAS ENTIDADES FINANCIERAS

España es uno de los países más "bancarizados" de Europa. Es difícil, por consiguiente, que ninguna entidad bancaria pretenda tener la exclusividad de los cliente de un determinado segmento, según hemos venido insistiendo hasta aquí. De una forma creciente, bancos y cajas de ahorro han de adaptarse a compartir un mismo cliente con otras entidades. No obstante, según las investigaciones realizadas en Estados Unidos (que no son, desde luego, directamente extrapolables a nuestro medio, pero que nuestra propia experiencia confirma, dentro de cierto orden de magnitud), la probabilidad de que un cliente que tiene una cuenta abierta y un servicio complementario (una tarjeta de crédito) se mantenga "fiel" a la entidad es un 30% superior al que sólo tiene una cuenta de ahorro; con dos productos la probabilidad aumenta hasta el 48%; si el cliente tiene tres productos bancarios (o servicios), la probabilidad de que se mantenga "fiel" a la entidad llega al 70%. Y lo que es decisivo es que bastan cuatro productos para que la confianza y el grado de fidelidad alcancen el 90%.

Es evidente que no es fácil llegar a tener la exclusividad, pues los otros bancos tratarán de atraer por todos los medios a nuestros clientes. Puede tratarse de algún producto o servicio específico, pero, en la medida en que se consiga construir un entramado de productos relacionados, el cliente se sentirá cómodo y poco dispuesto a cambiarse. Es más, si se le da un buen servicio es probable que ante ofertas que le ofrezcan mejores remuneraciones (si éstas no sobrepasan márgenes razonables) él preferirá no cambiarse.

Actitud de los empleados de las entidades bancarias para conseguir mejorar el ratio de "ventas cruzadas"

No existen en España datos precisos que permitan evaluar el ratio de "ventas cruzadas" de bancos y de cajas de ahorros. Según se ha indicado anteriormente, a menudo se confunden las propias medidas y no es infrecuente que una entidad propague el alto valor de su ratio medio de "ventas cruzadas", cuando en realidad se está refiriendo a los productos bancarios que han sido vendidos a cada cuenta desde su apertura. No vamos a insistir en la medida correcta, porque ha sido expuesta en apartados anteriores. Pero sí conviene puntualizar qué actitudes favorecen la consecución de volúmenes mayores de "ventas cruzadas" y cuáles las desalientan.

Factores positivos

En primer término, si los empleados de las oficinas bancarias no tienen un buen producto inductor de ventas cruzadas (un verdadero "lead product"), toda su buena voluntad y sus propósitos de ser gestores/vendedores antes que simples "expendedores" de productos y servicios bancarios, de poco servirán. La distancia que puede alcanzarse lanzando un objeto no depende solamente de la fuerza del brazo que lo impulse, sino del peso del objeto arrojadizo. Pero tampoco basta con tener buenos productos. Supongamos que un posible cliente se acerca a una oficina bancaria y pregunta por la forma de rentabilizar sus ahorros sin perder la posibilidad de poder disponer de ellos en cualquier momento, pues el "banco X" solamente le paga intereses a partir de un cierto saldo mínimo. Si el empleado que le atiende le ofrece directamente una cuenta apropiada, y se formaliza la operación, en realidad se habrá conseguido un primer cliente, pero no una venta cruzada. Es la relación que se conoce de "pregunta-respuesta". La iniciativa la ha tomado el cliente potencial y el empleado se ha limitado – lo que no deja de tener un mérito indudable – a buscar el producto que mejor se adaptaba a su solicitud. Pero para alcanzar ventas cruzadas es preciso iniciar un proceso distinto: se trata de la relación "pregunta-pregunta". Es decir, a la pregunta del cliente potencial se contesta con otra pregunta. No es una descortesía. Tampoco es una táctica para desviar la atención del cliente. Es un medio para ganar fuerza negociadora. Porque si se le responde con la siguiente pregunta:

"¿Pero conoce usted. las ventajas adicionales de nuestro producto "X", que le paga intereses desde la primera peseta de saldo y le permite además domiciliar recibos, etc. etc....?"

es probable que se consiga venderle otros productos y avanzar por el proceso que ha de conducir al estadio de la "fidelización".

(1) La actitud de los empleados

- Empleados con actitudes pasivas. Si se atiende a los clientes (efectivos o potenciales) manteniendo una actitud puramente "expendedora", en el sentido de esperar las preguntas del cliente y limitarse a expender lo que se pide o a registrar las transacciones que pasivamente se han recibido, no cabe duda de que el ratio de "ventas cruzadas" será realmente bajo (cuando no prácticamente nulo). No es el jugar a la contra, una táctica característica del fútbol; es más bien el mantenerse al margen del juego.

(2) Los "clientes compartidos"

- En épocas relativamente recientes, algunas entidades podían tener cierta seguridad de tener clientes prácticamente en exclusiva. Eso ha dejado de ocurrir, según hemos tenido ocasión de comentar. Bancos y cajas de ahorros han de acostumbrarse a compartir determinados segmentos de la clientela. La cuestión es ahora cómo construir verdaderas "ventas" sobre una base común, que se comparte con otras entidades.

(3) El arte de conseguir "ventas cruzadas"

- Si en algo se diferencia una entidad financiera de una empresa industrial es precisamente en las "relaciones cruzadas" que existen entren los distintos productos y servicios que ofrecen. La cuestión es cómo potenciar esas "relaciones cruzadas" para materializarlas en "ventas cruzadas", es decir, la venta de productos bancarios de activo y pasivo a los clientes existentes, a partir de un producto o servicio bancario que actúe como "inductor" (el verdadero "lead product").

(4) El arte de conseguir un grado creciente de "fidelización" de la clientela.

- Si no hay más remedio que compartir con otras entidades una parte de la clientela propia (cuando no proporciones mayoritarias) será preciso conseguir a toda costa tener clientes satisfechos y, gracias a eso, clientes fieles a la entidad. Ahora bien, para conseguir "clientes fieles" es preciso darles más valor añadido y estar atentos a su grado de satisfacción con los productos y servicios que se les brindan. Es preciso, en todo caso, acertar en los productos[7]. Según hemos destacado

(1) La probabilidad de mantener un cliente al que se le haya vendido un producto bancario se estima en el 30%.
(2) Con dos productos bancarios, la probabilidad de no perderlo se aproxima al 48% .
(3) Si se traspasa el umbral de dos productos, la probabilidad de conseguir mantener el cliente avanza sostenidamente; con tres productos, la probabilidad de no perderlo es del 70%. Con cuatro productos bancarios, el 90%.

3.12 RESUMEN

En este capítulo hemos destacado la necesidad de que los empleados tengan una orientación muy definida hacia los resultados. Se trata de renovar los esfuerzos para mejorar los resultados en todos los órdenes: aumento de la productividad, disminución relativa de los gastos de explotación y reducción de los índices de morosidad, y en general hemos propiciado el aumento de los resultados y la reducción del riesgo (en todas sus variantes) mediante una gestión orientada al crecimiento con niveles máximos de seguridad. Ahora bien, esas mejoras no se obtienen gratuitamente. Entre otras cuestiones, en este capítulo hemos puesto de relieve las siguientes consideraciones:

[7] Desde el punto de vista de márketing, la calidad total - en servicios y productos - es el mejor medio para conseguir un alto grado de fidelidad de la clientela. Véase el próximo capítulo en cuanto a la nueva concepción de la calidad como medio para conseguir diferenciar la oferta y ganar ventajas competitivas.

Importancia del ratio de eficiencia

Se trata, como es sobradamente conocido, de la proporción que guardan los gastos de explotación respecto al margen ordinario o bien, desde otra perspectiva, el porcentaje del margen ordinario que las entidades destinan a gastos de explotación.

Para el conjunto del sistema bancario español, en el año 1999 el ratio de eficiencia se ha mantenido en torno al 65,5. Por grupos de entidades, la ratio de eficiencia sigue siendo más favorable para el conjunto de cajas (64%) que los bancos (67%).

Los aumentos de productividad - por empleado y por oficina - pueden reducir el porcentaje del margen ordinario que ha de destinarse a gastos de explotación, pero existen otros factores no menos importantes

Rentabilidad de los recursos propios

Los recursos propios de bancos y cajas son fundamentales para su crecimiento y están sujetos a riesgo. Las entidades de depósito tienen ante sí dos tipos de condicionantes: los factores controlables (la composición de la cartera de inversiones; la generación de ingresos financieros; la calidad de los créditos y préstamos en general y, sin agotar todos los casos, el control de los gastos de explotación y su incidencia en el ratio de eficiencia), y los factores no controlables.

Lo que sí puede y debe controlar una entidad financiera es el riesgo de crédito y, por supuesto, los riesgos de tipos de interés y de divisas y la distribución en el tiempo de los plazos de los activos y pasivos. En cuanto a los primeros, en este capítulos hemos destacado algunas mejoras posibles de tipo organizativo.

Factores que inciden en el riesgo de crédito: Algunas causas de tipo general

Entre otros, con carácter general hemos destacado los siguientes:

- Errores en la formalización de las operaciones de crédito.

- En algunos casos no se evalúa adecuadamente el nivel de riesgo que la entidad financiera contrae.

- En general tiende a conocerse poco la marcha de las empresas y sus equipos directivos, y no existe un proceso de seguimiento que permita detectar las primeras señales de alerta que podrían evitar que una primera incidencia se convirtiera en un moroso al cabo de poco tiempo.

- En general se observa también una falta de seguimiento de las operaciones vivas que están en la cartera de préstamos o créditos de una entidad.

- Evidentemente, la evolución del ciclo no afecta por igual a todas las empresas. Unas son más sensibles a la pérdida de pulso de la actividad económica y son las primeras en sufrir las consecuencias negativas, mientras que otras sufren el impacto desfavorable más tarde. De nuevo se trata de una cuestión de previsión, seguimiento y sentido de la anticipación por parte de quienes han de tener a su cargo el seguimiento de las operaciones vivas más sensibles a los cambios del ciclo económico.

En un estudio llevado a cabo por un conjunto de entidades financieras se llegó a las siguientes conclusiones:

(1) El 25% de los fallidos se debe a un análisis inadecuado de la operación de crédito.

(2) El 35%, a la falta de un proceso de seguimiento apropiado, capaz de detectar las primeras evidencias y evitar que se conviertan en operaciones abocadas a la morosidad.

(3) Y el 40% restante se debía a errores producidos en la fase de formalización, a la vulneración de las facultades de quienes tenían competencia para dar los créditos, a comportamientos fraudulentos de algunos empleados y, en muchos casos, a la propia evolución negativa del sector.

En resumen, una de cada dos operaciones fallidas podría haberse evitado con una gestión adecuada.

Hemos destacado también la renovada importancia de las comisiones; en primer término, por su condición de medios de cobro y pago, de actividades que no están sujetas en general al riesgo de interés y, en segundo término, porque son el reflejo de los servicios que se ofrecen a los clientes en respuesta a sus necesidades reales.

De nuevo es necesario que los directores de las oficinas y los empleados conozcan qué se espera de ellos y se les brinde la confianza para que por sí mismos puedan fijarse "metas" más ambiciosas. Paralelamente, los resultados mejorarán si lo hace la calidad de los servicios que se prestan y la forma como se trata a los clientes. La banca del futuro va a depender, de una manera cada vez más intensa, de la mejora de los ratios de eficiencia, de los aumentos de productividad y, por el lado de los ingresos, de los servicios que se presten gracias a una oferta más en sintonía con las necesidades reales de los clientes. Dedicamos el próximo capítulo a estas cuestiones.

Capítulo 4

Orientación hacia la calidad

"El fugaz propósito jamás es alcanzado si la acción no lo acompaña".

William Shakespeare, *Macbeth*, Acto cuarto, Escena primera[1].

4.1 INTRODUCCIÓN

Este capítulo está dedicado exclusivamente a los nuevos enfoques sobre la calidad. En él pretendemos enlazar las consideraciones que hemos propuesto hasta aquí - gestión de organizaciones maduras basada en el planteamiento de "metas" personales - y la concepción moderna de la calidad: es el único medio para conseguir clientes más fieles y mejoras de la rentabilidad, porque para unos mismos gastos fijos los márgenes aumentan en forma más que proporcional. Todo eso con independencia del mejor servicio que se presta a la sociedad.

---

[1] Versión de José María Valverde; Editorial Planeta, Barcelona, 1998.

4.2 LA CALIDAD COMO UN MEDIO DE DAR VIDA A LAS ORGANIZACIONES

La banca es, por encima de toda consideración, un tipo de organización que depende de la calidad de los servicios que presta. Su futuro depende de la capacidad que tenga para anticiparse a las necesidades reales de los clientes y brindarles, en todos los órdenes, un servicio de calidad. W. Edwards Deming, junto con D. Juran, fueron en los Estados Unidos los precursores de la nueva concepción de la calidad. No tuvieron al principio éxito en su propio país, pero sí fueron muy pronto reconocidos por el gobierno japonés al comprobar que los industriales de Japón seguían sus recomendaciones y obtenían productos que se adueñaban de los mercados mundiales más exigentes (en pocos años, la industria de electrodomésticos americana sucumbió ante la mejor calidad y diseño de los productos nipones). Luego ocurrió lo mismo con los automóviles, si bien la industria americana reaccionó, con cierto retraso, y aplicó algunas de las ideas de Deming y Juran, las mismas que habían proporcionado el éxito a sus rivales del país del Sol Naciente.

Debemos a Deming 14 puntos que pueden contribuir a mejorar la gestión de las empresas. Los adaptamos a partir del libro: *The American who taught the Japanese About Quality*[2].

1. Es necesario tener una orientación persistente hacia la mejora de los productos y servicios. Todo ello con el propósito de llegar a ser competitivos y de seguir en el negocio en el que estamos y proporcionar nuevos puestos de trabajo.

2. Es necesario adoptar esa nueva filosofía porque nos encontramos en una nueva economía. Los gestores ("managers") de las empresas de Occidente han de despertar ante el reto que se les plantea, y han de aprender sus responsabilidades y ejercer el liderazgo necesario para que se produzca el cambio.

3. Debemos abandonar los procedimientos basados en el control masivo de la producción y poner todos nuestros esfuerzos en alcanzar la calidad. Es preferible eliminar la necesidad de ejercer controles de este tipo empezando por diseñar productos (y servicios) de calidad desde un buen principio.

4. Es preciso terminar con la práctica de basar los negocios en los precios de venta. En sentido opuesto, lo que conviene es hacer mínimos los costes. Dirigirse hacia un solo proveedor para cada artículo o componente, creando una relación de lealtad y confianza a largo plazo.

5. Es necesario mejorar de una manera continuada la calidad de los sistemas de producción y de la forma de prestar servicios. Con ello consegui-

[2] Aguayo, Rafael. El libro tiene un prólogo de W. Edwards Deming. La traducción al castellano de los catorce puntos que recogemos en este capítulo es nuestra.

remos aumentar tanto la calidad como la productividad y, de esta manera, podremos reducir progresivamente los costes.

6. Ha de implantarse la formación o "training" en cada puesto de trabajo.

7. Ha de instaurarse el liderazgo. El objeto de la supervisión debe consistir en ayudar a los empleados y conseguir adecuar los medios de producción para que hagan un mejor trabajo.

8. Es necesario desterrar el miedo, de manera que cada uno pueda trabajar para la organización o la empresa de una manera efectiva.

9. En preciso que se rompan las barreras que separan los departamentos. Los empleados dedicados a la investigación, al diseño, a las ventas y a la producción han de trabajar en equipo. Es el único medio para anticipar los problemas que puedan surgir en la producción y el uso de los productos y servicios.

10. Es necesario eliminar los eslóganes, las exhortaciones y los objetivos dirigidos a los empleados para que consigan niveles de prestación de servicio con "cero defectos" y nuevos niveles de productividad. Exhortaciones de esta naturaleza sólo consiguen relaciones de rivalidad, dado que la mayor parte de las causas de una baja calidad y la deficiente productividad residen en el sistema y quedan, por consiguiente, fuera de las competencias organizativas de los empleados.

11a. Eliminar las cuotas o niveles en los centros de producción. Sustituirlos por el liderazgo.

11b. Eliminar la dirección por objetivos. Eliminar la gestión basada en números y en metas a alcanzar que sólo se expresan en cifras. Sustituirlas por el ejercicio del liderazgo.

12. Eliminar las barreras que despojan a la gente dedicada a las tareas de gestión de su derecho a sentirse orgullosos por un trabajo bien hecho. Eso significa, entre otras cosas, que han de abolirse las revisiones anuales que sólo tienen en cuenta la dirección por objetivos.

13. Introducir un programa serio de formación y de mejora personal.

14. Comprometer a todos los empleados de la organización en la tarea de transformar los procesos. Esta transformación depende de todos y cada uno de los empleados.

En definitiva, los puntos anteriores constituyen el primer paso para plantear el proceso hacia la dirección por valores. De una manera un tanto apasionada el texto recomienda que se abandone la dirección por objetivos y que se recupere la libertad de pensar por cuenta propia. Al fin y al cabo, la búsqueda de la calidad no es una cuestión que dependa de un determinado departamento: es la esencia de toda la organización. No se trata de controlar lo que ya se ha vendido, sino de pensar antes de que se inicie todo el proceso en la mejor forma de evitar esos controles y las reclamaciones y la decepción de los clientes, que ven frustradas sus expectativas cuando no reciben el servicio que esperaban.

De hecho, en la industria se ha conseguido diseñar los productos desde un buen principio pensando en la calidad que se perseguía obtener al final de todos los procesos. Se ha conseguido trabajar con seis sigmas (cero defectos). Ya no se trata tanto del control *a posteriori* cuanto de prever todas las posibles complicaciones que podrían surgir en cada uno de los procesos. Los ingenieros se ponen de acuerdo para trabajar en equipo, incluyendo el que tiene a su cargo la entrega final del producto y el servicio posventa. También en cuestiones bancarias puede conseguirse algo parecido.

4.3 LA CALIDAD DESDE LA PERSPECTIVA DE LOS RECURSOS HUMANOS

Desde la perspectiva de los recursos humanos, según hemos venido anticipando, tres cuestiones han de tenerse en cuenta:

(1) Cuando cada empleado se siente tratado como una persona puede conseguirse que se fije metas personales que enriquezcan su vida y le permitan ejercer su profesión con un entusiasmo mayor.

(2) Cuando un empleado no experimenta demasiadas interferencias en su trabajo y, en cualquier circunstancia, cuando ve respetado su espacio de libertad y ejerce sus tareas con responsabilidad los resultados suelen ser inesperados.

(3) Al darse esas condiciones es muy frecuente que los empleados se sientan predispuestos a mejorar lo que está a su alcance y a proponer mejoras en "círculos de calidad" que, por cierto, no son otra cosa que grupos de personas convencidas de que quienes confían en ellos no pueden verse defraudados.

De nuevo se trata de la relación conocida en muchos medios: la confianza que ponemos en los otros despierta la confianza de los demás porque entonces se sienten tratados como personas. La confianza no sólo actúa como suma; es un proceso multiplicador que tiende a expandirse en toda la organización. Es una de las características de los sentimientos positivos. Un equipo deportivo que tiene la plena confianza de sus seguidores - y por supuesto cuenta con la de su entrenador y de la junta directiva - gana una fuerza competitiva que crece exponencialmente; las dificultades no son más que estímulos para acciones creadoras de nuevas jugadas llenas de inspiración[3].

[3] En un juego de alta competición como es el balonmano, cuando un equipo juega en su propio campo se produce una dinámica que también se observa en otros deportes. Cuando el equipo local encaja un gol todos los jugadores se dirigen al ataque organizado contra la portería del equipo visitante para vencer la defensa y sorprender al portero. El público reacciona con un clamor que crece como una ola emergente desde el momento en que su equipo ha encajado el primer gol y le da aliento para que se crezca y marque, en cuestión

Todo eso que planteamos no es desde luego algo nuevo. Es más, los primeros trabajos de Abraham Maslow, en los Estados Unidos, demostraron que los empleados y la gente en general rinde más - en términos nuestros, "se crecen ante las dificultades" - cuando se confía en ellos, no se interfiere en su trabajo y se les da un margen apropiado de autonomía. En otra corriente de pensamiento, concebida en el seno del MIT (Instituto Tecnológico de Massachusetts), se expusieron dos teorías, la "A" y la "B". Según la primera, no es bueno fiarse de los empleados porque tienen tendencia a descuidar sus obligaciones; la otra teoría supone lo contrario[4].

¿Pero quién traiciona la confianza que se deposita en ellos de una manera clara y manifiesta? Podrá hacerlo por un tiempo, pero es difícil que consiga engañar a todos en todas las circunstancias. En materia de confianza puede ocurrir algo similar a lo que uno de los mejores virtuosos del violín del siglo XX - Yehudi Menuhin - comentaba sobre la confianza del público en sus audiencias. Si no ensayaba un día, nadie lo notaba (ni él mismo). Si no ensayaba durante dos días, la audiencia tampoco lo apreciaba, pero él sí. Si no ensayaba durante una semana lo notaban no sólo él, sino también los críticos y el director de la orquesta; y buena parte de la audiencia. Evidentemente, él nunca dejó de ensayar y, por consiguiente, siempre evitó el bochorno de que los demás dejaran de confiar en él. Algo parecido sucede con la confianza que depositamos en alguien. Algún día podemos descubrir que no ha sido fiel al compromiso y entonces no será fácil que recupere el estadio anterior, en el que se le daba por supuesto que respondería en el mismo sentido a la apelación que se hacía a su responsabilidad personal.

4.4 CALIDAD DE LOS SERVICIOS BANCARIOS

Los empleados de las entidades financieras tienen dos tipos de clientes: los externos (particulares, empresas, instituciones y otros bancos o cajas) y los internos (el personal de los servicios centrales y el de toda la red de oficinas). En la banca de servicios, la calidad ha de prestarse tanto a unos como a otros.

---

de pocos segundos, el gol que esperan en la portería contraria. Cuando ese gol se ha conseguido se repliegan todos - a una velocidad increíble -, y se cierran a defender a su portero, mientras la afición local intenta, con sus gritos y silbidos, bajar la moral de los jugadores visitantes. Y así sucesivamente. Los errores de los jugadores propios no tienden a ser tenidos en cuenta - no se buscan los culpables, sino las causas del fallo -, porque lo que cuenta es darles nuevos ánimos en un ataque organizado, vertiginoso, inteligente y coordinado para sorprender al portero contrario. Esas tácticas tienen mucho que ver con los equipos de empleados de una empresa que responden todos a una en favor de su empresa. En materia de control de calidad, no se trata (como en el balonmano) de buscar culpables, sino de estimular a los que han de conseguir bloquear a los atacantes o lanzarse como un haz de flechas que se disparan dirigidas al campo que ha de ser vencido y batir al portero contrario.

[4] Hasta cierto punto, la concepción de tipo escéptico podría corresponderse con el pensamiento de Simón Bolívar, el Libertador de las Américas, cuando señalaba, refiriéndose a los escenarios bélicos: "A los hombres hay que exigirles mucho y esperar poco".

En los dos cuadros siguientes se resumen los conceptos del modelo de Crosby y asociados. En ellos se destacan los siguientes estadios:

(1) Estadio I: Incertidumbre; no existe la concepción de que la calidad es una herramienta de gestión.

(2) Estadio II: Preocupación; se reconoce que la calidad es importante, pero no parece que la entidad esté dispuesta a invertir tiempo y dinero para alcanzarla.

(3) Estadio III: Decisión. Se da apoyo a los proyectos de mejora de la calidad.

(4) Estadio IV: Destreza. Llega un momento en el que la gestión de la calidad pasa a ser una cuestión de primer orden; es una cuestión de todos, según hemos venido señalando a lo largo de este capítulo.

(5) Estadio V: Certeza. La calidad pasa a ser considerada como una parte esencial de la empresa.

Categorías	Estadio I Incertidumbre	Estadio II Preocupación	Estadio III Decisión	Estadio IV Destreza	Estadio V Certeza
Percepción y actitudes	- No existe la concepción de que la calidad es una herramienta de gestión. Los problemas de calidad que se presentan suelen atribuirse al departamento que tiene a su cargo la "calidad".	- Se reconoce que la calidad es importante, pero no se está dispuesto a invertir tiempo y dinero para alcanzarla.	- Se da apoyo a los proyectos de mejora de la calidad.	- Se llega a un momento en el que la gestión de la calidad pasa a ser cuestión de primer orden.	La calidad pasa a ser considerada como una parte esencial de la empresa.
CALIDAD Posición en el organigrama	La calidad todavía se "esconde" en los departamentos de producción; la inspección probablemente no forma parte de la organización. Se pone el acento en la evaluación y el muestreo.	- Se nombra un especialista directivo encargado de la calidad, pero la preocupación principal sigue siendo la evaluación. El departamento de producción domina todavía la visión global.	- CALIDAD Ahora es un departamento que depende directamente de dirección general. Influye en la gestión de la empresa.	- DIRECTOR DE CALIDAD Pasa a ser un directivo de la empresa; tiene una posición de prevención y acción. Está presente en los asuntos de los clientes y tiene proyectos específicos.	El director de CALIDAD alcanza una posición en el comité directivo. Su principal tarea es evitar que se produzcan defectos. Se considera que la CALIDAD es una cuestión prioritaria

CUADRO 4.1

Matriz para la gestión de la calidad (Crosby)

Categorías	Estadio I Incertidumbre	Estadio II Preocupación	Estadio III Decisión	Estadio IV Destreza	Estadio V Certeza
-Planteamiento de los problemas	- Se hace frente a problemas a medida que ocurren; no se resuelven; definición inadecuada; se multiplican las acusaciones.	Se establecen equipos para atacar los principales problemas. No existen soluciones a largo plazo.	- Se toman medidas correctoras. Se hace frente a los problemas de una manera abierta. Se resuelven de manera ordenada.	Se identifican los problemas con anticipación a su desarrollo. Todas las funciones quedan abiertas a las mejoras posibles.	Excepto en casos especiales, la mayoría de los problemas se atacan con anticipación.
- COSTE CALIDAD en % sobre ventas	- Datos empresa: desconocidos - Reales: 18%	- Informes: 3% - Reales: 18%	- Informes: 8% - Reales: 12%	- Informes: 6,5% - Reales: 8%	- Informes: 2,5% - Reales: 2,5%
- MEJORA CALIDAD Acciones	- No existen actividades organizadas. No se entiende cuáles deben ser en realidad.	- Se realizan esfuerzos a corto plazo para motivar a los empleados.	- Se establecen procedimientos sistemáticos y se es consciente de las implicaciones de cada paso.	Prosigue el proceso de mejoras. Se observan cambios apreciables en la calidad.	Las mejoras de la calidad son normales y favorecen actividades continuadas.
RESULTADOS DE POLÍTICAS DE CALIDAD DE LA EMPRESA	No entendemos por qué tenemos problemas de calidad.	"¿Es necesario tener problemas con la calidad?"	"Gracias al compromiso de los directivos y los empleados en la calidad, ahora identificamos y resolvemos nuestros problemas."	Evitar los defectos ha pasado a ser una rutina en nuestro proceso de operaciones	"Ahora nosotros sabemos por qué no tenemos problemas con la CALIDAD."

CUADRO 4.2

Matriz para la gestión de la calidad (Crosby); continuación

Nuestra propuesta es que se alcance el estadio V. Pero para conseguirlo es preciso que la organización sea madura. Se trata de las organizaciones que no son dirigidas por objetivos puramente cuantitativos, sino que tienen en cuenta los elementos subjetivos (cualitativos) y ofrecen a sus empleados un espacio de libertad para que se atrevan a plantearse "metas" personales.

En el sentido de los clásicos, quien es capaz de concebir un "objetivo" determinado, no necesariamente numérico sino cualitativo - por ejemplo, el de alcanzar la calidad a toda costa - está ya en el camino de conseguirlo.

Como dejó escrito Montaigne[5]: "(...) No existe ninguna pasión tan contagiosa como el miedo". En sentido contrario, todo puede alcanzarse con el entusiasmo. Fichte[6] lo expresó con elocuencia:

"Necesariamente vence el entusiasta al apático. No es la fuerza del brazo, ni la potencia de las armas, sino la fuerza de la voluntad la que alcanza la victoria".

4.5 OTRAS CONCEPCIONES EN LA PRESTACIÓN DE SERVICIOS BANCARIOS

Los modelos de los pioneros en el tratamiento de la calidad - Deming y Juran - siguen vigentes, como lo está el planteamiento de Crosby. Pero en materia de servicios existen nuevas aportaciones. En su libro *Service Quality*, Len Berry y Carter Brown definen la calidad de la siguiente forma:

"(...) La excelencia en la prestación de servicios nace o procede de una cierta 'química' propia del liderazgo, de una información sólida, de la estructura organizativa, de los mejores empleados que están disponibles para prestar un servicio, y de la tecnología y de los esfuerzos que se apliquen... La excelencia en los servicios es algo que tiene que ver con el 'corazón', y no simplemente con las 'cosas'; es precisamente la ejecución de determinadas tareas y no precisamente la estrategia. Es una cuestión de ideas pequeñas, no de grandes concepciones. Es el dominio sobre los recursos - humanos y de todo tipo - en un sistema de prestación de servicios que ha sido bien diseñado".

Los profesores de la Universidad de Harvard James Heskett y W. Earl Sasser, Jr., citados por Tom Harvey[7], completan la definición de la siguiente forma:

1. Es el valor asociado con los resultados lo que proporciona un servicio. La calidad con la que este servicio es prestado depende de hasta qué punto quien lo presta es capaz de reducir los riesgos percibidos por el cliente o el usuario.
2. El aumento en el valor de un servicio que se presta respecto a su coste conduce normalmente a una mayor probabilidad de que el usuario o cliente se convertirá en un comprador asiduo.
3. Es un hecho comprobado que los clientes que repiten operaciones con una misma entidad financiera piden servicios que son menos costosos,

[5] Montaigne, Michel Eyquem de, *Essais*.

[6] Fichte, Johann Gottlieb.

[7] Véase, Harvey, *The banking revolution: Positioning your bank in the new financial services marketplace*. Irwin, Chicago, 1996, páginas 196 y siguientes.

y por consiguiente se obtiene en su relación con ellos una mayor rentabilidad. Los nuevos clientes, que han de crecer, evidentemente, al extenderse la red de oficinas y aumentar el radio de acción de cada una de ellas, representan inicialmente, y por un cierto tiempo, costes mayores. La diferencia procede de la constatación de que los antiguos clientes se han formado expectativas sólidas, tienen un mayor respeto por la entidad bancaria que les proporciona los servicios, así como una mayor confianza en lo que esperan de los suministros que van a recibir de ellos.

4. El valor del servicio que percibe un cliente que repite con la misma entidad bancaria aumenta al comprobar que lo que recibe se corresponde exactamente con lo que esperaba y ve confirmadas las expectativas que se había formulado.

4.6 BOSQUEJO DE UN POSIBLE SISTEMA DE CALIDAD TOTAL

4.6.1 Un esquema inicial

La calidad puede y debe ser susceptible de mediciones, pues de lo contrario sería muy difícil hacer un seguimiento que pusiera de relieve en qué se ha mejorado y la distancia que nos separa de la excelencia que se persigue conseguir.

Por consiguiente, recomendamos en principio cinco puntos:

(1) Definir con precisión cuáles son nuestros clientes.

(2) Comprender cuáles son sus expectativas y establecer patrones estándar.

(3) Escoger el procedimiento más adecuado para establecer las mediciones periódicas de las distintas variables, metas e indicadores.

(4) Poner en marcha un sistema de información que tenga una periodicidad establecida de antemano.

(5) Desarrollar un proceso de mantenimiento que tenga un carácter duradero.

4.6.2 ¿Cómo podemos llegar a comprender las expectativas de nuestros clientes?

En primer término es necesario que definamos cuáles pueden ser esas expectativas. Luego debemos preguntar a nuestros clientes (en muestras aleatorias) cómo perciben la calidad de nuestros servicios y la bondad de nuestros productos. Las preguntas han de ser simples y las respuestas cuantificables.

Han de establecerse también acuerdos de “participación” (“partnership”).

4.6.3 ¿Cuáles son las primeras medidas que han de cuantificarse?

Las dividiremos en dos grupos: (a) las internas y (b) las externas.

(A) MEDIDAS INTERNAS

- Capacidad de respuesta ante las demandas (más adelante se detallan).
- Sentido del tiempo.
- Grado de fiabilidad y rigor.
- Cortesía en las relaciones.
- Conocimiento.

Existen otros indicadores que han de ser tenidos en cuenta: el rendimiento de los activos; la calidad de los ingresos (especialmente en cuanto a las incidencias de las operaciones de crédito en primera instancia y la morosidad en último término); las pérdidas que se registren en determinadas operaciones internas y, en cuanto al personal, el grado de absentismo que se produzca (que es también un indicador del clima de trabajo de la organización).

(B) MEDIDAS EXTERNAS

Se trata aquí de llevar a cabo, con cierta periodicidad, encuestas acerca de cómo somos percibidos por los clientes en las áreas más críticas.

Establecer encuestas externas que nos sirvan de "benchmarking" o de punto de referencia con el que establecer comparaciones.

Tener en cuenta los criterios de evaluación externos (ISO 9000, etc.).

4.6.4 Establecer un sistema de información

El sistema ha de incorporar absolutamente a todos los empleados de la entidad y han de establecerse un conjunto de "metas" concretas. Los resultados habrán de darse a conocer de una manera continuada internamente, y en algunos casos los bancos americanos los han publicado incluso externamente.

4.6.4.1 Algunos casos ilustrativos

BANK OF AMERICA EN EUROPA

En las publicaciones periódicas de Bank of America in Europa se dan a conocer algunos indicadores útiles sobre algunos aspectos de la búsqueda de la calidad.

1. Servicios de pagos

(1) Indicador de calidad en cuanto al máximo de operaciones sin errores

- Procesar todos los pagos encomendados con un nivel de fiabilidad del 99,75%. Para un año dado, dividido en trimestres, el banco consiguió alcanzar la meta del 99,74% de operaciones sin errores. En el año 1992 las operaciones de Europa fueron centralizadas en la plaza de Frankfurt, lo que dio como resultado un aumento del cincuenta por ciento del volumen de operaciones sin que aumentaran los fallos.

(2) Indicador de calidad en los pagos en cuanto a las preguntas de los clientes y la solución de las incidencias

- Se había establecido como indicador de calidad que el 80% de todas las cuestiones que fueran planteadas por los clientes se resolverían dentro del mismo día laborable, y el 92% en un plazo de cinco días laborables. Los resultados fueron, en el primer semestre, que el 86,50% de las cuestiones formuladas por los clientes fueron resueltas dentro del mismo día laborable. El 91,86% se resolvieron dentro de los cinco días laborables siguientes. A pesar de que las operaciones de pago habían aumentado un 19%, el banco pudo constatar que se había registrado una mejora en la calidad del servicio de pagos (nacionales e internacionales).

SERVICIOS DE TRANSFERENCIA GLOBAL DE FONDOS

Se estableció como indicador de calidad que el 100% de las transferencias electrónicas estuvieran a disposición de los cliente en el plazo de dos días laborables (que es, por ciento, el estándar internacional). Los resultados para un determinado año fueron que el 99,99% de las transferencias se realizaron en los tiempos previstos. Se produjeron algunas pequeñas incidencias como consecuencia, como señala el informe, de "large batched deliveries from several customers...".

SERVICIOS DE TRANSFERENCIA GLOBAL ("BAMTRAC Y "MICROWIRE SERVICES")

Como indicador de la calidad se fijó la meta de tener el sistema abierto 23,5 horas al día el 99,5% del tiempo y los servicios secundarios disponibles para el mismo día, desde las 8 de la mañana hasta las 6 de la tarde, "Greenwich Mean Time" o GMT, de lunes a viernes durante el 99,50% del tiempo.

Los resultados, la "performance", fueron que la disponibilidad media superó el 98,8% y el 99,26% para el resto de servicios de transferencia. En todos esos casos las expectativas de los clientes estaban por debajo de los resultados que obtuvo el banco.

SERVICIOS DE BANCA ELECTRÓNICA

Inicialmente, el indicador de calidad frente a las cuestiones que pudieran plantear los clientes estableció que se resolverían en un 95% de los casos dentro del mismo día. Los resultados se aproximaron a las metas perseguidas y en años sucesivos fueron elevándose los indicadores de calidad, y con ellos la "performance" conseguida.

OPERACIONES DE CRÉDITO DOCUMENTARIO PARA IMPORTADORES

Desde un principio se establecieron indicadores de calidad máxima. La emisión de las cartas de crédito, las enmiendas y la subsiguiente negociación habían de cumplirse al 100% según las pautas de cada país. Al cabo de poco tiempo los resultados fueron del 99,8% y en los meses sucesivos se alcanzó la meta fijada inicialmente.

OPERACIONES DE CRÉDITO DOCUMENTARIO PARA EXPORTADORES

De nuevo, también en este caso se estableció una meta del 100%. Al cabo de un semestre se había conseguido alcanzar la meta del 98,89%. Más tarde se consiguió un índice de fiabilidad del 100%.

En ambos casos (importadores y exportadores) las expectativas de los clientes habían sido varios punto por debajo de la media de calidad que recibieron en sus contratos con el banco.

SERVICIOS DE TESORERÍA ("CASH MANAGEMENT")

Procesar el 100% de las operaciones en moneda extranjera y las transacciones con depósitos en divisas con absoluta fidelidad, hasta alcanzar un índice de calidad del 100%. En el primer año se consiguió alcanzar el índice de calidad del 99,8%. Luego no fue difícil llegar al 100%, a pesar de que en algunos ejercicios el negocio en moneda extranjera creció a tasas superiores al veinte por ciento anual.

SERVICIOS DE CONTRATACIÓN, CUSTODIA Y TRANSACCIONES EN TÍTULOS VALORES (ACCIONES, OBLIGACIONES, PRODUCTOS DERIVADOS, ETC.)

La meta se estableció en enviar los informes de fin de mes a los clientes en el 96% de los casos que se habían contratado. En el primero año los resultados obtenidos señalaron un índice de calidad del 84,55%. Una vez fueron subsanadas las causas de los retrasos se consiguió sobrepasar incluso la primera meta establecida.

SERVICIOS GLOBALES EN LA CUSTODIA Y TRANSACCIONES CON TÍTULOS VALORES (ACCIONES, OBLIGACIONES Y PRODUCTOS DERIVADOS)

El índice de calidad que se pretendía alcanzar el primer año era notificar a los clientes de todas las transacciones dentro de un plazo de 48 horas, en el 99% de los casos. A pesar del aumento de los volúmenes de operaciones en determinadas fechas en que se acentúa la estacionalidad, en el primer semestre de haber implantado el sistema de control de calidad se alcanzó la "performance" del 99,10%, que se mejoró luego hasta alcanzar el límite superior.

SISTEMA DE CALIDAD TOTAL DE UN GRAN BANCO DEL REINO UNIDO

Los grandes banco comerciales tienen operaciones al por mayor y operaciones de banca al detalle. En el caso de este banco en concreto, destacaremos solamente el plan de calidad total de una de sus actividades más importantes: sus relaciones con los clientes internos (los empleados de los distintos departamentos y secciones internas) y los clientes externos (familias y consumidores al detalle en general).

Una de las primeras medidas del banco británico consistió en plantearse las metas que debían conseguirse. En síntesis, los pasos que se siguieron fueron los siguientes:

(1) Establecer un "gap analysis" o la identificación de las brechas o diferencias existentes entre la situación del punto de partida y las metas que debían alcanzarse al cabo de medio año.

(2) Este análisis de las brechas o cuestiones que debían ser objeto de mejoras fueron la base para presentar su candidatura (registro pleno) a la certificación ISO 9001 (en la versión BSI británica).

(3) De esta forma, el banco se aseguró que todas las exigencias de las normas ISO eran identificadas en los primeros estadios del proceso.

La elección de pedir la acreditación ISO 9001 no se debió evidentemente al azar. En primer término, se trata de un conjunto de normas lo suficientemente amplias como para abarcar las actividades más importantes de un banco. La versión británica se define de la siguiente forma, según nuestra propia traducción:

"(...) Se trata de un conjunto de procedimientos consistentes y uniformes, elementos y requisitos dirigidos a la aplicación con carácter universal a cualquier sistema de gestión de la calidad (QMS).[8]*"*

ALGUNAS DE LAS VENTAJAS DE LA "ISO 9001"

Existe una ventaja esencial para cualquier negocio: se trata de conseguir una ventaja competitiva permanente. En términos más concretos, algunos de los resultados se manifiestan en los siguientes órdenes:

(a) Crear una decidida orientación hacia la calidad de todos los servicios. El cliente pasa a ser el centro de todas las actividades del banco.

(b) Los procesos se definen y gestionan de una manera coherente. Esto, a su vez, tiene importantes consecuencias para la estructura organizativa del banco, pues las actividades y procesos se organizan de una manera más eficiente y productiva.

(c) El sistema de gestión de la calidad del banco se organizó para una mejora continuada de los grupos de trabajo. Eso exige que se disponga de un sistema interno de auditoría que determine las brechas todavía existentes entre las metas que se han trazado y los resultados obtenidos en distintos momentos del tiempo y para distintas áreas del negocio.

A continuación pasamos a resumir, en sus grandes líneas, los sistema de calidad de un gran banco belga.

---

[8] Es decir, según el propio texto de la "British Standards BS EN ISO 9000 series definitions: "A uniformand consistent set of procedures, elements and requirements for quality assurance which can be applied universally to any quality management system (QMS)."

SISTEMA DE CALIDAD DE UN GRAN BANCO DE BÉLGICA

Se trata de un banco que extiende sus operaciones de banca al detalle y banca al por mayor en toda Europa. Tiene una plantilla de más de diez mil empleados.

El sistema de calidad total se puso en relación con el objetivo de conseguir clientes más fieles - menores tasas de deserción - y se estableció una relación causal muy productiva: cuanto mayor sea la calidad y mejores los productos y servicios que se presten, mayor será el número de clientes satisfechos que desearán seguir siendo clientes de la entidad. En último término y como consecuencia resultante, la rentabilidad del banco será con toda seguridad mayor.

Al fin y al cabo, se planteó el banco, es más caro conseguir clientes nuevos que mantener la cartera de los que están satisfechos con la calidad de los servicios que reciben.

PRINCIPIOS INSPIRADORES DEL SISTEMA DE CALIDAD TOTAL

En grandes líneas, éstos pueden resumirse en los siete puntos siguientes:

(1) Han de analizarse las causas de la insatisfacción de los clientes.

(2) Es preciso seguir, paso a paso, los procesos y procedimientos que han hecho posible que se degradaran las relaciones con los clientes.

(3) Es necesario no sólo tomar medidas de corrección - necesarias para corregir el curso de los acontecimientos - sino que es tanto o más importante diseñar un conjunto de acciones preventivas.

(4) Es absolutamente necesario integrar la política que persigue aumentar el grado de fidelización de los clientes actuales y los nuevos sistemas de calidad dentro de una estrategia global de todo el banco.

(5) Identificar cuáles son los segmentos de clientela que han sido más vulnerables ante los fallos de calidad percibidos y examinar el impacto sobre la rentabilidad de las distintas secciones y departamentos del banco.

(6) Establecer un conjunto de indicadores objetivos capaces de medir la calidad en distintos ámbitos del banco,

(a) Por segmentos de clientes.

(b) Respecto a las tasas de fidelización.

(c) Respecto a los costes de todo tipo para atraer nuevos clientes.

(7) Establecer un sistema general de comunicaciones internas y externas.

MEDIDAS DE AUTODIAGNÓSTICO

En general se adoptaron las que suelen ser generales en los bancos americanos y la mayoría de bancos europeos. Entre otras, se tuvieron en cuenta las siguientes acciones a desarrollar:

(1) - Llevar a cabo encuestas de satisfacción de los clientes.

(2) - Establecer el procedimiento de organizar los conocidos "Mystery-Shoppers" (o clientes virtuales entrenados por el propio banco).

(3) - Establecer un procedimiento sistemático para estudiar todas las reclamaciones.

(4) - Dirigir encuestas a los clientes que hayan desertado del banco. Indagar los motivos; no se trata de determinar la culpabilidad sino las posibles relaciones de causalidad.

(5) - Observar qué tipo de atención telefónica se da a los clientes que se comunican por teléfono con las distintas oficinas y departamentos del banco.

(6) - Análisis de todos los procedimientos internos y sus relaciones con todos los segmentos de clientes.

Como consecuencia de las encuestas realizadas en una primera fase, el banco pudo constatar que el 76% de los clientes se manifestaban satisfechos de las relaciones que hasta ahora habían mantenido con la entidad; un 2,5% de los clientes se sentían completamente insatisfechos y el 17,5% restantes se manifestaron de una manera displicente (podemos calificarlos de "clientes tibios"; algunos fallos más los harían engrosar el número de los que se muestran abiertamente insatisfechos y terminan por cambiarse de banco).

PRINCIPALES FUENTES DE LA INSATISFACCIÓN DE LOS CLIENTES ENCUESTADOS

1. - Los horarios de apertura de las agencias del banco.

2. - Las condiciones que aplica el banco (comisiones de apertura en los préstamos; condiciones de cancelación anticipada de los créditos, etc.).

3. - Tiempo que deben esperar en las colas que se forman en las ventanillas (a pesar de que perciben una mejora con la instalación de más cajeros automáticos).

DIAGNÓSTICO: ALGUNOS RESULTADOS

Resultados de las indagaciones de los "Mystery-Shoppers"

Evidentemente, este tipo de investigador selecciona una muestra de agencias (áreas urbanas y poblaciones de distinta composición). Los aspectos negativos más destacables fueron los siguientes:

- Los clientes perciben que no son importantes para los empleados de las agencias del banco que les atienden ante diversos tipos de solicitudes y/o operaciones.

- No existe un servicio de atención permanente. A menudo el cliente se ve relegado frente a las llamadas telefónicas de los clientes externos – o de los empleados de otras agencias o incluso de los servicios centrales del banco. Algunos clientes se sienten relegados a un segundo plano, como si fuera más importante el tiempo de quien se comunica por teléfono con el empleado que le atiende que su propio tiempo, a pesar de haber estado haciendo cola durante períodos demasiado prolongados.

Al fin y al cabo, quien se interfiere a través de una llamada telefónica –cortando el hilo argumental de la queja que un cliente insatisfecho estaba planteando a un empleado del banco - no es más que un intruso. Es necesario arbitrar medios para no multiplicar el grado de descontento. En situaciones similares - y según el carácter de los que estén implicados - las deserciones pueden aumentar de forma insospechada. En bastantes casos son muchos los que ignoran las causas que las provocaron.

ALGUNOS DE LOS RESULTADOS DE LAS ENCUESTAS

Las reclamaciones que se desprendieron de las encuestas demostraron lo siguiente:

(a) * El 28,4% de los clientes encuestados se habían quejado al menos una vez (aunque los motivos fueran de distinto orden y distinto grado de gravedad).

(b) * Dentro de ese grupo, más del 45% no estaban satisfechos del trato que habían recibido después de haberse quejado por haber recibido un mal servicio.

Evidentemente, el banco se dio cuenta de que donde existe una reclamación se encuentra una oportunidad de ganar la fidelidad de los que están descontentos y, posiblemente, también algunos de ellos pueden pasar a engrosar la lista de los que se convierten en desertores y encuentran un banco o una caja de ahorros con un servicio de calidad más evolucionado.

PRINCIPIOS QUE INSPIRARON EL PLAN ESTRATÉGICO DE IMPLANTACIÓN DE UN NUEVO SISTEMA DE CALIDAD TOTAL

Podrían resumirse, sintéticamente, en siete puntos esenciales:

(1) - El cliente ha de ser el centro de las preocupaciones del banco.

(2) - No se trata de buscar a los culpables, sino de buscar las mejores soluciones para que no se repitan los mismos fallos.

(3) - Todo el banco ha de trabajar con la meta de "cero fallos".

(4) - Cada palo debe aguantar su propia vela. Cada empleado ha de ser responsable de sus actitudes, hábitos y modo de comportarse con los clientes internos (otros empleados) y los clientes externos (los clientes de los que depende la cuenta de resultados y el futuro del banco).

(5) - Han de establecerse sistemas de medición. En el sentido de Lord Kelvin, "sólo se conoce lo que es susceptible de ser medido". Y podría añadirse: y sólo se puede mejorar lo que se conoce.

(6) - Un sistema de calidad total es una responsabilidad que corresponde a todos los empleados, cualquiera que sea su categoría, posición, tarea o departamento al que pertenezca.

El banco estableció - en distintas áreas geográficas - "agencias piloto" que serían auditadas periódicamente en materia de calidad del servicio prestado, horas de apertura, respuesta a las llamadas telefónicas, tiempos de espera de los clientes. También se evaluaría la forma de resolver las reclamaciones; tiempo en que se solucionan las quejas de los clientes y así sucesivamente.

¿CUÁLES FUERON LOS FACTORES DE INSATISFACCIÓN QUE SE IDENTIFICARON?

La lista de esos factores de insatisfacción es excesivamente larga. Posiblemente sería mejor calificar los de "las causas". Resumimos algunos de los que pueden tener relación con el sistema bancario español:

(1) -Se tendía a dar el mismo tratamiento a cada uno de los objetivos, procedimientos, métodos y mensajes.

(2) - Se habían establecido objetivos demasiado ambiciosos.

(3) - Los mensajes dirigidos a los clientes eran poco concretos (a menudo incluso ambiguos).

(4) - Los *eslóganes* que en la mayoría de los casos se transmitían a los clientes eran pueriles y tendían a minar la credibilidad de la propia entidad financiera antes que a reforzarla.

(5) - En buena parte de los casos se observó una ausencia de coherencia entre los mensajes que se intentaba transmitir a los clientes y las decisiones que el propio banco tomaba.

(6) - Los clientes percibían claras contradicciones (y, por supuesto, también los propios empleados del banco) entre lo que declaraban los responsables de la entidad y la forma como se comportaban.

(7) - Eran frecuentes los "cortocircuitos" que se producían en el seno del organigrama del banco. Los resultados se traducían en el deterioro de la imagen y la reducción de la calidad de los servicios que recibían los clientes.

(8) - Ese conjunto de causas del fracaso del sistema de calidad total condujeron a un cierto estado de culpabilidad interna. Las incoherencias se hicieron más palpables, pues los directivos tenían comportamientos que no se correspondían con lo que tenían que demostrar mediante hechos concretos.

(9) - Las acciones que se tomaban pecaban de un exceso de voluntarismo. En realidad eran más un conjunto de buenos deseos, basados en la buena voluntad que cada empleado estuviera dispuesto a poner en juego.

REORIENTACIÓN DEL BANCO: IDENTIFICACIÓN DE LAS CAUSAS QUE PODÍAN CONDUCIR AL ÉXITO DEL SISTEMA DE CONTROL DE CALIDAD DE LOS SERVICIOS

En primer término, era necesario que desde la dirección general y los distintos planos directivos se tomara la decisión de implicarse en el proceso y manifestarlo mediante hechos concretos. Las declaraciones de principio ya no bastaban.

En segundo término fue preciso separar los plazos en que debían alcanzarse las metas propuestas: las acciones a corto plazo frente a las de largo plazo.

Pero, por encima de la implicación de los directivos, de la visión de los plazos necesarios y las acciones sobre los factores internos y externos, el diagnóstico puso de manifiesto que eran necesarias grandes dotes de paciencia, de optimismo y de entrega perseverante. La calidad es el resultado de un proceso, no de una acción aislada. Es cosa de todos y no simplemente la buena voluntad de un empleado que atiende las reclamaciones en un oficina de la periferia del banco.

4.7 LA CALIDAD COMO UN MEDIO DE AUMENTAR EL GRADO DE FIDELIDAD DE LOS CLIENTES

4.7.1 Tres concepciones erróneas

Éstas son, en grandes líneas:

(a) Concepción orientada hacia la "producción"
- Se supone que el cliente elige entre los productos y servicios de que dispone el banco. Se pone por consiguiente el acento, (1) en la cartera propia de productos y (2) en la distribución de éstos a través de los distintos canales (redes de oficinas; redes paralelas).

(b) Concepción orientada hacia el "producto"
- Se supone que el comprador o usuario elige el banco que le ofrece los productos mejores y los servicios más adecuados. Eso crea un estilo de dirección en el que se favorece la inversión en el diseño de productos y una oferta basada en la calidad, pero a menudo no se corresponde con la veracidad de los mensajes (éstos pierden credibilidad porque vulneran principios y creencias compartidos por la sociedad). Al fin y al cabo, los clientes podrán tener creencias o ideologías de distinto signo, pero ninguno deja de tener un cierto sentido natural de lo que es justo y adecuado; de lo que le merece credibilidad frente a lo que no merece confianza. En márketing tiene poco valor lo que pensamos de nuestros productos: sólo importa cómo somos percibidos por los clientes.

(c) Concepción orientada hacia la "venta"
- La fuerza directriz de la empresa se polariza en este caso en un solo sentido. Lo único que importa es atraer la atención del mercado hacia los productos del banco o la caja de ahorros. Es preciso vender a toda costa. Ya sea captar nuevos depósitos, nuevas libretas o colocar los planes de pensiones, hipotecas o préstamos dirigidos a familias o clientes individuales.

La concepción moderna del Márketing

Las tres concepciones que acabamos de reseñar se hallan todavía presentes en algunos sectores. Y no es infrecuente que den lugar a comportamientos empresariales en los que "se oferta lo que el mercado no necesita, pero no se ofrece a los posibles clientes lo que éstos podrían necesitar". Existe una alternativa[9]:

---

[9] Véase en este sentido, Philip Kotler, *Marketing Management*. En cuanto al marketing bancario, véase: M. Badoc, *Marketing management pour la banque et l'assurance européenne*, 1986, p.58; ROGER CUIGNET, "Segmentation de clientèle et stratégie: la mutation du marketing bancaire en Belgique", en *Banque*, p. 325.

La empresa como un ente que identifica y satisface las necesidades de los clientes
- Bajo esa concepción, el banco (1) identifica las necesidades reales de los clientes, (2) organiza los recursos humanos y materiales para satisfacerlas y (3) ofrece los productos y servicios (los "satisfactors") que han de cubrir esas necesidades, haciéndolo de una manera rentable y sin poner en peligro su solvencia a corto y largo plazo, gracias a ser más eficaz que la competencia.

Esa concepción moderna del márketing bancario se inspira en unos principios que se desdoblan en una triple vertiente:

(1) Con relación a la oferta del banco

- Los productos y servicios que se ofrecen han de ser consistentes con una concepción que tiene que ver, a) con la calidad objetiva y b) con la veracidad del mensaje que se transmite a los clientes.

- La calidad, en materia de productos y servicios bancarios, se extiende desde la atención personal que se brinda a los clientes que acuden a las agencias bancarias hasta la aplicación correcta de los días valor de las imposiciones. Abarca desde la oportunidad de la información que se brinde a los depositantes, sobre los productos más adecuados a sus necesidades, hasta la oferta de una póliza de crédito en sustitución de una línea de descuento bancario, si la primera ha de ofrecerle menores costes y mayor flexibilidad[10].

- En cuanto a la veracidad del mensaje, lo ético se confunde en este caso con la calidad. Porque una entidad que pretenda mejorar la comunicación con su clientela - la real y la potencial - no podrá transmitir por mucho tiempo mensajes que bordeen el agudo filo de la credibilidad. La normativa bancaria ha introducido en España la deseada claridad frente a los mensajes bancarios que ofrecían remuneraciones dudosas, obligándolas a publicar las correspondientes tasas anuales equivalentes. Existen otras vías de sembrar la confusión (y posiblemente siempre las habrá, aunque bajo distintos ropajes), pero a la corta o a la larga la entidad que las promueve paga con la pérdida de credibilidad lo que aparentemente gana, cuando se deja cegar por el resplandor de las luces del corto plazo, manipulando márgenes y comisiones.

(2) Con relación al grado de fidelidad de los clientes

Investigaciones de la Asociación Americana de Banca ponen de manifiesto que el deterioro de la calidad en la prestaciones de los servicios bancarios se traduce en fuertes pérdidas de cuentas, mientras que las recupera-

[10] El concepto de calidad en materia de servicios bancarios es relativamente reciente y se introduce con cierta parsimonia. En Francia, "AFEC" (Association Française des établissements de crédit) publicó en el año 1988 los resultados de una encuesta dirigida a la práctica totalidad de bancos y cajas de ahorros del país vecino. Solamente el 25% de las entidades encuestadas tenían planes para mejorar la calidad. Véase, en este sentido, Daniel Ollivier, "La qualité totale dans le secteur bancaire", *La revue banque*, febrero de 1991, p.190. Véase también, entre otros, "La Qualité mesurée", de Henri-Paul Missioux, *Banque*, número 575, pp. 52 y 53, noviembre de 1996.

ciones se consiguen con indudables dificultades. En el gráfico 4.1 se resumen nuestras constataciones[11]

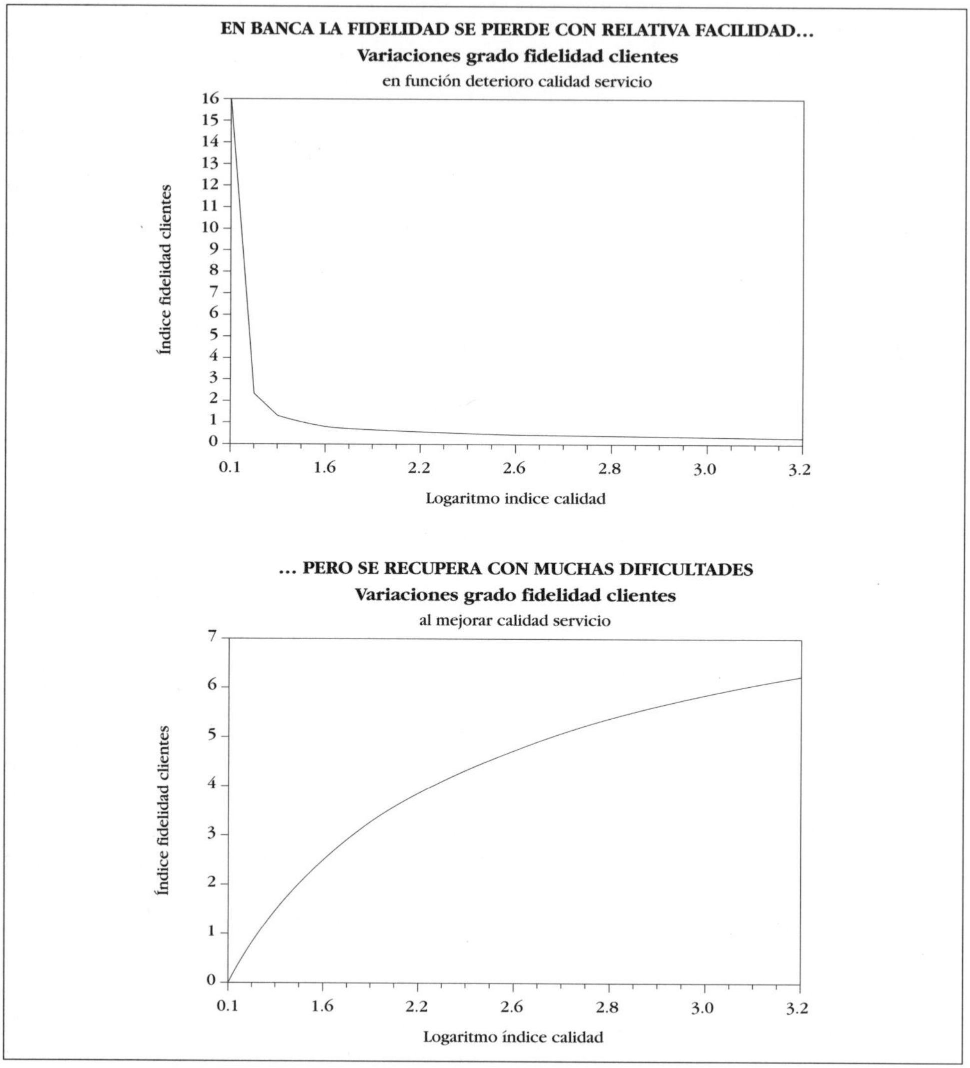

GRÁFICO 4.1

[11] La función que expresa las relaciones entre el deterioro de la calidad de los servicios bancarios y la respuesta de los clientes (pérdida de "fidelidad") es del tipo siguiente:

$y = \alpha \cdot \log X^{\beta}$, donde "X" es el índice de calidad, mientras que β toma valores negativos.

4.7.2 Un factor clave en la banca moderna: "el factor de retención"

Ningún banco tiene dudas sobre la respuesta más adecuada a la siguiente pregunta:

¿ Retener los clientes de que dispone una entidad bancaria o buscar a toda costa clientes nuevos? Evidentemente, las dos cosas a la vez.

En la industria, los japoneses se trazaron dos objetivos (y desde luego los han alcanzado plenamente):

- En los productos, CERO DEFECTOS.
- En el servicio a los clientes, PLENA SATISFACCIÓN.

En la banca hay que ser más exigentes, hasta alcanzar la excelencia:

- En los productos, CERO DEFECTOS
- En el servicio a los clientes, PLENA SATISFACCIÓN,
- En la cartera de clientes, CERO DESERCIONES (es decir, hacer máxima la "retención" de la base de clientes propios y evitar a toda costa la pérdida de clientes). Y, por supuesto, captar a los nuevos clientes que acuden por primera vez al mercado y atraer a los de otras entidades que estén insatisfechos por la calidad de los servicios que reciben. Como se señalaba en apartados anteriores un banco, "(...) cuanto mayor es la satisfacción de nuestros clientes, gracias a la calidad, menores serán las tasas de deserción y más elevada será nuestra rentabilidad...".

En banca, "cero deserciones" es el resultado de la búsqueda sistemática de hacer máximo un factor clave: la tasa de retención. Ésta es simplemente la relación que existe entre la cartera de clientes de hoy respecto de la de hace seis meses, un año y así sucesivamente.

- Para una muestra de un conjunto de bancos regionales americanos, un estudio estadístico reveló los siguientes indicadores[12]:
- El banco que consigue aumentar el coeficiente de "retención" en un 2% consigue el mismo efecto sobre su cuenta de resultados que le produciría la reducción de sus gastos generales en un 10%.
- Los clientes que se mantienen fieles a una entidad gastan más, atraen a su vez a nuevos clientes y hacer negocio con ellos es menos costoso.
- El cliente que tiene una antigüedad de 20 años contribuye con un 85% más a la cuenta de resultados del banco de lo que lo hace uno con una antigüedad de 10 años.[13]

4.7.3 Calidad, tasa de "retención" y aumento de los beneficios

¿Cómo diferenciar la oferta de un banco o de una caja de ahorro respecto de la de otros? Los préstamos hipotecarios pueden ofrecerse con plazos de amortización más largos; las cláusulas de penalización por cancelación anticipada pueden ser menores y la revisión de los tipos de interés más favorables que la de otras entidades. Pero, en último término, un préstamo hipotecario seguirá siendo eso, un préstamo en el que la diferenciación puede no obstante producirse, como lo están haciendo algunas entidades financieras: se trata de ofrecer al cliente un conjunto de servicios complementarios y personalizados, de manera que lo que empieza siendo un préstamo hipotecario se convierta en una línea de crédito personal para el futuro. Pero en muchos casos se traducirá en un precio. Solamente la calidad del servicio puede diferenciar un producto de otro (la agilización de los trámites para la concesión; el trato personal; la credibilidad de la imagen que se pretende transmitir, etc.). Pero algunos bancos han pretendido copiar, sin incorporar demasiadas modificaciones, el control de calidad que ha desarrollado la industria manufacturera: ¿resultado? Fracaso. Veamos algunos de los factores que han producido el fracaso de las estrategias que pretendían afianzar la calidad de los servicios bancarios.

En la industria manufacturera la calidad puede medirse. Las piezas o los productos pueden inspeccionarse antes de que se expidan a los clientes. En banca no: los empleados "crean" el producto o "prestan" el servicio; y luego éste desaparece ante la vista de los directivos del banco o de la caja de ahorro.

[12] *Business Week*, "Services Strategies: Beyond 'May I help You'?", 2 de diciembre de 1991, página 58. Para un análisis más amplio, véase, *Una nueva forma de hacer banca*, Fainé Casas, Isidro y Tornabell Carrió, Robert, Editorial Ariel, Barcelona, 1992.

[13] Existen otros criterios que han de ser tenidos en cuenta: en virtud del ciclo de ahorro y gasto de los clientes, no es lo mismo tener agencias bancarias en zonas de parejas jóvenes que otras donde se produzca un aumento sostenido de la proporción de jubilados.

El directivo de un banco americano lo expresó gráficamente:

> Lo que los directivos de los bancos han de entender es que la satisfacción de los clientes no está a su alcance; no pueden inspeccionarla *a priori*; al fin y al cabo, son los empleados los que tratan con la clientela.

Esas características de la calidad en banca tienen dos implicaciones de gran alcance:

> (1) Satisfacción en el puesto de trabajo
> - Si la calidad de la prestación de los servicios bancarios no está en las manos de los directivos, será preciso que los empleados se sientan satisfechos con el trabajo que hacen.
> - Porque la imagen de la entidad depende solamente de ellos. Podrán pagarse costosas campañas por televisión, pero en último término todo está en las manos de los empleados que atienden a los clientes.
> - De nuevo, las cuestiones de tipo humano condicionan el desempeño de las actividades bancarias; lo decisivo es el sentido con el que se contempla el trabajo personal; la dedicación al puesto y a las tareas. Pero no basta con la "clientela externa"; existen también "clientes internos" (otras dependencias de la entidad; los servicios centrales). Es más, en la banca moderna cada empleado es a la vez "cliente" y "proveedor" de otros empleados de la misma entidad.
>
> (2) Delegación y autoridad
> - La prestación de servicios con una carácter más personalizado lleva consigo una gestión en la que se tienda a la delegación de funciones y a conferir una mayor autoridad a los empleados, con objeto de que éstos puedan estar en condiciones de dar respuestas más flexibles y con mayor agilidad y diligencia a los clientes.

Si en la banca, a diferencia de la industria, la calidad no puede en muchos casos inspeccionarse y medirse antes de que se preste el servicio o se expida el producto, ¿cuál debe ser el patrón de medida?

> En banca la calidad ha de medirse por la satisfacción de los clientes. Existen indicadores estadísticos que hemos venido presentando (número de reclamaciones por cada tipo de operación, etc), pero en último término lo que importa es la siguiente relación de causalidad:
> (1) a mayor calidad, (2) menores deserciones (es decir, mayores tasas de "retención") y en consecuencia, (3) mayor rentabilidad del conjunto de la operaciones.

En los Estados Unidos, MBNA America Inc. está situada entre las cuatro primeras entidades emisoras de tarjetas de crédito. Un departamento especial tiene a su cuidado la tarea de ponerse en contacto con cada cliente que manifiesta su deseo de cancelar una tarjeta de crédito. Hasta una fecha relativamente reciente ha conseguido disuadir a más del 66% de los que pretendían hacerlo. Gracias a eso,

(a) la entidad tiene una tasa de retención doble que la de sus competidores,

(b) sus clientes hacen uso de las tarjetas de crédito más a menudo y mantienen saldos más elevados que la media del mercado y,

(c) sus pérdidas por créditos fallidos son entre un tercio y la mitad de las que sufren sus competidores.

Su presidente señalaba a este respecto:

"Nosotros no podemos prestar atención a todo lo que hacemos..., pero todos los pequeños detalles contribuyen a la creación de una clientela más adicta y rentable". De hecho, cada día se miden 70 de esos pequeños detalles; los 14 más importantes se destacan en todas partes. Entre otros, se incluyen los siguientes:

(1) llamadas telefónicas
- responder en el espacio de dos señales del tono,

(2) sistema informático
- mantener en servicio el ordenador todo el día (100% del tiempo),

(3) solicitudes de aumentar las líneas de crédito
- procesarlas en el plazo de una hora.

Dentro de los bienes de consumo duradero, ¿existe alguno de tecnología más antigua que el automóvil? Posiblemente no. ¿Existe algún producto bancario más antiguo que la captación de depósitos y los préstamos? Ciertamente no. Pues bien, a los fabricantes de coches, cuando no pueden atraer a la clientela con nuevos sistemas, sólo les queda diferenciarse por la calidad

- concediendo garantías de hasta 3 o 5 años (y un determinado número de kilómetros recorridos), por las condiciones de la pintura y la mecánica, etc.,

- ofreciendo vehículos cada vez más seguros: cuatro airbags (dos frontales y dos laterales; e incluso, en los coches de gama alta, dos que protejan a los ocupantes en caso de vuelco),

- la seguridad se ofrece tanto en términos de "seguridad pasiva", ante una colisión eventual, como en términos dinámicos (tracción 4x4; sistemas ABS y EDS; barras traseras de torsión, etc.),

- las marcas intentan distinguirse por la calidad del servicio personalizado de los vendedores y, de una manera especial, por la asistencia técnica (posventa).

¿Por qué no hacerlo en la concesión de préstamos?

En los Estados Unidos, una investigación ha determinado el grado de fidelidad de los clientes de una serie de sectores (es decir, se han calculado las que venimos denominando "tasas de retención"). Se observa en general que, prácticamente en todas las actividades, el hecho de disponer de una base de clientes leal permite aumentar la cifra de negocios, a la vez que se genera un efecto inducido: son los propios clientes los que transmiten el mensaje a otros clientes potenciales (hasta el momento con cuentas en otros bancos) y contribuyen a aumentar la base propia. Por último, hacer negocio con ellos es más fácil (porque se conocen sus gustos y ellos están al corriente de las prácticas del banco) y es menos costoso establecer nuevos contratos. En el siguiente gráfico, número 4.2, se representan en el eje horizontal ocho sectores, indicándose las tasas medias de retención. Es de destacar que en los Estados Unidos la banca al detalle tenía una tasa del 85%. En el eje vertical se representan los efectos que producen las tasas de retención en cada uno de esos sectores.

¿En qué medida aumentan los beneficios al hacerlo la tasa de retención de los clientes?

- Los clientes fieles a una entidad bancaria (a) gastan más, (b) proporcionan nuevos clientes, y (c) es menos costoso hacer negocio con ellos.

Comparaciones:

- Eje vertical: Aumento de los beneficios cuando la tasa de retención aumenta un 5%.
- Eje horizontal: para cada sector se indica la tasa media de retención
  * en la banca al detalle, por ejemplo, la tasa de retención es del 85%.

% AUMENTO BENEFICIOS SI LA TASA DE RETENCIÓN CLIENTES AUMENTA 5%

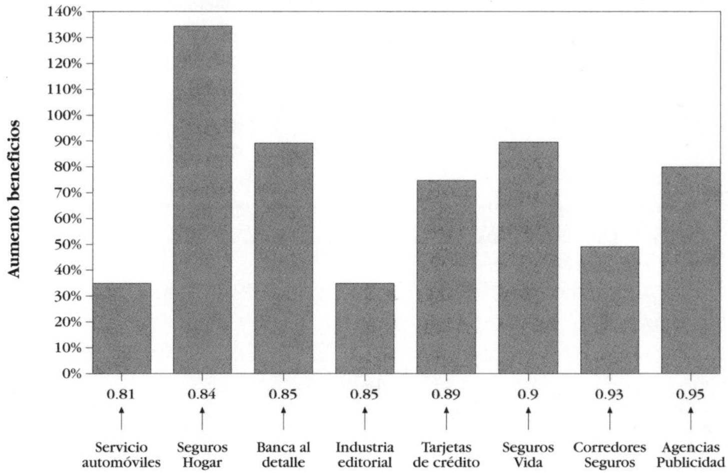

Insistamos en el hecho de que en banca la calidad no siempre puede "inspeccionarse *a priori*", como ocurre en la industria. Y debe medirse a través de un conjunto de indicadores estadísticos. Ahora bien, en último término la bondad de un sistema de calidad total se revela a través de las variaciones del mejor indicador: la satisfacción de los clientes, expresada ésta, en buena medida, por la tasa de retención.

Para concluir, destaquemos algunos de los principales puntos tratados en este capítulo:

(1) En la banca moderna, los productos y servicios que se ofrezcan han de ser consistentes con unos principios que tiene que ver, a) con la calidad objetiva y b) con la veracidad del mensaje que se transmite a los clientes.

(2) En cuanto a la veracidad del mensaje, lo ético se confunde en este caso con la calidad. Porque una entidad que pretenda mejorar la comunicación con su clientela - la real y la potencial - no podrá transmitir por mucho tiempo mensajes que bordeen el agudo filo de la credibilidad. Las constataciones empíricas revelan que el grado de fidelidad de la clientela de una entidad bancaria está en estrecha relación con la credibilidad con que sea percibida en su entorno.

(3) En la banca moderna no sólo se venden productos o prestan servicios: se brinda también a los clientes lo más difícil de vender: la credibilidad. Y ésta depende de la solvencia de la entidad, de la veracidad de sus mensajes y de la forma como es percibida su búsqueda de la excelencia.

(4) Los métodos clásicos de gestión ponían el acento en la consecución de toda una serie de objetivos, todos ellos fácilmente cuantificables: el volumen de pasivo; los resultados; el respeto a las normas; el tiempo medio en el que se realiza una determinada operación bancaria y así sucesivamente. Pero resulta curioso comprobar el hecho de que, si bien abundan las medidas que tienen que ver con la productividad y la seguridad, no sucede lo mismo con la calidad total, entendida ésta en cuanto al servicio a los clientes externos y a los clientes internos de un banco o una caja de ahorro.

(5) ¿Cuáles son las fuerzas motrices de una institución bancaria? Sin duda la existencia de un departamento de márketing potente y dotado de personal creativo; también lo son la búsqueda de la rentabilidad de los recursos y la mejora de la productividad. Pero no tiene menor alcance el propósito de alcanzar la calidad (la búsqueda de la excelencia) respecto de los productos y servicios que se prestan a los clientes externos y los propios clientes internos de la institución (otros departamentos, otras actividades de los servicios centrales de la entidad). Porque entonces ya no se medirán simplemente cosas: ya no se tratará solamente del qué o el cómo, sino del quién y para quién.

4.8 RESUMEN

En este capítulo hemos dado un paso más en la propuesta de abandonar la dirección por objetivos y, siguiendo a Deming, el pionero de los modelos de calidad, proponer de nuevo las gestión por "valores". Los catorce puntos de Deming son una buena guía para los que se proponen gestionar bancos y cajas con una orientación nueva: la calidad ha de concebirse desde el principio y no al final de los procesos; la calidad constituye un propósito de mejora y es algo más que un conjunto de reglas y manuales. Es la esencia misma de los servicios que pretende prestar la banca moderna.

En cierto modo, en banca podríamos hacer uso de la imagen que nos transmite una orquesta: existe una partitura (que define el papel de cada uno, de los virtuosos de cada instrumento, de los primeros violines, pero también de los que tienen a su cargo los instrumentos de percusión). La partitura tiene unos tiempos y persigue alcanzar un resultado final, para satisfacer al público y ser fieles al espíritu del autor. El director da entrada a cada instrumentista, pero tiene la visión de conjunto; de él depende la armonía y la concordancia. Es un magnífico trabajo en equipo, donde todo ha quedado definido, si bien siempre cabe la inspiración del director, pues el *Requiem* de Mozart puede tener distintas versiones, según se trate de una versión antigua de Herbert von Karajan o de las últimas grabaciones de Zubin Mehta.

¿Cómo conseguir en banca un grado similar de coordinación y de fuerzas directrices que conduzcan a resultados que parezcan la obra de todos, como sucede en una buena orquesta que interpreta el Himno de Europa (la *Oda a la alegría* de Schiller), en la Novena Sinfonía de Beethoven? Esperamos que la respuesta a estas cuestiones pueda encontrarla el lector en los próximos capítulos.

Capítulo 5

Orientación a los clientes

5.1 INTRODUCCIÓN

El márketing relacional se ha puesto de moda. También recibe la denominación de "gestión de las relaciones con los clientes", pero parece más apropiado recurrir a lo que realmente significa: establecer relaciones "uno a uno". Es decir, el banco o la caja de ahorro intenta entablar una relación estable con cada uno de sus clientes. ¿Es eso posible? En general, no siempre es posible hacerlo en la banca, excepto para grupos de clientes muy valiosos para la entidad, pero sí lo es en muchos negocios en los que se conoce al cliente final y las carteras de clientes no son tan extensas. Y lo es también en las pequeñas oficinas de bancos y cajas de ahorros donde se conoce por su nombre y apellido a muchos de los clientes.

A título ilustrativo, una empresa industrial puede tener en España una relación "uno a uno" con la mayor parte de las ferreterías censadas (en torno a diez mil activas) si ha llegado a una clasificación previa y las ha segmentada de una manera apropiada, pero un banco puede tener cinco o seis millones de clientes y por muy extensa que sea su red - y la densidad que consiga alcanzar en algunas zonas - nadie pretendería relaciones de este tipo.

Pero, de hecho, cuando el concepto nació en los Estados Unidos de lo que se trataba era de establecer relaciones "uno a uno"; establecer contactos que se mantuvieran a largo plazo con los clientes actuales y preguntar a los que se habían perdido el año pasado o hace dos años cuáles eran sus motivos de insatisfacción con nuestra empresa.

Sea cual sea la definición, lo cierto es que existen trabajos de campo (véase el siguiente cuadro) que demuestran que la banca puede crear valor y ganar a la competencia si tiene un buen plan de márketing relacional.

En principio, quienes primero aplicaron esas técnicas supusieron que era posible establecer una relación de aprendizaje con cada cliente, empezando por los que fueran más valiosos para la empresa o la entidad financiera. Es evidente que los competidores intentarán hacer lo mismo, pero los bancos que se anticipen a los demás habrán ganado una ventaja notable. Don Peppers y colaboradores señalan, en un artículo reciente de Harvard Business Review[1], los cuatro pasos que es aconsejable seguir para establecer un plan de este tipo:

(1) Identificar los clientes

- En el caso de un banco o una caja de ahorros, se trata de determinar los segmentos a los que conviene dedicar una atención especial. Conviene insistir en el hecho de que se trata de tener el perfil completo, con todas sus relaciones con la entidad, no importa los departamentos, oficinas o dependencias en los que se hayan producido contactos, operaciones o incidencias. En este punto sería obvio indicar que la normativa española que protege la intimidad de las personas ha de ser respetada en cada caso.

(2) Alcanzar una interacción más eficaz con los clientes escogidos

- Éste ha sido uno de los principios del márketing relacional. Se trata de conseguir los mejores ratios de costes sobre beneficios en todas las operaciones que puedan realizarse.

(3) Adaptar la oferta a las necesidades reales de los clientes mediante la creación de servicios útiles, y

(4) Empezar con precaución, paso a paso

Los autores someten a las empresas que deseen entrar en las técnicas del márketing relacional algunos cuestionarios altamente recomendables. A título ilustrativo, convendría que se plantearan primero los aspectos más generales, según el detalle que se recoge en el cuadro 5.1.

---

[1] Peppers, Don; Rogers, Martha; Dorf, Bob, en "Is Your company ready for one-to-one Marketing?", *Harvard Business Review*, enero-febrero de 1999, pp. 151 a 160.

¿HASTA QUÉ PUNTO ES CAPAZ SU ENTIDAD DE IDENTIFICAR LOS USUARIOS FINALES DE SUS PRODUCTOS Y SERVICIOS?
1. Tenemos alguna información de nuestros clientes, pero está dispersa en distintas bases de datos en la sede central del banco y la red de oficinas. Ahora bien, no sabemos a ciencia cierta qué proporción de nuestros clientes usuales se encuentran en esta situación.
2. Algunas de nuestras dependencias y oficinas conocen bastante bien a sus clientes, pero otras no. De hecho no se comparten ni cruzan las informaciones.
3. Conocemos a bastantes de nuestros clientes, pero no las relaciones que existen entre ellos. Si alguna vez llegan a nuestro conocimiento por el simple hecho de que uno de ellos lo comente en una de nuestras agencias no nos queda constancia en nuestra base de datos de este conocimiento fortuito (o en ocasiones sistemático).
- Si un cliente se desplaza de un lugar a otro (por ejemplo, de Barcelona capital a la población de Hospitalet), nuestra base de datos puede registrar este tipo de cambios como la pérdida de un cliente seguida de la captación de un cliente nuevo.
- Tenemos un buen conocimiento de todos nuestros clientes. Si cambian de domicilio tenemos medios para registrar los movimientos y no duplicar las tasas de "deserción" ni las de "captación".
FUENTE: Adaptado a partir del artículo de Don Peppers, Martha Rogers y Bob Dorf, "Is Your company ready for one-to-one Marketing", publicado en *Harvard Business Review*, enero-febrero de 1999, p. 154.

CUADRO 5.1

Una visión de conjunto

5.2 LAS DISTRIBUCIONES ESTADÍSTICAS DE CLIENTES CON CURVAS SESGADAS TIENEN VENTAJAS POTENCIALES PARA BANCOS Y CAJAS DE AHORROS

Existen entidades financieras que tienen distribuciones de clientes sesgadas (es decir, orientadas en un sentido determinado); cuanto más pronunciado sea el sesgo de la curva más fácil será mantener relaciones provechosas con los clientes que más interesan a la entidad financiera. Como señalan Peppers y colaboradores:

"(...) Si el dos por ciento de los principales clientes generan más del 50% de sus beneficios usted estará en condiciones de defender al 50% de la base de su clientela estimulando la creación de relaciones de aprendizaje y mejor conocimiento con unos cuan-

tos clientes. Ahora bien, si el 20% de sus clientes contribuyen con el 50% de sus beneficios, entonces, bajo esas condiciones, para alcanzar el mismo beneficio en la base le resultará diez veces más costoso (...)".

A continuación revisamos algunas de las luces y sombras del márketing relacional y, de manera especial, la forma como se ha venido aplicando en España.

5.3 LUCES Y SOMBRAS DEL MÁRKETING RELACIONAL

5.3.1 Introducción

Aplicar el "márketing relacional" cuando no existe una dirección por valores en la entidad financiera que desarrolla las técnicas de retención de los clientes a menudo conduce a resultados inesperados. De nuevo resurge el concepto en torno al que hemos venido centrando los distintos capítulos de este libro: los "retos personales". Se han registrado casos en los que las defecciones o deserciones han aumentado por encima de lo previsto, mientras que no se han conseguido cuentas nuevas o no se han recuperado los clientes que habían desertado por causas justificadas. A continuación examinamos algunos de los resultados obtenidos en este campo.

5.3.2 Resultados de algunas encuestas

Las investigaciones de Mercer Management en Estados Unidos, y su comparación con los resultados obtenidos en Inglaterra, ponen de relieve algunas características de los programas que se han puesto en práctica en diversos bancos al detalle de cada país.

Los programas estándar de márketing relacional, según Lafferty, cubren todas o algunas de las cuatro actividades siguientes:

(a) Conseguir nuevos clientes más rentables de una manera notablemente más efectiva.

(b) Aumentar las tasas de retención de los clientes rentables que la entidad tiene actualmente en cartera.

(c) Conseguir hacer rentables las actividades de ventas cruzadas realizadas con los clientes actuales del banco.

(d) Desarrollar programas de mejora de rentabilidad de la cartera de clientes actuales: aumentar el uso de las cuentas; conseguir mayores saldos medios; aumentar el número de ventas que se repiten, etc.

Entre los fallos o los procedimientos inadecuados para conseguir el aumento de valor del márketing relacional, Lafferty (citando el estudio de Mercer Management) destaca:

(1) Inicialmente, la entidad se planteó objetivos demasiado amplios, difícilmente alcanzables, en vez de concentrar sus actividades y actuar paso a paso, a medida que mejoraran los resultados.

(2) Algunas entidades se plantean objetivos que o son poco claros o guardan escasa relación con las decisiones que ha de tomar la entidad financiera.

(3) Se recogieron demasiados datos y, por el contrario, se marcaron pocas hipótesis acerca de qué podía esperarse del programa de márketing relacional.

(4) En muchos casos se observó una dependencia excesiva respecto de la tecnología (dentro de los sistemas de información, pero especialmente en la parte del "hardware").

(5) Se partió de una organización poco apropiada.

Entre las conclusiones finales se destaca el hecho de que iniciar un programa de márketing relacional partiendo de otro tan complejo como es el de ventas cruzadas ha sido una de las causas del fallo de muchos de los intentos de crear valor mediante las técnicas de márketing relacional.

Conceptos	Creación de valor (1991-96)	Crecimiento sostenido (1991-95)	Margen neto (1991-95)	ROE (Rentabilidad sobre capital propio) 1991-95
Márketing relacional (1)	214%	12,7%	12%	15%
Media del sector (2)	144%	9,4%	10%	12%
Diferencia: (1) - (2) =	70,0%	3,3%	2%	3%
FUENTES: Bank Marketing International, Lafferty Publications, agosto de 1997, y Mercer Management Co.				

CUADRO 5.2

Banca al detalle

5.3.3 ¿Pasará a mejor vida el "márketing relacional" cuando se encuentra en plena juventud?

El márketing relacional - el conjunto de técnicas que parecía prometernos conseguir clientes fieles y cuentas rentables - era como la piedra filosofal de la disciplina que se ocupa de aumentar la retención de los clientes y de conseguir nuevas operaciones gracias a las relaciones de confianza que podían establecerse entre un banco y sus clientes: los de hoy y los de mañana.

Se trataba de estar orientados hacia el servicio y la satisfacción de las necesidades de los clientes. Se perseguía prestar los mejores servicios, con las comisiones justas y la mejor calidad en todo el proceso de captación de ahorros, colocación de productos o cualquier servicio bancario que los clientes - los actuales o los del futuro - pudieran necesitar.

Pero algo ha fallado. Ha empezado a notarse primero en los Estados Unidos - donde nació como disciplina independiente y se extendió la aplicación del concepto a los medios bancarios - y podríamos asistir ahora a su muerte, en plena juventud, cuando todavía podíamos esperar mucho del nuevo concepto. ¿Qué nos ha ocurrido? Sólo las encuestas, los estudios de opinión y una reflexión sincera pueden llevarnos a la verdad de la cuestión.

Había llegado un momento - especialmente en los Estados Unidos - en el que los clientes se referían a sus proveedores y a sus bancos como si fueran sus socios ("partners"). Algo ha cambiado, porque ahora los clientes, según lo que revelan las encuestas americanas, tienen opiniones muy distintas de las que manifestaban cuando el márketing relacional se extendió en Estados Unidos y luego lo hizo en Europa:

Los autores a los que nos referimos señalan:

> *"(...) Cuando hablamos con la gente en su condición de consumidores ya no alaban a los que denominaban sus casi socios (los bancos). Antes al contrario, lo que dicen es que se sienten atrapados y perciben que son las víctimas de un mercado que los manipula. El mercado es percibido como algo hiriente, insensible y, en cualquier caso, parece dado a manipular a la gente. Los consumidores están cansados de recibir cupones, regalos y ofertas especiales. Toleran con desgana a los empleados de los departamentos comerciales de las empresas cuando éstos les plantean cuestiones interminables por el hecho trivial de comprar una simple batería de cocina...".*

Desde luego, esas críticas son las que recoge *Harvard Business Review* en relación al mercado americano y se basan en una serie de trabajos de campo y encuestas recientes. Las opiniones de los expertos no terminan aquí. En su crítica de las actitudes que se han desarrollado a partir del márketing relacional, señalan,

> *"(...) Las tasas de satisfacción de los consumidores en los Estados Unidos nunca habían sido tan bajas (año 1998), al mismo tiempo que aumentan las quejas, los boicots a los proveedores y otras maneras de manifestar el descontento creciente de los consumidores".*

En torno a esas cuestiones está presente una preocupación. ¿Cómo puede recuperarse la confianza de los clientes descontentos? Los autores recurren a la definición de amistad que plantearon dos psicólogos de la Universidad de Oxford[2]. Entre otras recomendaciones de carácter general para no perder las relaciones de amistad éstos recomiendan:

> *"(...) Brindar apoyo emocional; respetar la vida privada y ser tolerantes con las otras relaciones de amistad que puedan existir".*

En definitiva, se trataría de demostrar a los clientes que pueden ser nuestros socios o partícipes. Es necesario que les demostremos, con nuestras propias acciones y nuestro comportamiento, que el márketing relacional no necesariamente tiene que ser algo vacío de contenido, un conjunto de técnicas sin sentido o, en el mejor de los casos, un conjunto de relaciones que provocan "estrés"o sentimientos de aversión. A pesar de eso, en el artículo de *Harvard Business Review* al que hacemos referencia, los autores reconocen que buena parte de los bancos americanos han violado cada una de las reglas que definen las relaciones propias de una amistad duradera. Concretamente, señalan:

> *"(...) Al violar esas reglas que definen una relación basada en la amistad hemos perjudicado la confianza de nuestros clientes hacia las instituciones financieras, y con ello hemos perdido la oportunidad de tejer las relaciones de intimidad que son la base de una verdadera relación enriquecedora, fundamentada en la credibilidad"*[3].

Desde luego, en el caso del sistema bancario español es necesario anticipar algunos hechos: el grado de satisfacción de los clientes - aunque es mejorable - no ha llegado a los límites de deterioro que se manifiestan de una manera tan categórica en los Estados Unidos. En primer término, porque los bancos americanos empezaron mucho antes a ejercer acciones que iban dirigidas - en algunos casos de una forma poco sutil - a conseguir a toda costa nuevos clientes y a retener la cartera de los existentes. Pero es una cuestión sobre la que es preciso volver con mayor detenimiento más adelante.

A título ilustrativo y para el caso de algunas cajas de ahorros, en los años 1997 y 1998 Caja Madrid presentaba los siguientes índices de satisfacción, muy alejados de los índices medios de la banca estadounidense.

---

[2] Se trata de los trabajos de los profesores de la Universidad de Oxford Michael Argyle y Monica Henderson, expertos en psicología.

[3] Ibíd., p. 48.

Años	Particulares	Comercios	Medios de pago
1997	81,3%	76,3%	88,7%
1998	81,8%	83,2%	97,7%
FUENTE: Cajamadrid, Informe Anual 1998, p. 13.			

CUADRO 5.3

Cajamadrid: grado de satisfacción de los clientes

5.4 ¿ POR QUÉ NO NOS ACOSTUMBRAMOS A VER LA REALIDAD COMO LA VEN NUESTROS CLIENTES?

Puede resultar irónico, pero lo cierto es que en los Estados Unidos se ha llegado al extremo de que quienes se dedican a propiciar el márketing relacional - tratando de abrir un nuevo tipo de relaciones con sus clientes - llegan a comportarse de una forma que más bien tiende a destruir las relaciones que pretenden construir[4].

Es posible que no sepan - y lo mismo puede ocurrir en algunos de los medios bancarios españoles - lo que realmente significa crear un nuevo tipo de relaciones. Es decir, hasta qué punto el cliente confía en las relaciones que los bancos pretenden crear a toda costa. En los propios términos de los autores de las encuestas:

> *"(...) Para que sea posible prevenir su muerte prematura (del Márketing Relacional), es necesario que dispongamos del tiempo necesario para darnos cuenta realmente de en qué hemos fallado. (...) Es posible que estemos aprovechando demasiado deprisa los beneficios que proporcionan los nuevos tipos de relaciones con los clientes en la búsqueda rápida de los resultados inmediatos...".*

En el sistema bancario español hemos asistido a relaciones de este tipo. Cuando fueron introducidas las denominadas supercuentas, en el año 1989, aparentemente la operación tenía que producir una captación extraordinaria de clientes y la retención de los que ya figuraban en la cartera de los primeros bancos que propiciaron acciones agresivas de esta naturaleza. Es evidente que, en una primera oleada, se trasvasaron clientes y operaciones, pero llegó un momento en el que los clientes, según diversas encuestas, preferían

---

[4] Ibíd., p. 44.

mantener sus saldos y seguir operando con la misma caja de ahorros o banco porque valoraban más el trato personalizado que la diferencia de un cuartillo en la remuneración o el ajuste de algunas comisiones. De hecho, cuando un cliente tiene una cierta antigüedad, tiende a aumentar las relaciones que mantiene con la entidad que le da mayores muestras de confianza[5]. No estamos sosteniendo con eso que en el siglo XXI los bancos no tengan que acostumbrarse a compartir los clientes con otras entidades financieras (una cuestión que será la regla general, pues se hace evidente ya en la actualidad), pero lo cierto es que no es fácil deshacer los vínculos que se han creado a lo largo de los años. En la mayoría de oficinas de una caja de ahorros española se conoce por su nombre o apellido a los clientes más habituales. Lo mismo suele ocurrir entre la mayoría de los bancos comerciales españoles.

5.5 ¿QUÉ PRETENDE EN REALIDAD EL MÁRKETING RELACIONAL?

En materia de servicios bancarios, el clásico "márketing mix" ha pasado a mejor vida y con él la concepción de las cuatro Ps (producto, precio, posición y promoción). A medida que en la industria - y en mayor medida en la banca - las empresas fueron perdiendo la capacidad de retener a sus clientes y trabajar en exclusiva con los que habían sido sus clientes habituales, los americanos introdujeron una nueva concepción: el márketing basado en las relaciones a largo plazo con los clientes, y todo ello gracias a la creación de lazos que se presumía tenían que ser equitativos. De esta forma nacía el márketing relacional.

Desde la década de los años ochenta, las entidades bancarias han sido plenamente conscientes de que se verían obligadas a compartir sus clientes con otros bancos. Por consiguiente, de lo se trataba era de encontrar nuevos medios para retener los clientes actuales y conseguir captar los nuevos que acudían por primera vez al mercado (y, por supuesto, captar el de otras entidades financieras y los que habían desertado y nosotros no conocíamos los motivos que les habían conducido a tomar esta decisión): simplificando, lo que se busca desde entonces es alcanzar las 3 Rs, dadas por los siguientes conceptos:

(1) Relaciones a largo plazo con los clientes,

(2) Retención de éstos y,

(3) Recuperación de los que se hayan perdido (lo que implica, como mínimo, conocer cuáles pueden haber sido las causas que han provocado su deserción).

---

[5] En torno a los primeros intentos en España de crear relaciones especiales a partir de las "supercuentas" y otras modalidades, véase, Fainé, Isidre y Tornabell, Robert, *Una nueva forma de hacer banca*, Editorial Ariel, Barcelona, 1992. Capítulos 2, 3 y 4.

Estudios realizados sobre la banca americana ponen de manifiesto las siguientes relaciones:

(a) Cuesta 5 veces más atraer un nuevo cliente que mantener uno de los clientes habituales.

(b) El cliente que ha tenido una experiencia negativa por los servicios deficientes de un banco sólo llega a la percepción de calidad que tenía antes del hecho después de haber experimentado 12 servicios del mismo banco positivos.

(c) Según algunas investigaciones referidas a los Estados Unidos, los servicios bancarios que se prestan con deficiencias son la causa de más del 25% del incremento de los gastos de explotación de un banco comercial.

En realidad, el márketing relacional está íntimamente ligado a la calidad de los servicios. Y se trata no tanto de la calidad que el banco supone que está ofreciendo de hecho a sus clientes, sino de cómo éstos la perciben. En este sentido, la regla de Monroe todavía no se aplica en banca, pero sí en otras actividades basadas en los servicios. Es decir, se trata de tener en cuenta la siguiente relación:

Valor percibido = beneficios percibidos/sacrificio percibido

Fue aplicada por la compañía de navegación aérea SAS, y tiene en cuenta no sólo la forma y cuantía de la pérdida, sino la manera como el cliente es resarcido por el error cometido por un banco. Se tiene en cuenta la valoración que el cliente hace, en términos del "valor percibido", como resultado de ponderar en qué medida el sacrificio percibido es compensado por los beneficios también percibidos.

5.6 AUTOANÁLISIS: ¿QUÉ CLIENTES TENEMOS HOY, QUIÉNES SERÁN LOS DE MAÑANA?

En los capítulos 1 y 2 hemos destacado la importancia de poner en relación los resultados netos de un banco con el número de clientes activos que tiene. Evidentemente, la relación puede establecerse por segmentos y sería deseable que pudiera medirse oficina por oficina. Pero se trata de una relación estática: sólo nos da una idea de un momento dado; podemos establecer las tendencias del pasado - y posiblemente extrapolar las del futuro -, pero para todo tipo de productos y servicios Gary Hamel y C.K. Prahalad han propuesto la necesidad de no dejarse atrapar por el pasado y, antes bien, tener siempre una cierta visión de lo que va a venir. El siguiente esquema, basado en su trabajo, plantea para un banco algunas de las preguntas que pueden ser relevantes para el sistema financiero español.

HOY	MAÑANA
- ¿A qué clientes servimos hoy?	- ¿Qué clientes tendremos mañana?
- ¿A través de qué canales llegamos hoy a nuestros clientes?	- ¿Qué canales utilizaremos mañana para llegar a ellos?
- ¿Quiénes son hoy nuestros competidores?	- ¿Quiénes serán nuestros competidores en el futuro?
- ¿En qué consiste hoy nuestra ventaja competitiva?	- ¿Cuál será nuestra ventaja competitiva en el futuro?
- ¿Cómo se genera hoy nuestro margen financiero?	- ¿De dónde procederá el margen financiero en el futuro?
- ¿De dónde se obtienen hoy las comisiones?	- ¿De dónde procederán las comisiones en el futuro?
- ¿Qué proporción de ventas cruzadas se obtienen hoy?	¿Qué proporción obtendremos en el futuro?
- ¿Qué tasa de retención de los clientes tenemos hoy?	¿Qué tasas tendremos en el futuro?
- ¿Qué servicios, competencias y sistemas organizativos nos hacen hoy únicos?	¿Qué servicios, competencias y sistemas organizativos nos harán únicos (y distintos) en el futuro?
¿Qué índice de satisfacción de los clientes tenemos hoy?	¿Qué índice de satisfacción de los clientes deseamos tener en el futuro?
¿Cuál es hoy el grado de orientación al mercado de nuestros empleados y oficinas?	¿En cuánto hemos de mejorar nuestra orientación al mercado en el futuro?
¿Cuál es hoy nuestro índice de eficiencia (gastos de explotación sobre margen ordinario?	¿En cuántos años llegaremos a tener un índice de eficiencia inferior al 57%?
¿Qué proporción de nuestros empleados de la red están realmente dedicados al servicio de los clientes?	¿Qué proporción lo estarán en los próximos años?
¿Se aplica la regla de medir al valor percibido por nuestros clientes?	Si no se aplica hoy, ¿cuándo estaremos en condiciones de hacerla nuestra, es decir: Valor percibido = beneficios percibidos/sacrificios percibidos?
FUENTES: Adaptación propia, para el caso de la banca, a partir del artículo de Gary Hamel y C.K. Prahalad, "Competing for the future", *Harvard Business Review*, julio-agosto de 1994, páginas 127 y 128.	

CUADRO 5.4

5.7 RENTABILIDAD DE LAS CUENTAS BANCARIAS Y DE LOS CLIENTES: ¿HASTA QUÉ PUNTO SON RELEVANTES PARA TOMAR DECISIONES?

Hubo un tiempo - desde luego anterior a la introducción de los cajeros automáticos y de la banca electrónica - en el que en la banca al detalle se daba como regla la siguiente relación:

> El 20% de los clientes contribuyen al 80% de los resultados netos; el resto absorbe la mayor parte del trabajo administrativo.

En la banca moderna, dotada de sistemas de información apropiados y uno o más cajeros automáticos en cada oficina o en centros comerciales, esa relación ha dejado de cumplirse. Ahora tenemos que hacer frente a relaciones distintas según las zonas que se analicen o el grupo de agencias bancarias que sean objeto de estudio.

Para un posible caso, puramente ilustrativo, de la contribución a los beneficios de cada segmento de clientes, véase el siguiente gráfico (5.1)

BANCA TRADICIONAL (negocio al detalle)

CONTRIBUCIÓN A LOS BENEFICIOS DE CADA SEGMENTO DE CLIENTES

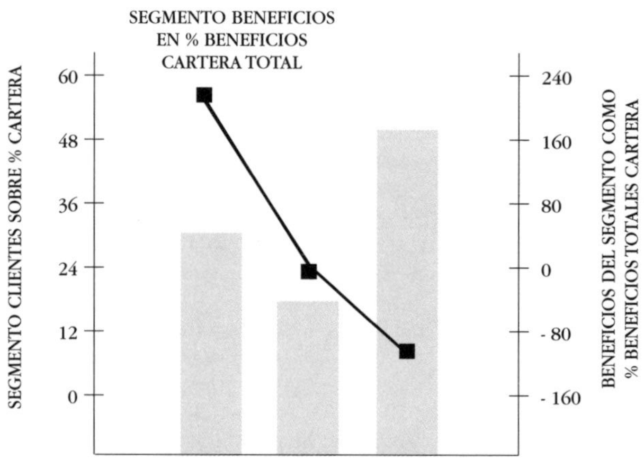

Fuentes: Oliver, Wyman & Co. reproducidos por Peter Carroll y Madhu Tadikonda, Bank Administration Institute Banking Strategies, volumen 73, número 6, noviembre/diciembre 1997.

GRÁFICO 5.1

Evidentemente, una situación como la que se destaca en el gráfico y cuadro anteriores sólo se explica cuando, como ocurre todavía en los Estados Unidos, la mayor parte de los pagos se realizan mediante cheques o talones, que luego han de procesarse en naves gigantescas, en un proceso, a pesar de los sistemas de información, que es intensivo en mano de obra. Otro motivo es la concentración de las operaciones en pocas oficinas, por las limitaciones que hasta ahora han sufrido los bancos que no podían operar en otros Estados de la Unión (y todavía pendiente de la revocación de la ley bancaria del año 1933).

Pero a pesar de esas diferencias, y ajustando los datos a la situación de algunas entidades españolas en las que más del 18% de la plantilla se concentra en la sede central y las delegaciones o centros regionales, no es infrecuente que la baja utilización de los cajeros automáticos, la sobrecarga de trabajos administrativos de las agencias y la escasa orientación a la venta de los empleados de esas dependencias puedan dar como resultado relaciones como las siguientes:

El 40% de las cuentas contribuyen al 75% de los resultados.

Situaciones de esta naturaleza, y sin llegar a los límites que se dan en los Estados Unidos, han propiciado el uso de nuevas técnicas para evaluar la rentabilidad de cada cuenta. Supongamos el siguiente caso:

(a) El cliente "A" genera un beneficio anual bruto (sin deducir los costes operativos) para la entidad bancaria de 112.000 pesetas en concepto de comisiones, intereses devengados por préstamos personales y el uso de una tarjeta de crédito y una de débito.

(b) El cliente "B", en el mismo ejercicio (también en términos brutos, sin deducir los costes operativos), ha generado un beneficio idéntico, de 112.000 pesetas.

Si se tratase de tomar la decisión de realizar una "venta cruzada" (ofrecerles un préstamo hipotecario), aparentemente los dos clientes contribuyen en la misma cuantía a la cuenta de resultados del banco o caja de ahorros. Pero existen algunas diferencias. El cliente "A" ha tenido en el mismo ejercicio saldos ociosos elevados que el banco ha colocado con un diferencial importante. Ha realizado numerosas operaciones con las tarjetas de crédito y débito y ha hecho frente a las cuotas trimestrales de un préstamo personal que se cancelaba en el mismo año.

El cliente "B" tiene características muy distintas: su cuenta presenta descubiertos frecuentes, que generan el pago de intereses a tipos más elevados.

¿Son dos clientes de la categoría de 112.000 pesetas de contribución bruta a la cuenta de resultados al año? Ciertamente no. En primer lugar se trata de una imagen estática; incluso en condiciones de garantías reales idénticas para concederles una hipoteca, el riesgo potencial del segundo puede ser bastante superior, aunque sería preciso poner en relación sus ingresos anuales con las cuotas de intereses y principal que tendrá que pagar por el préstamo hipotecario, el sector en el que trabaja y el tipo de empresa a la que presta sus servicios.

5.8 ¿CÓMO HACER USO DE LAS BASES DE INFORMACIÓN? (LOS PROCESOS DE "DATA MINING")

El márketing bancario sólo tiene futuro si se cuenta con la información apropiada. A continuación presentamos algunos casos ilustrativos de cómo pueden organizarse la información y los costes de cada variante.

5.8.1 Bank of America

Este banco americano opera en diez estados. Cada día realiza en conjunto 3,6 millones de contactos con sus clientes, de manera que los directivos de la entidad necesitaban un buen sistema de información orientado a las estrategias de márketing. Entre otras preguntas, se formularon las siguientes cuestiones:

(1) ¿Cuántos clientes de los que conseguimos el año pasado gracias a una promoción especial son todavía clientes nuestros?

(2) ¿Cuántas tarjetas de crédito resultan con incidencias y terminan generando morosos?

El ordenador central no tenía aplicaciones informáticas que pudieran facilitar datos a las terminales periféricas o a los ordenadores de cada oficina. Se contrataron los servicios informáticos adecuados y tras un diseño específico fue posible mantener en línea la información relevante de los últimos 13 meses (y la de los últimos 60 meses en discos magnéticos). El crecimiento fue espectacular. Se pasó de 15 "gigabites", en el año 1986, a 800 GB en 1995.

Antes, cada búsqueda de datos requería una media de dos horas; con el nuevo sistema, solamente tres minutos. El banco acumuló más de 4.000 columnas de datos en varios cientos de cuadros, lo que le permite actualizar de una manera continua el historial de cada cliente.

El coste de cada operación de búsqueda ha bajado de 2.430 dólares a solamente 24 dólares EE.UU. Las operaciones se han multiplicado, pasando las consultas desde cinco diarias a más de dos mil por día.

Entre otras consecuencias favorables, el banco descubrió que los clientes que tenían a la vez cuenta a la vista disponible mediante talones y tarjetas de crédito tendían a mantener saldos vivos diarios por encima de la media; hacían uso más a menudo de sus tarjetas de crédito y tendían a mantener sus cuentas por más tiempo, contribuyendo al aumento de la tasa de fidelidad. En consecuencia, el banco decidió eliminar la comisión anual por la emisión de las tarjetas de crédito a todos los clientes que mantuvieran abierta una cuenta personal disponible mediante cheques.

5.8.2 Wachovia Bank

Los directivos del banco se dieron cuenta muy pronto de los cambios del mercado. Si tenían que luchar con éxito necesitaban sistemas de orientación centrados en los clientes. La cuestión tenía dificultades adicionales, pues el banco, con más de dos millones de clientes y 7 billones de pesetas de activos era el resultado de varias fusiones y compras.

En primer término - recurriendo a fuentes externas - procedió a clasificar los clientes (efectivos o potenciales) según fueran titulares o no de tarjetas de débito. Un programa central, que sirve la información a las bases de servicio de cada empleado de los departamentos usuarios de la información, recoge cada mes en el plano de cada familia. De hecho, el programa es el único que permite apreciar las relaciones que los clientes mantienen con el banco, por productos, servicios y departamentos, en un plano de familia por familia. Si marido y esposa tienen, por ejemplo, cuentas separadas - algo cada vez más frecuente en los Estados Unidos - la unidad familiar puede ser focalizada

5.9 RESUMEN

En este capítulo se ha examinado la situación actual del márketing relacional y del uso de la información de las bases de datos por clientes. A través de los resultados de algunas encuestas hemos puesto de relieve el hecho de que si aquél se aplica en un contexto en el que no exista una cultura orientada a los valores, lo más probable es que los clientes se sientan presionados y aumenten las deserciones. En otras ocasiones, no es impensable que los registros pierdan validez, porque cuando un cliente deje una ciudad para trasladarse a otro centro la base de datos puede contabilizar la pérdida de un cliente y la ganancia de una nueva cuenta, y así sucesivamente. Es por consiguiente necesario que tengamos en cuenta lo que perseguía inicialmente el márketing relacional, es decir:

(1) Relaciones a largo plazo con los clientes,

(2) Retención de éstos y,

(3) Recuperación de los que se hayan perdido (lo que implica, como mínimo, conocer cuáles pueden haber sido las causas que han provocado su deserción).

Estamos en presencia de la nueva concepción de la banca moderna: de lo que se trata es de que los directores de las oficinas y las jefaturas de las delegaciones, reunidos con el resto de sus empleados, se planteen sus verdaderas metas personales. Sólo de esta forma podrán alcanzarse los resultados que la entidad en su conjunto necesita en una era de clientes compartidos con otros bancos o cajas de ahorro.

Y también conviene tener muy presentes los resultados de la banca americana, en la que se ponen de manifiesto las siguientes relaciones:

(a) Cuesta 5 veces más atraer un nuevo cliente que mantener uno de los clientes habituales.

(b) El cliente que ha tenido una experiencia negativa por los servicios deficientes de un banco sólo llega a la percepción de calidad que tenía antes del hecho después de haber experimentado 12 servicios del mismo banco positivos.

(c) Los servicios bancarios que se prestan con deficiencias son la causa del incremento del 25% de los gastos de explotación de un banco o una caja de ahorro.

En el próximo capítulo ponemos de relieve la importancia de las redes de oficinas y de los canales de distribución diferenciados, todo ello también dentro de la concepción de la banca de servicios moderna.

Capítulo 6

Canales de distribución y avance tecnológico: una ventana abierta al futuro

6.1 INTRODUCCIÓN

En el capítulo anterior hemos presentado las nuevas tendencias dentro del márketing bancario, especialmente en lo que se refiere al márketing relacional, o las relaciones personales que hemos denominado de "uno a uno" (orientación hacia los clientes).

A nuestro juicio, el avance de la tecnología nos conduce ahora - precisamente ahora - hacia una nueva concepción de lo que son los puntos de venta y los medios de pago: puede tratarse desde una tarjeta con un chip incorporado hasta un teléfono móvil de la tercera generación - que permite la conexión directa a Internet sin pasar por un ordenador - o bien la fusión de los móviles con Internet o los Intranets de las empresas - es decir, redes propias de un banco o una caja de ahorros. No es impensable que tengamos dentro de poco "oficinas bancarias de bolsillo" (un teléfono móvil de la tercera generación conectado a Internet). Otra cosa es que las oficinas de "tejas y ladrillos" seguirán siendo la base de la banca moderna al detalle.

En último término, lo que pretendemos en este capítulo es abrir una ventana al futuro más próximo, si bien planteamos también, a título puramente ilustrativo, algunas de las más recientes aplicaciones debidas a los avances en materia de telecomunicaciones y sistemas de información.

6.2 UNA NUEVA CONCEPCIÓN DE LA TECNOLOGÍA: EL BANCO MÁS COMPETITIVO SERÁ EL QUE SE ANTICIPE Y APLIQUE LAS ÚLTIMAS INNOVACIONES EN SISTEMAS DE INFORMACIÓN, TELEMÁTICA Y LAS NUEVAS TECNOLOGÍAS

Los avances tecnológicos nunca han sido neutrales: mejoran la productividad, dan ventajas competitivas a quienes saben aplicarlas antes que sus competidores y, por no extendernos, promueven sucesivas generaciones de cambios que van a favor de las entidades financieras que mantienen siempre el liderazgo. Los hechos nos demuestran que en España las cajas de ahorros se anticiparon a los bancos, en la primera fase, en el uso de redes telemáticas y oficinas interconectadas en tiempo real con sus servicios centrales. La rapidez con que lo hicieron y la visión con la que se anticiparon explican ahora hechos tales como las ganancias de cuota de mercado relativas de las cajas en materia de volúmenes de depósitos, penetración creciente en el sector tradicional de las familias y su cobertura de todo el territorio del estado español.

No se debe posiblemente al azar ese avance relativo de las cajas dentro del sistema bancario español: tras la liberalización de las medidas que permitieron a la banca extranjera instalarse en España y la eliminación de las restricciones que impedían a las cajas de ahorros expandirse fuera de su Comunidad Autónoma y su territorio inicial y realizar operaciones de comercio exterior y descuento de papel comercial, entre otras, un banquero español vaticinó su perspectiva del futuro, con veinte años de anticipación, cuando dijo:

> *"En la banca al detalle nuestros rivales no van a ser los bancos extranjeros (que sin red de oficinas dependerán del mercado interbancario); los verdaderos competidores, los más temibles, los tenemos ya dentro: son las cajas de ahorros".*

Su predicción no pudo ser más acertada y oportuna. Ahora nos encontramos ante una nueva encrucijada. Quien la resuelva adecuadamente ganará la batalla competitiva de los próximos años; los que no lo hagan perderán importantes segmentos del mercado español. El siguiente cuadro resume nuestros criterios sobre el alcance de aplicar antes que nadie las nuevas tecnologías, una decisión que ha de hacerse con buen juicio. Pongamos por delante que deben ser los gestores de cada entidad financiera quienes decidan - con la colaboración de los expertos en sistema de información - qué es lo que conviene hacer para ganar ventajas competitivas frente a los competidores y dar un mejor servicio a los clientes. Al fin y al cabo, son los que están más al corriente de los cambios que se producen en el mercado.

Estos criterios pueden resumirse en el siguiente cuadro comparativo:

CONCEPTOS	BANCOS Y CAJAS QUE SE ANTICIPEN Y APLIQUEN CUANTO ANTES LAS NUEVAS TECNOLOGÍAS	BANCOS Y CAJAS QUE RETRASEN LA APLICACIÓN DE LAS NUEVAS TECNOLOGÍAS (o lo hagan con criterios puramente informáticos, dando la espalda al mercado)
1. Comportamiento de los ingresos financieros	- Conseguirán crecimientos por encima de la media.	- Perderán ingresos en términos relativos (y posiblemente, a la larga, en términos absolutos)
2. Estructura de la red de oficinas	- Algunos bancos (y en mayor medida las cajas) podrán conservar oficinas que parecía necesario cerrar. Algunas cajas estarán en condiciones de continuar su expansión territorial.	- En un caso límite podrían verse forzados a vender oficinas. - Perderán las oportunidades de crear redes paralelas.
3. Cartera de clientes	- Estarán en condiciones de aumentarla. - Aplicarán las nuevas técnicas de segmentación sociodemográfica. - Crecerán en los segmentos más rentables. - Serán los pioneros en el uso de las ventajas de Internet. - Ganarán posiciones gracias a redes paralelas.	- Perderán posiciones relativas. - Perderán las oportunidades de segmentar por niveles sociodemográficos. - Llegarán tarde a los nuevos hábitos y comportamiento de las generaciones más propensas al uso de Internet (jóvenes; parejas maduras; Pymes; negocios de Internet entre empresas o "B2B", etc.).
4. Prestación de nuevos servicios	- Estarán en condiciones de aumentar la oferta selectiva de nuevos productos, en forma más rápida y personalizada	- Perderán la oportunidad de ofrecer servicios relevantes para las necesidades de sus clientes. - Los clientes que buscan mejores servicios desertarán hacia entidades más modernas.
5. Reducción de costes	- Conseguirán disminuir los gastos operativos; disminuirán la proporción de gastos fijos respecto a ingresos	- Operarán con costes más elevados.

CUADRO 6.1

Impactos de las nuevas tecnologías: ¿Quién mantendrá el liderazgo?

6.3 RED DE OFICINAS Y MÁRKETING RELACIONAL

Aparentemente, España tiene un número excesivo de oficinas bancarias. En cierto modo, según hemos señalado anteriormente, es una consecuencia de los incentivos que existieron en la banca, cuando operaba con márgenes de intermediación extremadamente holgados. El hecho es evidente si se establecen comparaciones con otros países y no se tienen en cuenta el número de empleados por oficina o los volúmenes de actividad[1]. Pero, aun reconociendo lo que de suyo es notorio, lo importante no es tanto el número de oficinas por cada 100.000 habitantes, como el número de empleados por oficina -en el año 1997, 7,9 y 5,4; en 1999, 7,7 y 5,3 para los bancos y cajas de ahorro, respectivamente- y el número de operaciones de crédito más depósitos por oficina. Es decir, las ganancias de productividad que se estén produciendo gracias a mejores procedimientos de trabajo, al uso de cajeros automáticos y a la racionalización de las tareas que se redistribuyen entre los servicios centrales y las redes de oficinas.

La extensión del uso de Internet reforzará esas tendencias de mejora, según se desprende de todos los indicios que nos llegan de Alemania y los Estados Unidos, que comentamos más adelante.

En el siguiente cuadro (6.2) se detalla la evolución de las operaciones de crédito y depósitos de bancos y cajas. Son unos buenos indicadores, hasta cierto punto, de los avances en la productividad que se ha registrado en los últimos nueve años.

[1] Véanse, en este sentido, las comparaciones que se establecen en el Servicios de Estudios de "la Caixa", a partir del trabajo y los análisis de su director, Josep Mª Carrau. Véase también, *El sector bancario europeo: panorama y tendencias*, Servicio de Estudios, dirigido por Josep Mª Liso, publicaciones números 6 y 19, años 1996 y 1999, respectivamente. Para un enfoque complementario, en relación a los cambios que pueden producirse con la introducción del euro, véase: Fainé, Isidre y Tornabell, Robert, *El Euro, la banca y las empresas*, Editorial Temas de Hoy, Madrid, 1998.

Años	Bancos	Cajas
1988	2,107	1,482
1989	2,318	1,610
1990	2,592	1,786
1991	2,791	2,095
1992	2,870	2,344
1993	3,168	2,608
1994	3,272	2,817
1995	3,425	2,938
1996	3,585	3,020
1997	3,909	3,143

FUENTE: Banco de España, *Boletín Económico*, septiembre de 1998, pp. 52 y siguientes. Servicio de Estudios, Informe Mensual, diciembre de 1999: "Evolución de la ocupación y de las redes de oficinas del sector bancario"; y Servicios de Estudios de "la Caixa", Barcelona. Para un estudio monográfico, véase Servicio de Estudios de "la Caixa", Informe sobre la evolución del empleo en bancos y cajas de ahorro.

CUADRO 6.2

Sistema bancario español: operaciones de crédito más depósitos por oficina (bancos y cajas de ahorro: 1988-1997; datos en miles)

Las operaciones de los bancos por oficina han crecido (operaciones de crédito más depósitos, que en buena medida señalan volúmenes de actividad), entre los años 1988 a 1997, a la tasa interanual acumulativa del 7,1%, mientras que las de las cajas lo han hecho al 8,71%. En el caso de estas últimas, ritmos en torno al nueve por ciento suponen doblar el volumen de operaciones por oficina aproximadamente cada nueve años[2].

[2] Existen otras formas de medir la productividad de los empleados. Puede tratarse del volumen de actividad por empleado y de los resultados netos para toda la plantilla.

6.3.1 Las oficinas bancarias son "el tesoro oculto de bancos y cajas de ahorros": la cuestión es cómo se hacen rentables

¿Son las oficinas una especie de "tesoro oculto"? Así las calificaba un estudio que publicaba *The Economist*. A continuación se presentan algunos casos ilustrativos.

Gran Bretaña

De hecho, en Gran Bretaña el 95% de las empresas tienen cuenta en un banco situado a menos de cinco kilómetros; una cuarta parte de los clientes viajan, hasta su agencia bancaria propia, más de veinte kilómetros, mientras que el 51% lo hace a distancias de más de cinco kilómetros.

Los resultados se basan en un estudio de "Ph Group", llevado a cabo en Gran Bretaña y algunas regiones de Francia. La investigación se concentró en las empresas de tamaño medio, que son las que contribuyen en su mayor parte al negocio de las agencias bancarias de bancos y cajas de ahorros. Los resultados ponen de relieve, cuando menos a nivel de una localidad determinada, que la cuota de mercado en el sector empresarial aumenta si el banco tiene un grupo de agencias próximo. Las familias españolas - pero no los jubilados - no valoran tanto la proximidad como lo hacen en Gran Bretaña y Francia las empresas de tamaño mediano.

Existen algunas constataciones empíricas de otro orden: En Gran Bretaña, por ejemplo, Barclays Bank es el banco líder en el país de Gales y en East Anglia. NatWest domina el sur de Inglaterra y los Midlands. Para los bancos que no están implantados adecuadamente en una región dominada por otro, el coste de establecimiento es alto y a menudo alcanzar la masa crítica suficiente lleva varios años antes de que pueda beneficiarse del "efecto red"[3].

A pesar de eso, en los últimos años los bancos ingleses han cerrado una quinta parte de sus oficinas y han reducido una parte importante de sus plantillas.

Desde luego existen otros puntos de vista en cuanto al valor de las pequeñas agencias o de la rentabilidad de las que parecen poco activas. John Aitken, analista de County Natwest, señala que muchas oficinas se han cerrado pensando exclusivamente en el ahorro de costes, sin darse cuenta de que las pérdidas no se producían por los gastos generales o la plantilla sino por-

[3] A diferencia de los Estados Unidos - y especialmente de Canadá, según la nota anterior - una encuesta realizada en Escocia por el Royal Bank of Scotland dio como resultado que el 75% de los clientes del banco escocés preferían acudir a las agencias del banco antes que hacer las transacciones por teléfono o por correo. Estos resultados contradicen los de otras encuestas, pero el Royal Bank of Scotland parecía, en la fecha de la investigación, decidido a continuar satisfaciendo las necesidades de sus clientes según las preferencias que habían revelado en la referida encuesta, dando prioridad a las agencias de servicio personalizado. Véase, en este sentido, *Bank Marketing International*, Reino Unido, vol. 95, agosto de 1998, p.5. Y también, *Institute of European Finance y Blackwell Publishers Limited*, año 1999.

que se concedieron préstamos sin evaluar con el debido rigor el riesgo de crédito (véase 6.1)

España

En el caso de España, existen varios modelos de comportamiento. En principio, cuanto más lejos se encuentren los clientes de una oficina de la red tanto más riesgo podrá suponer la concesión de un préstamo o un crédito, especialmente porque serán menos conocidos y el seguimiento será más costoso y espaciado en el tiempo. En muchos casos pueden producirse situaciones en que las señales de alerta del sistema de vigilancia de créditos vivos no sea suficiente y sean más valiosos los conocimientos que ofrece la proximidad[4].

6.3.2 Papel de los directores de las agencias bancarias en España

A pesar de lo que se ha expuesto hasta aquí en relación a otros países, en España el papel del director de una agencia bancaria es fundamental, pues él conoce directamente a sus clientes y en la mayoría de los casos los directores hacen un seguimiento de la cartera de préstamos y créditos vivos[5].

Por si eso fuera poco, un cliente alejado de la red principal será más fácilmente captado por una entidad rival. Y a pesar de estas constataciones, muchos bancos se muestran reacios -o poco ágiles, en muchos casos- para convencer a los clientes que desplazan sus empresas para que abran o transfieran su cuenta a una agencia más próxima del nuevo destino.

En España, según hemos venido insistiendo, el papel de los directores de las oficinas y las jefaturas territoriales es esencial, pues pueden hacer rentables oficinas que en otros países posiblemente no lo serían, y su atención continuada con la cartera de créditos vivos tiende a reducir las incidencias y, a medio plazo, la morosidad.

---

[4] A pesar de las observaciones sobre países europeos, cuando se trata de naciones que figuran entre las más grandes del mundo en términos de kilómetros cuadrados, como es el caso de Canadá, y tienen además inviernos muy duros y largos, la relación de los clientes con las oficinas bancarias cambian notablemente. Según destaca Bruce McDougall, en *Canadian Banker*, diciembre de 1997, tres cuartas partes de los clientes de los bancos canadienses realizan sus operaciones mediante el uso del teléfono, a través de sus propios ordenadores personales o mediante los cajeros automáticos. Véase, en este sentido, *Institute of European Finance* y *Blackwell Publishers*, año 1999.

[5] En un estudio realizado sobre varias entidades de crédito por ESADE (área metropolitana de Barcelona), no publicado, se constató que existía una correlación negativa, próxima al 90%, entre el grado de conocimiento de los directores de las agencias bancarias de su cartera de préstamos y las incidencias y la morosidad de los clientes de la agencia. El aumento del número de visitas a los clientes, el grado de conocimiento de su estado financiero (revelado a través de algunos indicadores fiables: saldos medios; letras o recibos impagados; informes cruzados, etc.) tenía como resultado una disminución de la morosidad. Y recíprocamente, en las agencias en las que no existía un seguimiento periódico de la cartera de préstamos, pólizas y créditos vivos la morosidad era mayor. Datos del Departamento de Finanzas; estudio realizado por Tornabell Carrió, Robert, entre los años 1990 y 1992, correspondiente a una fase alcista del ciclo económico. Sin duda, la misma muestra, para la fase bajista del ciclo, podría cambiar las conclusiones de la primera parte de la investigación.

Una de las ventajas que a menudo también pasan desapercibidas es que en las pequeñas agencias de poblaciones medianas el conocimiento de los solicitantes de préstamos permite reducir la proporción de fallidos, cuestión más difícil de conseguir cuando se trata de grandes poblaciones o de agencias alejadas de los núcleos o polígonos industriales. En cualquier caso, Boston Consulting Group ha destacado, en el caso de Gran Bretaña, que los bancos que se han dedicado a cerrar agencias sólo obtendrán ahorros marginales. Al fin y al cabo, sostienen los consultores, el éxito en la banca viene dado por los ingresos, no por los costes. No obstante, esa opinión es discutible, pues en la banca basada en la prestación de servicios importa, y de una manera muy especial, la reducción de costes y la generación de comisiones, por cuanto se trata de ingresos no sujetos al riesgo de tipos de interés.

En términos comparativos del número de establecimientos que se dedican a las operaciones al detalle, desde oficinas de correos hasta las tiendas de comida rápida, el número de establecimientos por mil habitantes y su número total tienden a aumentar. Pero el cambio más importante que se ha producido en los últimos años en el sector bancario británico -y también en otros países industrializados- ha sido el de la disposición del espacio de las agencias. Antes, el 80% de la superficie de una agencia bancaria se destinaba a los empleados y equipos informáticos y el 20% restante a los clientes. Ahora la proporción se ha invertido, pues los servicios centrales absorben todas las funciones de tipo rutinario y los registros contables. Las estrategias varían de un país a otro.

Alemania

En Alemania, Deutsche Bank ha seguido la estrategia de fusionar su red de oficinas (1.400) con su banca electrónica, "Bank 24", al propio tiempo que está abriendo 250 centros financieros especializados para operaciones de mayor complejidad que la banca minorista. No obstante, el uso combinado de cajeros automáticos de libre acceso - hasta una cifra de seis mil, gracias a un acuerdo con un grupo de bancos comerciales - y la expansión de las actividades a través de Internet pueden reducir la red de oficinas tradicionales, aproximadamente, hasta 1.250[6].

6.3.3 El llamado "efecto red"

Algunas entidades bancarias, sometidas a la presión de mejorar el "ratio de eficiencia" (gastos de explotación respecto al margen ordinario) suelen recurrir al expediente más inmediato: vender oficinas en bloque. El impacto sobre la cuenta de resultados es inmediato - y muy notorio para los bancos

[6] Véase, Deutsche Bank, *Annual Report for 1998*, páginas 17 y 18.

que cotizan en Bolsa –, pero lo que por un lado se ahorra puede perderse en relaciones y clientes[7].

Existen casos que ilustran la importancia de tener una buena red de oficinas. En una gran ciudad puede tratarse de un jubilado que, poco dispuesto a desplazarse demasiado lejos de su barrio, se encuentre con que han cerrado la oficina en la que tenía depositada su cuenta y en la que recibía los pagos periódicos de su pensión. Tenía disponible todo el tiempo del mundo, pero le molestaba tener que desplazarse más de tres travesías cuando antes tenía la agencia a la vuelta de la esquina. El banco no había tenido en cuenta que, a partir de cierta edad, la voluntad de desplazarse es inversamente proporcional a los años que se suman a la jubilación. En sentido opuesto, muchos jubilados tienden a frecuentar las agencias modernas que disponen de espacios amplios, televisión y cajeros automáticos[8].

Diversos autores han demostrado que no se debe al azar que las agencias bancarias de una misma entidad procuren cubrir los puntos neurálgicos de cada zona. De hecho, cada agencia pertenece a una red que genera efectos inducidos para determinadas oficinas de la propia entidad.

El "efecto red", definido por primera vez por Rolf Hickman[9], pone de manifiesto que las agencias de un banco inducen la creación de negocio para otras agencias del propio banco: cuantas más oficinas o agencias tiene un banco o una caja de ahorros, mayor será la cuota de mercado que conseguirá en su entorno más inmediato. La cuota de mercado del banco que tenga una agencia en un punto determinado tiende a dividirse a partes casi iguales entre la agencia local y las agencias que el banco tiene en otros puntos. A su vez, las cuotas de mercado regionales de un banco tienden a ser mayores cuando posee un núcleo apropiado de agencias (en los términos que se utilizan para el "efecto red", un "cluster" de agencias).

En este sentido, la investigación de ESADE a que se ha hecho referencia en el pie de página número seis revela lo siguiente:

Desplazamientos de las industrias desde los centros urbanos hasta los polígonos industriales o pequeñas poblaciones del entorno metropolitano.

En Barcelona y Madrid – pero no sólo en estas ciudades, pues, en distinto grado, ha sucedido también en Valencia, Sevilla, Zaragoza y otras grandes urbes – las ordenanzas municipales propiciaron, cuando no obligaron, a las industrias a desplazarse a polígonos industriales. En Barcelona el proceso se

---

[7] Las investigaciones llevadas en Gran Bretaña, según *The Economist*, revelan que cerca del 70% de los británicos mantienen el mismo banco de por vida.

[8] Dentro de pocas décadas, la población de España se distribuirá, según algunos demógrafos, de la siguiente forma: en torno al 50% serán mayores de 60 años. Los expertos en urbanismo se plantean la necesidad, dentro de algunos años, de ampliar los intervalos de los semáforos de las grandes ciudades, aumentando la diferencia entre rojo y verde; evidentemente, las personas de la tercera edad necesitan más tiempo para cruzar las calles que los jóvenes. También bancos y cajas tendrán que adaptarse a la nueva estructura demográfica.

[9] Véase, "Bank branches: Hidden jewels", *The Economist*, edición 9 de enero de 1993, pp. 73 y 74.

inició en la década de los años sesenta, pero se acentuó cuando fue designada en el año 1986 sede de los Juegos Olímpicos del año 1992. Las empresas comerciales - y especialmente las de tipo industrial - de las zonas del entorno de las instalaciones de la "Ciudad Olímpica" se desplazaron hacia polígonos industriales.

En conjunto, al cabo de algunos años se produjo un trasiego de trabajadores, directivos y servicios auxiliares. Los empleados que mantuvieron su vivienda en Barcelona capital conservaron sus cuentas en la misma agencia de su banco o caja de ahorros. Los que cambiaron de residencia abrieron cuentas en su nueva localidad, pero un cierto porcentaje mantuvo todavía cuentas bancarias en Barcelona, por distintos motivos. El principal, según la encuesta, era evidente: las relaciones que habían establecido con el director o directora de la agencia eran un vínculo más estrecho que la distancia. En cierto modo, se repitió en el área de Barcelona lo que se ha constatado en este mismo capítulo para el caso de Gran Bretaña.

6.3.4 El efecto diversificación

Si un banco o una caja de ahorros concentra sus operaciones en un determinado territorio nacional de su país puede, en algunos casos, estar sujeto a un mayor riesgo que las entidades que tienen oficinas en todo el territorio y, por supuesto, en los principales centros financieros.

Algunas regiones siguen más de cerca el ciclo económico, como es el caso de Cataluña. Cuando se produce una recesión, la caída del Producto Interior Bruto y el empleo son más acusados que en otras comunidades menos industrializadas o que dependen de fondos estructurales - Feder o de los presupuestos del Estado. Al propio tiempo, cuando la economía atraviesa una fase de auge Cataluña crece por encima de la media española y el empleo aumenta también en mayor proporción que en otras comunidades.

Para una entidad financiera concentrada en zonas muy sensibles al ciclo económico, los efectos son sobradamente conocidos:

(1) su tasa de morosidad puede aumentar excesivamente en la fase baja del ciclo, con cierto retraso en algunos casos,

(2) su espacio económico puede llegar, en algunas situaciones, a cierta saturación, pues también ha de sufrir la competencia de entidades procedentes de otras comunidades autónomas, con lo que tiende a producirse un agotamiento relativo de las posibilidades de crecer por los dos lados del balance.

A pesar de eso, las diez cajas de ahorro que operan en Cataluña han sabido encontrar su propio modelo de diversificación. Para las de tamaño pequeño o mediano, su concentración en nichos especializados - y una apertura territorial variable - les ha permitido competir favorablemente con los bancos y otras cajas, ser rentables y crecer sobre bases sólidas.

6.3.5 ¿Hasta qué punto es recomendable la diversificación?

Existen distintos modelos, como lo demuestra el caso de los bancos americanos, que a menudo están concentrados en áreas muy reducidas (ésta fue la situación de los bancos de Boston, en Nueva Inglaterra, como consecuencia de las limitaciones impuestas por la Glass-Steagall Act[10]). Pero otros siguieron abiertamente un camino de gran expansión.

En la teoría financiera - en el caso de los distintos sectores de la Bolsa en relación al índice del mercado en su conjunto - se demuestra que el riesgo de tener inversiones diversificadas disminuye cuando cada una de ellas tiene índices poco correlacionados.

Sin entrar en el conocido modelo que determina la asignación de los capitales en una cartera de inversiones ("Capital Asset Pricing Model", CAPM), al que se deben varios premios Nobel en finanzas, una forma muy simple de expresarlo puede hacerse recurriendo a la siguiente expresión:

Riesgo total (cartera) = Riesgo sistemático + riesgo no sistemático

El riesgo de toda la economía (de un país o de una determinada región) no es diversificable en el seno de la misma economía, pero sí lo es en otros mercados o países, mientras que el riesgo no sistemático sí puede diversificarse invirtiendo en distintos sectores (o regiones)[11]. En pocas palabras, los grandes bancos y cajas de ahorros de gran dimensión han de diversificar necesariamente tanto su captación de depósitos como la colocación de sus productos y recursos[12].

---

[10] En la época de la Gran Depresión económica americana de los años treinta, la ley Glass-Steagall prohibió a los bancos que suscribieran acciones y se dedicaran a la banca de inversiones. De esta forma tuvieron que convertirse en puros bancos comerciales. En la edición del 24 de octubre de 1999, *Financial Times* comentaba un posible acuerdo entre el Congreso de los Estados Unidos y la Administración Clinton. De promulgarse la nueva ley, las barreras que todavía separan el negocio de seguros, banca y agencias de valores caerían al cabo de medio siglo de separación estricta dentro del sistema financiero.

[11] En términos aproximados, y para el caso más simple en que España se dividiera en tan sólo tres grandes zonas geográficas, la fórmula que designa el riesgo de la cartera de inversiones de la entidad vendría dada por la suma que se invirtiera en cada una de ellas multiplicada por la variación conjunta de las rentabilidades de cada zona respecto del mercado. Si se invirtiera un tercio en cada una de ellas, el riesgo de la cartera dependería del signo y magnitud de las covariancias. Si alguna de ellas fuera negativa, el riesgo total de la entidad disminuiría por efecto de la diversificación.

[12] Como han señalado Brealey y Myers, la diversificación tiene sus límites. Si en vez de considerar colocaciones bancarias en préstamos hipotecarios, créditos personales, etc., nos referimos a las inversiones en títulos valores, el riesgo de su cartera de colocaciones vendría dado (bajo una simplificación extrema) por la siguiente fórmula:

Otra cosa es lo que puede plantearse una caja de ahorros de tamaño más pequeño: las que operan en Cataluña disfrutan de las ventajas de tener una amplia región económica muy diversificada. Pueden tener zonas con importante negocio industrial y comercial, junto a otras eminentemente turísticas. A su vez, la difusión de las segundas residencias y la creación de "clusters" o agrupaciones de empresas, como es el caso de la petroquímica de Tarragona o la Costa Daurada y su Parque Temático, dan pie para que tengan vida propia entidades que en otras comunidades autónomas de España posiblemente tendrían una base económica con menores oportunidades de negocio.

6.3.6 Efecto diversificación y "masa crítica"

Según la normativa bancaria española, para que una entidad de depósito pueda expandir sus operaciones - apertura de nuevas oficinas, aumento del volumen de operaciones - necesita tener recursos propios excedentes en un volumen suficiente. Por consiguiente, el concepto de "masa crítica" entra de nuevo en juego, pues si antes lo habíamos referido a la capacidad que ofrece para contratar operaciones a costes menores, disfrutar de una imagen que hace posible captar recursos a costes más bajos, etc., en el caso de la expansión territorial su papel es evidente. Cuanto mayores sean esos fondos excedentes mayor será el potencial de expansión territorial en toda España y, en último término, menor el riesgo potencial y mayores las posibilidades de captación de recursos de fuentes distintas en diferentes fases del ciclo económico. De otra parte, y según hemos venido comentando, el aumento de la intensidad de capital que caracteriza a la banca moderna de servicios se debe, en no poca medida, a las inversiones en medios informáticos, en sistemas de información y teleproceso y en las redes: las propias y las paralelas, a las que nos referiremos más adelante.

Riesgo cartera = $N(1/N)^2 \times$ variancia media $\times$ $(N^2\text{-}N)(1/N)^2 \times$ covariancia media,

Cuando el número de títulos ("N") aumenta, la variancia de la cartera se aproxima progresivamente a la covariancia media. Si ésta fuera cero - es decir, si no existiera ninguna relación conjunta entre las inversiones realizadas - sería posible eliminar todo el riesgo manteniendo un número suficiente de inversiones. Pero en la realidad eso no ocurre, pues las inversiones están entretejidas en una tupida red de covariancias positivas (y, en el mejor de los casos, algunas próximas a cero). Eso equivale a decir que el riesgo no puede diversificarse fuera del riesgo de mercado. Éste es igual a la covariancia media de todas las colocaciones (suponiendo que se haya invertido lo mismo en cada una de ellas). Para un tratamiento estadístico adecuado, véase, Brealey, Richard y Myers, Stewart, *Principles of Corporate Finance*, 2ª. edición, pp. 146 a 148, McGraw Hill International, 1984.

6.4 ¿DE LAS REDES DE OFICINAS A LA "BANCA DEL FUTURO"?

6.4.1 Planteamiento: el avance tecnológico

Lo hemos venido advirtiendo: la banca del futuro no va a llegar; no puede hacerlo porque ya está entre nosotros. Llegó inducida por el avance de la tecnología; también ha ocurrido en otros sectores. La cuestión, de nuevo, reside en qué bancos y cajas van a llevar la delantera y cuáles quedaron rezagados. Las ventajas competitivas de los primeros serán evidentes.

No es éste el lugar para entrar en cuestiones que son más propias de la física y de la ingeniería de telecomunicaciones o la informática. Pero un gráfico elaborado por Ulrich Eberl[13], de la empresa alemana Siemens, revela el avance que se ha producido en un doble sentido: (1) microprocesadores cada vez más pequeños[14] y, a la vez, (2) progresivamente más potentes ¿Dónde está el límite? El gráfico lo señala para la tecnología actual, pero se trata de una cuestión que depende del trabajo de los laboratorios y de los investigadores.

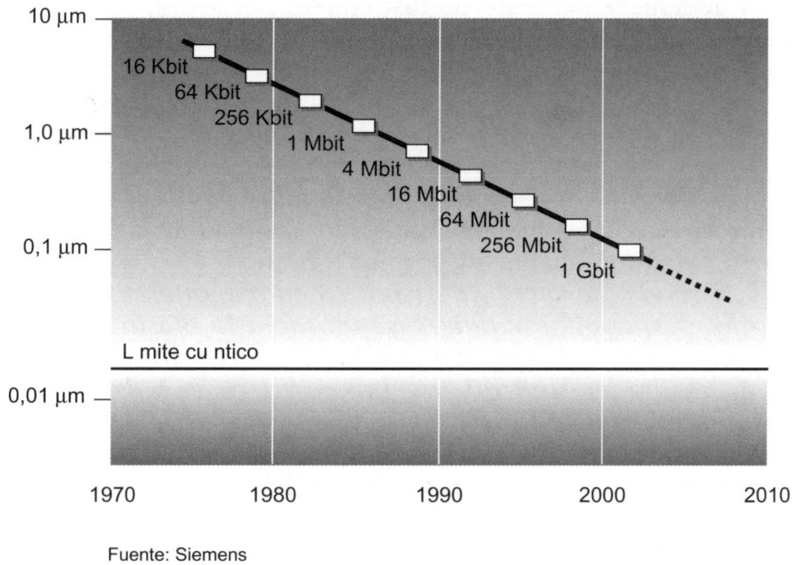

GRÁFICO 6.2

Microprocesadores cada vez más pequeños y eficientes

---

[13] Eberl, Ulrich, artículo publicado en *New World*, Cuarto trimestre 1998, p.29.

[14] En el gráfico de Ulrich Eberle (Siemens), los valores del eje vertical tienen la siguiente equivalencia: 1µ = 1/1.000 mm. A lo largo de la curva, 1Gigabit = un millón de bits.

A principios de la década de los años setenta, las operaciones contables de un gran banco español se realizaban en un ordenador que no tenía mayor capacidad que la de los que hoy utilizan los estudiantes de cualquier universidad española. En el gráfico anterior, correspondería al punto más alto de la recta (más tamaño y menor potencia de las células de almacenamiento de datos).

Según el artículo de Ulrich Eberl[15] ya citado,

"(...) todavía falta mucho para llegar al ´nanochip´, pero una comparación con el mejor ordenador actual que conocemos, el cerebro humano, permite ver sus posibilidades. En un volumen de algo más de un litro es posible almacenar un millón de gigabits, con un consumo de apenas 50[16] watios. Si alguien quisiera hacer algo semejante con un microprocesador actual, tendría que construir un superordenador equivalente a la altura de una casa de varios pisos y dedicar a él toda la energía producida por una central térmica o hidráulica para alimentar su consumo eléctrico".

Esos avances tecnológicos, en cuanto al crecimiento exponencial de la capacidad de almacenamiento de los "chips", van acompañados de nuevos adelantos. La fusión de la telefonía móvil y la red de Internet son las cuestiones que desarrollamos a continuación.

6.4.2 La fusión que nadie había esperado: Internet y la telefonía móvil

A lo largo del año 2000, según el presidente de Telefónica, se produjo uno de los mayores cambios de los últimos años. Se trata de la fusión de la telefonía móvil y de Internet. En sus propios términos[17]:

"(...) ...el nuevo servicio de la banca móvil interactiva, apenas lanzado en unos pocos países, se añade a la oferta ya existente de banca telefónica o banca por Internet, con una oferta ganadora: la de poner una oficina bancaria en el bolsillo de cada usuario de telefonía móvil"[18].

Según algunos expertos asistiremos a la caída de tres importantes barreras que hasta ahora han impedido que se produjera la revolución que se pronostica como la más importante desde el descubrimiento de la imprenta.

* *Las tres barreras que van a superarse muy pronto*

---

[15] Loc. cit.,

[16] 50 watios/hora equivale al consumo de electricidad de un fluorescente instalado en una cocina doméstica mediana.

[17] Villalonga, Juan, presidente de Telefónica. Texto de la conferencia pronunciada en la Universidad Internacional Menéndez y Pelayo/UIMP, Santander, 30 de agosto de 1999, bajo el título: *Operadores globales en la sociedad de la información*, 12 páginas.

[18] El subrayado es nuestro.

Hasta ahora, las comunicaciones de datos a través de los teléfonos móviles han sido muy escasas. Lo habitual ha sido la conexión por Internet. En el país más avanzado en este campo, Finlandia, la facturación de los operadores de telefonía móvil por la transmisión de datos no llega apenas al diez por ciento de sus ingresos totales.

Las tres barreras que están a punto de derrumbarse son las que se relacionan a continuación:

Primera barrera

"(..) El ancho de banda disponible en redes móviles va a aumentar drásticamente en el corto plazo, permitiendo ofrecer velocidades de transmisión muy superiores a las de una línea telefónica ordinaria."

"GRPS, el sistema de conmutación de paquetes GSM, de inminente introducción, permitirá realizar conexiones móviles a 170 Kbps, con la conveniencia añadida de mantener los terminales permanentemente conectados a Internet o a Intranets... Pero el verdadero cambio llegará en tan sólo un par de años con la introducción de UMTS, la tercera generación de móviles, diseñada para soportar el uso masivo de aplicaciones Wireless-Internet (o red sin conexiones) a velocidades de hasta 2Mbps".

Segunda barrera

La segunda barrera que va a desmoronarse será la eliminación de los protocolos de comunicación. Eso hará posible acceder a Internet a través de un teléfono móvil. Varios consorcios de fabricantes están desarrollando modelos para este avance.

Tercera barrera

"(..) La ausencia de terminales adecuados ha supuesto otra barrera. Se están desarrollando terminales de fácil manejo con elevada capacidad de procesamiento de datos que permitirán acceder a la información de Internet, o en las Intranet de las empresas, y navegar por ellas presentando esta información en la pantalla del teléfono".

Esos cambios estimularán el comercio electrónico, cambiarán las reglas de juego del márketing relacional y, en cualquier caso, brindarán nuevas oportunidades de negocios en todos los órdenes y, de una manera especial, en los servicios.

* *¿Qué sucederá con las tarjetas de crédito?*

Actualmente, a través del teléfono móvil ya es posible que los clientes consulten los saldos de sus cuentas bancarias, que hagan transferencias y puedan realizar pagos; pueden también realizar operaciones de compra y venta de acciones y obligaciones, sin mencionar otro tipo de operaciones de conocimiento general.

Existen indicios que apuntan en el sentido de que las grandes entidades emisoras de tarjetas de crédito y débito están tomando medidas para evitar ser desplazadas del mercado. Todo cambio induce nuevos cambios que, a su vez, se expanden de una manera más que proporcional.

6.4.3 ¿Una nueva vía que competirá también con las tarjetas de crédito (y quizá los cajeros automáticos)?

En virtud de un acuerdo suscrito por Sogecable con las entidades que gestionan los medios de pago más usados en España (VISA, 4B y la Confederación Española de Cajas de Ahorros) pueden realizarse las siguientes operaciones, haciendo uso de la tecnología de los 800.000 descodificadores de Canal Satélite Vía Digital[19]. Entre otras, algunas de las implicaciones futuras se resumen a continuación:

- Recarga de las tarjetas monedero,
- Publicidad interactiva,
- Cargo automático en la cuenta bancaria del cliente de Canal Satélite Vía Digital.

En realidad, una buena parte de estas operaciones las pueden realizar ya los bancos y cajas de ahorros. La cuestión estriba en la variedad de las ofertas y su coste.

Examinemos a continuación algunas de las experiencias de bancos europeos y americanos, que desde un buen principio han avanzado en la línea de adaptarse a las nuevas tecnologías.

6.5 REVISIÓN DE ALGUNAS EXPERIENCIAS

6.5.1 España

Entre otras entidades - Bankinter, BBVA, BSCH, etc. - Caja Madrid ha sido muy activa en la introducción de las nuevas tecnologías. Según datos del año 1999, la Web corporativa de la entidad recibe cerca de 200.000 visitantes mensuales, mientras que 60.000 clientes realizan operaciones por Internet a través de su "oficina virtual".

En materia de banca telefónica, Caja Madrid tiene 300.000 usuarios mensuales y un millón cien mil clientes dados de alta. En materia de información, "Infocam Empresas" cuenta con 25.000 empresas activas.

[19] Véase, en este sentido, el artículo "Las tarjetas monedero y de crédito podrán usarse con el terminal de Canal Satélite"; *El País*, edición del 22 de diciembre de 1999, página 40.

Según su Informe Anual 1998[20], Caja Madrid destacaba sus esfuerzos en materia de inversiones en el campo de las nuevas tecnologías en los siguientes términos:

"(...) Respecto a la tecnología de medios de pago a través de microprocesador (chip), nuestra Entidad ha seguido con el proceso de adaptación y dispone ya de casi 600.000 tarjetas, más de 20.000 TPV y 800 cajeros automáticos adaptados (a las nuevas tecnologías)".

El papel de Caja Madrid en materia de tarjetas de débito y crédito emitidas es también muy destacado. Según el referido Informe Anual, en su capítulo dedicado a la Banca Interactiva, la entidad tenía a fines del año 1998 más de medio millón de tarjetas monedero electrónico, 610.000 tarjetas de crédito operativo, con un volumen monetario de operaciones superior a 154.000 millones de pesetas. El número de tarjetas de débito operativas superaba, según el mismo informe (página 85), la cifra de 2,5 millones, con un importe próximo a 1,14 billones de pesetas.

Por su parte, "la Caixa" ha lanzado un portal financiero en el que pueden realizarse todo tipo de operaciones. Según los expertos, se trata de uno de los portales más avanzados.

6.5.2 Experiencias internacionales

6.5.2.1 Banc One (Estados Unidos)

Es posible que la difusión de Internet y de los cables de fibra óptica - y la difusión de los datos por banda ancha - contribuya a la extensión de los intentos relativamente recientes de potenciar la "banca a domicilio". En Alemania, según hemos comentado en párrafos anteriores, algún gran banco cierra oficinas aprovechando la creación de negocio que realiza a través de Internet; en realidad, lo que ha hecho es refundir dos "redes paralelas" en una sola.

Evidentemente, en los Estados Unidos el proceso se está produciendo en forma más acelerada. A título ilustrativo, Banc One (con un volumen global de 29 billones de pesetas en activos), en los últimos 15 años ha comprado en Estados Unidos 119 bancos - de tamaños pequeño y mediano -, el último de ellos "First Chicago Corporation". Ahora ha declarado que da por terminado el proceso de compras[21]. Los estrategas ponen en duda que deje de expansionarse, especialmente conociendo la actitud fuertemente expansiva de su presidente. Pero él insiste en el éxito alcanzado con su "banco virtual", "Wingspane", que en los dos últimos años ha dado servicio a 350.000 clientes[22].

---

[20] Caja Madrid, Informe Anual 1998, p.86.

[21] Véase, *Business Week*, 11 de agosto de 1999.

[22] En Alemania, la idea de Deutsche Bank de fusionar su red de oficinas con la red por Internet, "Bank 24", se debe, según señala su Annual Report 1998, al hecho de que habiendo sido este último fundado en 1995, cuenta ya con 390.000 clientes y espera llegar a medio millón en menos de cinco años.

El presidente del banco señalaba, en cuanto a las posibilidades de Internet: *(...) Si uno desea construir un negocio de comercio electrónico se ve obligado a destruir el que tiene basado en ladrillos y tejas".*

Evidentemente, en Europa las decisiones no son tan drásticas, pues mientras en unos casos se mantienen redes paralelas (España), en otros (Alemania) se fusionan la red real con la virtual.

No obstante, el caso de Estados Unidos es distinto por varios motivos: en primer término, cualquier persona que disponga de 15 millones de dólares, un servidor de Internet y un buen plan de márketing puede conseguir una autorización para trabajar bancariamente desde Internet. A pesar de eso, hasta el mes de agosto de 1999 sólo existían siete de este tipo de "bancos virtuales" que cuentan con la garantía federal del seguro de los depósitos de los clientes.

El modelo americano es, desde luego, muy distinto al que se está desarrollando en España. Tomemos el caso ilustrativo de Wingspan:

(1) Paga por los depósitos un tipo de interés del 4,5% (frente al uno por ciento que paga su casa matriz, Banc One).

(2) Ofrece más de 7.000 fondos de inversión pertenecientes a compañías no relacionadas con su casa matriz.

(3) Ofrece los servicios de 60 compañías de crédito hipotecario - tampoco relacionadas con Banc One.

(4) Realiza el pago electrónico de facturas sin cargo (mientras que Banc One carga 4,95 dólares al mes).

La cuestión decisiva, en este caso, es si la expansión de la casa matriz puede producirse creando cinco, diez o más modalidades de banca por Internet.

6.5.2.2 Bank of America (BofA)

Se trata de un megabanco, resultado de la fusión del primitivo Bank of America con Nationsbank Co. Tiene un volumen de activos superior a 111 billones de pesetas (al cambio de 183 pesetas dólar EE.UU), 4.500 oficinas, 14.000 cajeros automáticos y el 8,6% del total de los depósitos de Estados Unidos. Hasta cierto punto, es un caso que guarda relación con el modelo que ha seguido otro banco, Wells Fargo.

La dimensión de Bank of America se debe también al proceso de compras que ha llevado a cabo su presidente, extendiendo sus redes en 15 de los estados de la Unión y cuotas de mercado que representan el 20% del estado de California, el 23,3 de Florida, el 12,9% de Texas, etc.

Este banco ilustra no tanto las ventajas de la dimensión - que no pueden dejarse de lado - sino que refuerzan el concepto de "masa crítica" que hemos venido proponiendo en nuestro libro *Una nueva forma de hacer banca* y también en este libro. Puesto que la banca americana había quedado restringida en sus operaciones a su Estado de origen - y a menudo un banco era tan sólo un edificio enclavado en una gran ciudad -, las sucesivas fases del ciclo económico influían seriamente en sus resultados. Eso explica, de una parte, su expansión internacional y, de otra parte, la compra de otros bancos dentro de Estados Unidos, de costa a costa, para diversificar los riesgos. Salvando todas las distancias, en su mercado doméstico están desarrollando estrategias similares a las cajas de ahorros españolas desde que éstas fueron autorizadas a tener una expansión territorial de acuerdo con el volumen de sus recursos propios.

Lo importante del efecto "masa crítica" es que el banco tiene a su alcance dos millones de empresas de diverso tamaño, lo que incluye el 85% de las mayores 500 empresas del país. Al propio tiempo, 30 millones de hogares americanos figuran en sus cuentas y su influencia es tan grande que llega a procesar el 25% de todos los cheques, tarjetas de crédito y cajeros automáticos y otras transacciones de Estados Unidos. En pocas palabras, según Business Week[23] sus transacciones superan las de la propia Reserva Federal (o banco central americano).

Para las cuestiones que nos ocupan en este capítulo, conviene destacar una de las estrategias que el banco ha diseñado. Un consultor lo ha definido de la siguiente forma:

"(...) Así como otros grandes bancos americanos tienen sus propios jefes de cuentas, jefes de créditos y especialistas de inversiones en divisiones separadas, lo que provoca múltiples llamadas a un mismo cliente, eso no ocurre en Bank of America. Creo que uno podrá escuchar mucho mejor una pieza musical que tenga un solo director que otra que tenga varios directores a la vez...".

Otra de las ventajas de la masa crítica viene dada por los sistemas de información. El banco ha conseguido centralizar en una base de datos común toda la información, siendo posible cruzar todo tipo de datos y establecer planes de ventas cruzadas y ofertas personalizadas. No obstante, si consideramos por separado los dos grandes bancos que se fusionaron, mientras Bank of America de California tiene todavía un elevado potencial - pues un cliente típico solamente tiene 1,6 productos financieros del banco - la media de NationsBank es casi el doble.

6.5.2.3 Wells Fargo

Wells Fargo es, posiblemente, el grupo bancario que tiene una concepción estratégica más estrechamente ligada a Internet: el grupo basa su dis-

[23] "A Megabank in the Making", *Business Week*, edición de 13 de septiembre de 1999, pp. 62 y siguientes.

tribución en Internet. A pesar de ser el banco que tiene un mayor número de oficinas de distinto tipo (a fines del año 1999, 5.925), y de ellas 1.093 en supermercados, tiene también el liderazgo en llamadas telefónicas - a partir de un "call center" o centro de llamadas de clientes por teléfono - a través del que recibe 21 millones de llamadas cada mes.

Los esfuerzos que se han realizado a través de Internet[24] han dado como resultado que en diciembre de 1999 contara con 1,3 millones de clientes ligados a la red, a los que se añaden cada mes 100.000 nuevos clientes de banca al detalle.

Frente a la estrategia de diferenciarse en precios que hemos destacado en el caso de Banc One, Wells Fargo no concede ningún tipo de incentivo a los clientes que utilizan la vía de Internet respecto de los que siguen siendo clientes de su red de oficinas de "tejas y ladrillos".

En este sentido, no paga más por los depósitos que le llegan a través de los clientes que hacen uso de Internet y tampoco les ofrece préstamos o créditos en mejores condiciones. Lo que importa es que el cliente decida por sí mismo qué canal de distribución desea utilizar.

Según los datos que publica Warburg Dillon Read[25], en los Estados Unidos el cliente medio representativo acostumbra tener saldos en cuenta superiores en un veinte por ciento a los de los clientes que utilizan los canales tradicionales, y compran productos y utilizan los servicios del banco un 50% más. Si se combinan esos dos tipos de comportamiento el resultado es que Wells Fargo obtiene de cada cliente de Internet, por término medio, un 50% más que los resultados medios de los clientes de los canales de distribución tradicionales de la banca al detalle. Por si eso fuera poco, según señala Warburg Dillon Read,

> *"(...) los costes de los servicios bancarios que se prestan a un cliente que hace uso de Internet son un catorce por ciento más bajos. Por último, las tasas de deserción son en la banca on line un treinta por ciento inferiores".*

Las actividades de banca para empresas pequeñas y medianas y de banca al por mayor de Wells Fargo son también muy destacadas. Para las Pymes -aunque la definición americana nada tiene que ver con las dimensiones de las empresas españolas - el banco les ofrece un producto denominado "One-StopStore". Se trata en realidad de un paquete que permite a las empresas

[24] Véase, Hanley H. Thomas y Roventini, Gabrielle, *Internet Finance: Cracking the Egg*, publicación de Warburg Dillon Read, filial de la UBS AG, 1 de diciembre de 1999. Con ocasión del foro, el banco organizó un encuentro bajo el título "1999 Internet and Financial Services Conference". Entre otros, los bancos que participaron en dicho encuentro fueron: Citigroup, Chase Manhattan Bank, Bank of America, Merrill Lynch, Morgan Stanley y Capital One. Los inversores asistentes pudieron también tener las opiniones de compañías dedicadas a la tecnología avanzada, tales como Microsoft e Intuit. También participaron los que pueden denominarse "pure Internet finance players", tales como E-Loan, NetB@nj y FiNet.com.

[25] Ibid., p. 74.

pequeñas y medianas tener presencia en tiempo real en Internet, con su propia página o Web que el banco les diseña hasta los sistemas de pago que la entidad implementa. A título ilustrativo y según la información de Warburg Dillon Read, el banco ha conseguido procesar anualmente, sólo en ventas por tarjeta de crédito "on-line" o en tiempo real, 1.000 millones de dólares para tres mil empresas que hacen uso de Internet. Entre estas compañías se encuentran Ebay, Yahoo!, Cellular One y otras.

6.5.2.4 Citigroup

Dentro de este grupo bancario - resultante de una de las mayores fusiones bancarias - el negocio ligado a Internet se ha canalizado a través de "e-Citi".

La empresa "e-Citi" tiene dos millones de clientes en el mundo, y en el último trimestre de 1999 añadió otros 400.000 nuevos usuarios de sus servicios. Según señala el informe de Warburg Dillon Read,

> *"(...) Las principales iniciativas de Citigroup en el campo de Internet se centran en tres áreas. La primera tiene que ver con los servicios financieros (banca, transacciones en acciones y obligaciones, seguros y asesoría), que presta tanto a los consumidores como a las compañías. El segundo tiene que ver con el comercio electrónico, en el que pone de acuerdo a compradores y vendedores. La tercera categoría persigue poner a la entidad como una empresa financiera de Internet en oposición a las que sólo 'están en Internet'. Es decir, según su propia definición, un banco que está en Internet se limita a poner sus catálogos de oferta en Internet. Un banco que pertenece a Internet es una compañía que no existiría si no hubiera sido por la creación de Internet".*

6.5.2.5 KBC Bank and Insurance

Se trata de un banco belga. Ha establecido una conexión con la red de telecomunicaciones, Belgacom, para establecer una prueba piloto de "banca a domicilio" mediante el uso de la televisión. Los clientes del banco pueden, a través del nuevo medio, transferir fondos desde su cuenta a través de un aparato conectado al teléfono que funciona mediante una "tarjeta inteligente". En un plazo estimado en dos años, al sistema podrá unírsele una conexión para dinero electrónico, denominado Proton[26].

---

[26] Véase, *Bank Marketing International*, noviembre de 1998, p.5, Blackwell Publishers Ltd. Institute of European Finance, 1999.

6.5.2.6 Encuesta del "Henley Centre" sobre la banca a domicilio

El centro de estudios financieros de Henley llevó a cabo una encuesta dirigida a 2.800 consumidores del Reino Unidos, escogidos al azar. El estudio se titulaba "Servir al cliente desde su propia casa por línea directa". Según los resultados obtenidos, el 31 por ciento se mostraron muy interesados en la banca a domicilio o el "banco en casa", muchos más de los que se interesaban por la realización de compras desde su propia casa. Un 12 por ciento se manifestaron a favor del uso de su propio ordenador personal (PC), un 38% por el uso del teléfono y el 28 por ciento la televisión. La mayor parte de los consumidores consultados esperaban que esos servicios fueran gratuitos[27].

Las posibilidades de Internet en el negocio bancario son prácticamente ilimitadas, pero nos encontramos todavía en una fase de inicio, desde distintos ángulos. El avance dependerá de la seguridad de las transacciones (reconocimiento de las firmas electrónicas; seguridad en el uso de las tarjetas de crédito y débito por la red, etc.).

6.5.2.7 Alianzas estratégicas para captar nuevos clientes bancarios

Uno de los bancos ingleses más grandes - quinto en el ranking del Reino Unido -, Abbey National, y la cadena de supermercados Safeway, llegaron recientemente a un acuerdo para abrir veinticinco oficinas bancarias adicionales dentro de la cadena de grandes superficies. Esas oficinas bancarias tienen un horario idéntico al del supermercado, lo que significa que el banco está abierto al público siete días por semana y con horarios más amplios que los que tienen normalmente las agencias bancarias tradicionales.

Las agencias situadas en los supermercados cuentan con máquinas de autoservicio mediante las cuales los clientes pueden realizar las operaciones básicas - depósitos, disposición de efectivo, extractos, etc. - y un teléfono gratuito para ampliar los servicios bancarios. En algunos casos, los clientes de los supermercados podrán disponer de empleados bancarios que estarán a su disposición para asesorarles sobre servicios bancarios más especializados[28].

6.5.2.8 En algunos países de la Unión Europea los bancos tienen una parte de las agencias que abren incluso los domingos

No se trata de disponer de cajeros automáticos en las oficinas de cualquier banco o caja. La cuestión va más allá, pues, a título ilustrativo, el grupo

---

[27] Véase una síntesis de la encuesta en la publicación, "Consumers want free home banking services", *Bank Marketing International* (UK), Blackwell Publishers Ltd./Institute of European Finance, 1999.

[28] Para un resumen de esta modalidad, véase, *European Banker*, número 158, octubre de 1988, Reino Unido; Blackwell Publishers Ltd./Institute of European Finance, 1999.

Halifax tenía, en el año 1998, 200 oficinas que, además del horario normal de los días laborables, ofrecían un servicio completo al público los domingos, de 11 de la mañana a 3 de la tarde. La oficina de más reciente inauguración, en Kensington (Londres), tiene áreas separadas para la atención al público, la realización de operaciones y un área para que los niños puedan jugar mientras sus padres realizan las operaciones bancarias. Por supuesto, esas agencias tienen cajeros automáticos ("Automatic Teller Machines"), y cabina telefónica para tener acceso directo a los servicios especializados de Halifax[29].

6.5.2.9 La banca comercial de Estados Unidos intenta aumentar las redes de oficinas para poder sobrevivir

Los grandes bancos comerciales americanos intentan reestructurar su negocio al detalle para reducir la desventaja competitiva en costes, debida, de una parte, al estancamiento del volumen de depósitos que administran y, de otra parte, como consecuencia del aumento de la competencia de las instituciones que disfrutan de menores costes de gestión, tales como los Fondos de Inversión ("Money Market Mutual Funds").

6.5.2.10 Una nueva estrategia competitiva: crear oficinas de bajo coste operativo

En Estados Unidos, la fuerza de un banco depende del director de sus oficinas, de los empleados y de la extensión de la red de oficinas o agencias. En pocas palabras, del negocio al detalle. Algunas fusiones pueden haber provocado la venta de oficinas, con despidos de personal que tenía una buena preparación, pero existe otra estrategia. Se trata de abrir más oficinas bancarias, en vez de cerrar las existentes, pero hacerlo a costes mucho más bajos, es decir, con menos empleados gracias a los aumentos de productividad y a un mejor uso de los medios informáticos y de Internet.

¿Cómo hacerlo? Instalándolas precisamente allí donde acude un mayor número de clientes potenciales, varias veces a la semana y posiblemente con afluencia de público de lunes a domingo e incluso al atardecer o a primeras horas de la noche. El lugar no puede ser otro que las grandes superficies comerciales (y los aeropuertos, estaciones de ferrocarril, universidades y grandes centros comerciales o "malls"); cuanto mayores, tanto mejor. Eso es lo que han decidido algunos de los grandes bancos americanos, según la relación que a continuación se detalla[30].

---

[29] Véase Anderson, Scott, "Bank design: an end to 'bank-speak'", *Bank Marketing International* (UK), marzo 1998, pp. 6 y 7; Blackwell Publishers Ltd./Institute of European Finance, 1999.

[30] Este caso se ha tomado de nuestro libro, *El euro, la banca y las empresas*, si bien con adaptaciones a la situación actual.

Banco	Número de oficinas en supermercados	Número total de oficinas del banco	% sobre la red total de oficinas del banco
- BankAmerica Co.	126	2.065	6,1%
- Wells Fargo	88	1.913	4,6%
- Fifth Third Bancorp	82	485	16,9%
- Banc One Corp.	71	1.578	4,5%
- NationsBank Co.	68	2.194	3,1%
- National Commerce Bancorp	47	81	58%
- Mellon Bank Co.	38	487	7,8%
- National City Co.	29	935	3,1%
- Bank of Tokyo	27	284	9,5%
- Zions Bancorp	25	131	19,1%
FUENTE: SNL Branch Migration DataSource.			

CUADRO 6.3

Principales bancos americanos con oficinas en supermercados (a 30 de junio 1995)

BankAmerica tenía, a mediados del año 1995, 126 oficinas abiertas en supermercados de gran dimensión (un 6,1% de su red total de 2.065 oficinas abiertas al público). Otros bancos tenían proporciones mayores, según se destaca en el cuadro anterior.

Según la revista especializada *American Banker*, de las 50.000 oficinas o agencias bancarias que tiene el sistema bancario de los Estados Unidos, cerca de 3.500 están instaladas dentro de algún supermercado o gran superficie comercial[31]. En los próximos años, este tipo de oficinas aumentará considerablemente, pues varios grandes bancos han anunciado su propósito de abrir varios centenares de oficinas de este estilo.

[31] Esas oficinas bancarias situadas dentro de una gran superficie comercial suelen denominarse "in-store branch" o bien "supermarket branch"

A título ilustrativo, los directores de oficinas mantienen un seguimiento del volumen de transacciones por cajero y por ventanilla día por día y hora por hora. De esta manera pueden organizar mejor la distribución de tareas y las plantillas volantes o la asignación de empleados temporales a determinadas horas y días. Pero, evidentemente, todas esas medidas no bastan si los depósitos se mantienen estancados. Una de las soluciones es buscar nuevas localizaciones en lugares frecuentados por el público: los supermercados.

Se trata de instalar una oficina completa en una gran superficie o supermercado, normalmente de 50.000 pies cuadrados (aproximadamente, 4.600 metros cuadrados) o más, que suelen atraer cada semana a más de 15.000 compradores. La oficina bancaria, de esta manera, ofrece sus servicios durante los siete días de la semana, incluso en horarios vespertinos, algo desacostumbrado en Europa. Una "in-store branch" suele tener de 400 a 600 pies cuadrados, aproximadamente un diez por ciento de la superficie típica de una oficina bancaria normal (5.000 pies cuadrados; 464 metros cuadrados). Suelen tener dos ventanillas, uno o dos cajeros automáticos y conexiones directas a un centro telefónico del banco.Algunos bancos dotan a las oficinas dentro de un supermercado de medios más avanzados, tales como vidéofonos y máquinas automáticas de concesión de préstamos. Los costes de instalación oscilan entre 200.000 y 300.000 dólares, lo que representa una quinta parte de los costes de una agencia tradicional. Los costes de operación se estiman en 350.000 dólares/año, prácticamente la mitad que una agencia tradicional, incluso aunque la "in-store branch" esté en funcionamiento más horas por semana.

Captación de depósitos y nuevos clientes bancarios mediante incentivos

Los empleados de esas "oficinas dentro de un supermercado" están obligados a buscar nuevas cuentas entre los compradores del propio supermercado. Disfrutan de incentivos y "bonusses" o beneficios en función de las nuevas cuentas abiertas y los depósitos conseguidos o los préstamos que se formalicen. Evidentemente, se trata de un tipo distinto de empleados, pues han de estar dispuestos a vender entre las filas de compradores que están escogiendo, por ejemplo, un determinado detergente o la compra de alimentos para todo un mes.

6.6 ALGUNAS IMPLICACIONES DE LOS AVANCES TECNOLÓGICOS

A lo largo de este capítulos las hemos revisado a través de las aplicaciones en distintos sistemas bancarios. Los datos que se exponen a continuación no pueden considerarse todavía representativos para España, pero son indicadores de los valores con que se trabaja en algunos países.

En el cuadro hemos detallado algunas de las consecuencias de la introducción progresiva de las nuevas tecnología. Las resumimos en cinco puntos.

6.6.1 Evolución del coste de las transacciones al avanzar la tecnología

El coste de las transacciones bancarias ha variado al hacerlo los sistemas de información, la productividad de los empleados y la reorganización de las redes. A continuación, según datos de *The Banker*, se comparan los costes de las operaciones de oficinas sin cajero automático y los que se registran cuando se incorporan medios tecnológicos modernos.

Operaciones	Coste por operación (ptas.)
- Transacción típica de un empleado	166,92
- Disposición de efectivo: participa un empleado de oficina	141,96
- Pago de cheque: participa un empleado de oficina	132,60
- Cobro de un cheque en la propia oficina (participa un empleado)	117,00

FUENTE: *The Banker* y R. Poldermans, "Where next in Retail Banking", DFC, Spotlight, 1997.

Cuadro 6.4
Coste medio de las operaciones bancarias sin medios tecnológicos modernos

Operaciones	Coste por operación (en ptas.)
- Transacción típica (por teléfono)	56,16 ptas.
- Operación mediante tarjeta de débito del propio banco	45,24 ptas.
- Operación mediante el uso de cajero automático (ATM = "Automatic Teller Machine")	42,12 ptas.
- Operación mediante tarjeta de crédito	29,64 ptas.
- Solicitud automática de préstamo (mediante modelo de "credit scoring")	14,04 ptas.

FUENTE: *The Banker* y R. Poldermans, "Where next in Retail Banking", DFC, Spotlight, 1997.

Cuadro 6.5
Coste medio de las operaciones bancarias haciendo uso de sistemas de información modernos

En los cuadros anteriores no se ha tenido en cuenta el coste de las transacciones haciendo uso de Internet. Estimaciones recientes pueden ser ilustrativas de las comparaciones, según el siguiente cuadro (6.6).

Medios	Coste transacción (pesetas)
- Desde una oficina bancaria	167 p.
- Por teléfono	84 p.
- Mediante un cajero automático ("Automatic Teller Machine")	42 p.
- A través de Internet	20 p.
FUENTES: Booz Allen & Hamilton; citado por Connecting Europe's digital future, *Financial Times*, edición 26 noviembre 1999.	

CUADRO 6.6
Estimaciones alternativas de coste de transacciones bancarias

Insistimos en el hecho de que estos costes y valores no son directamente comparables para el sistema bancario español y pueden tomarse tan sólo como puntos de referencia internacional.

6.7 RESUMEN

En este capítulo hemos presentado las distintas vías que la banca moderna está tomando para ganar ventajas competitivas.

Se trata de encontrar los medios necesarios para tener redes de distribución diferenciadas. En unos casos serán redes paralelas a las ya existentes; en otros serán redes puramente virtuales, propias o subcontratadas. Y, en cualquier caso, la fusión de las tecnologías de la telefonía móvil con Internet va a brindarnos nuevas oportunidades de negocio, en todos los órdenes y, de una manera especial, en la banca.

En la actualidad, para unos la solución es tener una sola red de oficinas pero desdoblada en la "red virtual" ("Internet") y la red de oficinas física. Es el caso de la reciente reorganización de Deutsche Bank. En otros casos, la expansión y la búsqueda de ventajas frente a los competidores se orienta hacia Internet (Banc One, en Estados Unidos), creando tantos bancos "virtuales" como sea necesario y provocando incluso una seria competencia con la red física, pues este banco ofrece por Internet mejores condiciones tanto en la remuneración de los depósitos como en los préstamos de todo tipo.

Pero lo decisivo serán los cinco impactos que resumíamos en el cuadro del apartado primero:

IMPACTOS DE LAS NUEVAS TECNOLOGÍAS: ¿QUIÉN MANTENDRÁ EL LIDERAZGO?		
CONCEPTOS	BANCOS Y CAJAS QUE SE ANTICIPEN Y APLIQUEN CUANTO ANTES LAS NUEVAS TECNOLOGÍAS	BANCOS Y CAJAS QUE RETRASEN LA APLICACIÓN DE LAS NUEVAS TECNOLOGÍAS (o lo hagan con criterios puramente informáticos, dando la espalda al mercado)
1. Comportamiento de los ingresos financieros	- Conseguirán crecimientos por encima de la media.	- Perderán ingresos en términos relativos (y posiblemente, a la larga, en términos absolutos)
2. Estructura de la red de oficinas	- Algunos bancos (y en mayor medida las cajas) podrán conservar oficinas que parecía necesario cerrar. Algunas cajas estarán en condiciones de continuar su expansión territorial	- En un caso límite podrían hacer frente a la posibilidad de vender oficinas. - Perderán las oportunidades de crear redes paralelas.
3. Cartera de clientes	- Estarán en condiciones de aumentarla - Aplicarán las nuevas técnicas de segmentación sociodemográfica - Crecerán en los segmentos más rentables - Serán los pioneros en el uso de las ventajas de Internet. - Ganarán posiciones gracias a redes paralelas	- Perderán las oportunidades de segmentar por niveles sociodemográficos. - Llegarán tarde a los nuevos hábitos y comportamiento de las generaciones más propensas al uso de Internet (jóvenes, parejas maduras, Pymes, negocios de Internet entre empresas, "B2B", etc.)
4. Prestación de nuevos servicios	- Estarán en condiciones de aumentar la oferta selectiva de nuevos productos, en forma más rápida y personalizada	- Perderán la oportunidad de ofrecer servicios relevantes para las necesidades de sus clientes - Los clientes que buscan mejores servicios desertarán hacia entidades más modernas
5. Reducción de costes	- Conseguirán disminuir los gastos operativos; disminuirán la proporción de gastos fijos respecto a ingresos	- Operarán con costes más elevados.

La necesidad de competir donde existe mayor afluencia de público (las grandes superficies) ha producido un doble tipo de relaciones. En el Reino Unido, algunos grandes almacenes se han convertido prácticamente en "entidades financieras", decisión que está provocando algunas dificultades en la calidad de los préstamos que tienen en cartera. Los efectos sobre su propia clientela de comercio al detalle no son desde luego despreciables, pues después de denegar un préstamo hipotecario es posible que termine por perderse un cliente habitual, que hasta aquel momento había sido un buen comprador de artículos de consumo.

Desde otra perspectiva, los bancos americanos se están introduciendo en las grandes superficies, con oficinas abiertas en horas no habituales y con empleados que tienen sus ingresos ligados al volumen de operaciones, la calidad de su trabajo, etc. Por último, los medios de cobro y pago van a experimentar importantes cambios, como ha anticipado el presidente de Telefónica: las tarjetas de crédito posiblemente tendrán que "reinventarse"; quizá veremos "oficinas bancarias de bolsillo", bajo el soporte de un teléfono móvil conectado a la intranet de una empresa, de un banco o de una caja de ahorros. En fin, las posibilidades van a ser insospechadas, pero sólo las entidades que se anticipen a los demás disfrutarán de nuevas ventajas competitivas (por tener una mayor gama de productos, prestar mejores servicios, aumentar los ingresos por comisiones y acrecentar el número de clientes, reduciendo los costes operativos).

Capítulo 7

La banca de servicios es rentable

La mitad de lo que gasto en publicidad es dinero malgastado. Mi problema es que desconozco qué mitad es la que pierdo.

John Wanamaker[1].

7.1 INTRODUCCIÓN

Hoy en día ningún empresario - y sin duda ningún directivo bancario - haría suya una frase como la que encabeza este capítulo. Entre otras cuestiones, porque fue pronunciada en el año 1869, cuando los ferrocarriles funcionaban todavía a vapor y sólo se conocía la existencia de una galaxia (la nuestra, la Vía Láctea).

Pero hoy - salvando todas las distancias - existen empresas que no saben realmente qué desean sus clientes. Es más, los clientes tienen una tendencia natural a emigrar y con ellos lo hacen las "zonas que generan beneficios". El efecto también se produce en la banca: las nuevas tecnologías y los cambios en los patrones de conducta aceleran esos procesos de cambio. La evolución de la demografía hará el resto. No es por azar por lo que uno de los mejores expertos en markéting sostuviera en una ocasión que

---

[1] Cita de Hether Green, en "The Information Gold Mine", *Business Week*, edición del 26 julio 1999.

"(...) Al fin y al cabo, el márketing se reduce al estudio de los cambios que se producen en la demografía, las variaciones de la estructura de la población y, en el caso de la banca, el ciclo de vida del ahorro. Los jóvenes gastan; los que están comprendidos entre los 50 y los 65 años tienden a acumular ahorros en la medida de sus posibilidades..." [2].

En el primer libro de Michael Porter[3], a principios de la década de los años ochenta, se dio tanta importancia a la información propia como a los medios para mantener a los competidores mal informados, cuando no confusos. Pero el primero que lo formuló en términos estratégicos, para usos militares, fue Clausewitz.

En este capítulo presentamos los nuevos medios para prestar servicios que generen comisiones - algunos de ellos sin riesgo de interés y tampoco riesgo de crédito - y se revisan también los que sí tienen esos riesgos (las tarjetas de crédito). Se revisan también las nuevas tendencias en la explotación de los datos disponibles - o los que pueden conseguirse a través de Internet, papel que en algunos medios americanos se ha dado en calificar "la segunda fiebre del oro", por atribuir un papel de metal precioso a los datos, y de ahí la expresión "data mining" o explotación de los datos disponibles.

Pero para sacar partido de los datos es necesario contar con lo que es la fuerza directriz de un banco: un departamento de márketing potente.

7.2 LA NUEVA FUERZA DIRECTRIZ DE LOS BANCOS: DEPARTAMENTOS DE MÁRKETING POTENTES

La banca moderna se basa en los servicios. Es una tendencia irreversible: los bancos son expertos en evaluar riesgos, en intermediar, en transformar plazos y en realizar todo tipo de diseños de nuevos productos y servicios que se adapten a las necesidades de sus clientes. Ningún otro tipo de negocio es tan versátil como puede llegar a serlo un banco o una caja de ahorros (y nadie puede ganarlos en este terreno especializado). Pero necesitan un buen taller de diseño, gente creativa que esté atenta a las necesidades del mercado y se anticipe a la demanda futura. En pocas palabras, una entidad financiera moderna necesita de una división de márketing dotada de los mejores expertos y los diseños más creativos del sector. Los servicios que pueden prestarse no tienen límite; su techo depende de nosotros mismos, de las limitaciones que impongamos a la imaginación.

---

[2] En economía, el premio Nobel Franco Modigliani estableció el ciclo del ahorro de una nación en función de las propensiones al consumo y las necesidades de acumular ahorros de los que tienen edades maduras. El modelo sigue siendo válido, aunque ha de completarse con el de otro premio Nobel, Milton Friedman, en cuanto a la hipótesis del ingreso personal permanente.

[3] *Competitive Advantage*.

A fines de los años ochenta, un banquero americano comentaba en una reunión internacional:

"Incluso en los Estados Unidos, donde nació la disciplina del márketing, los bancos han sido los últimos en darse cuenta de su importancia y de crear departamentos especializados, fichando a los mejores creativos de todo el país. En cuestiones de márketing la industria nos lleva décadas de ventaja, posiblemente porque ellos tenían que salir a vender sus productos; a nosotros nos bastaba con esperar que acudieran a nuestras oficinas a depositar el dinero y a pedirnos préstamos. Vendíamos algo tan invalorable que nuestra actitud era puramente receptiva. Nos bastaba con estar ahí".

En algunos países europeos, el margen financiero (diferencia entre los productos financieros y el coste de los recursos onerosos) era tan holgado que no era necesario esforzarse demasiado para idear nuevas formas de prestar un servicio mejor y más personalizado.

Afortunadamente para toda la economía - porque cuando el dinero tiene el precio que corresponde a su productividad marginal tiende a maximizarse la riqueza nacional - los consumidores, los prestatarios y el público en general empezaron a beneficiarse de condiciones más adecuadas a partir de la liberalización de los mercados financieros. Eso también ocurrió en España, con recortes que beneficiaron a quienes tenían que endeudarse para financiar viviendas, comprar bienes de consumo duradero o simplemente contratar préstamos personales.

Ahora las cosas son muy distintas. Es necesario concebir productos que quizá tengan un ciclo de vida más corto, simplemente porque otras entidades vayan a la zaga o porque cambien las normas fiscales o los gustos y hábitos de los consumidores.

Pero algo parece cierto: estamos de lleno en un nuevo tipo de banca. En el futuro el beneficio neto de un banco dependerá más de los servicios que preste que de las posiciones de riesgo que tome (riesgo de interés, riesgo de crédito, riesgo de divisa, etc.). Los siguientes apartados se dedican a esta nueva forma de hacer banca.

7.3 COMISIONES: SE CONFIRMAN LAS TENDENCIAS DE CRECIMIENTO APUNTADAS POR DISTINTOS MEDIOS[4]

En la banca moderna, basada en la prestación de servicios de calidad que satisfagan las necesidades reales de los consumidores, las comisiones han de

[4] Entre otros, véanse, Fainé, Isidre y Tornabell R., *Una nueva forma de hacer banca*, Editorial Ariel, Barcelona, 1992 y también, más reciente, *El euro, la banca y las empresas*, Editorial Temas de Hoy, Madrid, 1998.

ganar un peso creciente, según hemos venido insistiendo en nuestros dos libros anteriores. Pero los clientes piden cada vez más valor a cambio de su dinero.

En este capítulo revisamos 1) las oportunidades que van a presentarse gracias a las tarjetas "monedero" en euros, que harán posible los pagos en la nueva moneda única; las insospechadas posibilidades de las tarjetas dotadas de un "chip" electrónico, que hará definitivamente más seguros los pagos a través de las compras del comercio electrónico por Internet, 2) algunas de las consecuencias de la presión competitiva en cuanto a los costes por el uso de las tarjetas de débito y crédito, y 3) el impacto de la tercera generación de telefonía móvil (UMTS), que tendrá acceso directo a Internet sin necesidad de hacerlo a través de un ordenador.

Según los datos publicados por el Banco de España, los ingresos por comisiones contribuyeron en 1999 a la cuenta de resultados del conjunto de las entidades de depósito con más de un billón de pesetas. Eso representa ya el 22,95% del margen ordinario - y el 0,68% si se miden en función de los ATM (activos totales medios). En conjunto, tuvieron un crecimiento del 10,2% y su dinamismo se ha mantenido durante varios años de expansión (crecimiento anual 14,5% en 1996; 24,4% en 1997 y 20,3% en 1998).

Esas tasas de crecimiento superan las del volumen de negocios, de manera especial a partir del año 1996 y en menor medida en el último ejercicio. En conjunto nos da una idea de la modernización de los medios de pagos del sistema bancario español. De otra parte y desde la perspectiva de la banca y su cuenta de resultados, la nueva tendencia - que parece sólida, pues tan sólo en 1999 se emitieron más de tres millones de nuevas tarjetas - da pie para cambiar la forma tradicional de considerar el resultado de bancos y cajas, de manera que, sin dejar de prestar atención al margen financiero, en último término será más representativo de una entidad el margen ordinario[5]. Así se pone de manifiesto en el siguiente cuadro 7.1, para el año 1999.

[5] El margen financiero puede todavía estrecharse, y puede ser, al propio tiempo, más volátil, es decir, tener fluctuaciones importantes en función de la evolución de los tipos de interés y éstos de las expectativas de inflación y de la política del Banco Central Europeo, sobre el que el sistema bancario español no tiene ninguna influencia. De hecho, a lo largo del primer semestre del año 2000, y luego en el mes de septiembre, un nuevo factor ha venido a sumarse a las tendencias alcistas de los tipos de interés oficiales. En efecto, la continuada depreciación del euro frente al dólar americano, el aumento de los precios del petróleo de más de un 34% en un año - y los repuntes de inflación de la zona Euro11 - han propiciado políticas de aumentos de tipos de interés para frenar la presión sobre los precios y dar confianza a los mercados sobre el apoyo que el BCE presta al euro.

(millones euros)

Conceptos	Entidades de depósito		
	Importe	% s/ATM	%Δ
Productos financieros	44.821	4,72	-11,6
Costes financieros	-23.975	-2,52	-20,4
Margen de intermediación	**20.846**	**2,19**	**1,4**
Otros productos ordinarios	7.496	0,79	4,0
Comisiones	6.507	0,68	10,2
Resultados por operaciones financieras	989	0,10	-24,0
Margen ordinario	**28.343**	**2,98**	**2,1**
Gastos de explotación	-18.584	-1,96	3,2
Margen de explotación	**9.759**	**1,03**	**0,0**
Venta de valores e inmuebles	1.720	0,18	-21,6
Saneamientos de créditos	-1.253	-0,13	-11,4
Saneamientos de valores y otros	-1.028	-0,11	-52,6
Resultados de ejercicios anteriores	332	0,03	1,5
Otros resultados	-634	-0,07	16,4
Resultado antes de impuestos	**8.896**	**0,94**	**9,1**
Impuesto sobre beneficios	-1.908	-0,20	19,3
Resultado después de impuestos	**6.987**	**0,74**	**6,7**
PRO MEMORIA:			
Activos totales medios (ATM)	**950.292**	-	**5,8**

FUENTE: Banco de España, Boletín Económico, Abril 2000

CUADRO 7.1
Cuenta resultados 1999: entidades depósito

7.4 POTENCIAL DEL MERCADO BANCARIO ESPAÑOL

A lo largo de los capítulos anteriores hemos hecho referencia a algunos indicadores que podían apuntar a cierta saturación en el mercado bancario español. Entre otros, el número de oficinas por 100.000 habitantes[6]; el au-

[6] En el Informe Mensual de "la Caixa", de septiembre de 2000, se destaca el hecho de que los bancos siguieron durante el año 1999 su tendencia, iniciada en el año 1991, a reducir el número de empleados (el 4,3%), mientras que las cajas los aumentaron en un 3,7% y las cooperativas de crédito el 4,2%.

mento de la concentración bancaria y, en fin, la reducción de precios y condiciones, consecuencia del aumento de la competencia.

No obstante, a pesar de esos indicadores que se aprecian tanto en las operaciones de activo como en las de pasivo, existen todavía oportunidades importantes en el sector bancario español, según se recogen en el siguiente cuadro (7.2):

Conceptos	Magnitudes y tendencias
1) Clientes: Mercado potencial	En torno a 22 millones
2) Ciudadanos con una sola cuenta bancaria (banco o caja)	En torno a 12 millones
3) Ciudadanos que no tienen ningún producto de inversión	Cerca de dos millones
4) Usuarios de Internet	Aproximadamente, 3 millones. Tendencia a duplicarse cada cinco años (crecimiento interanual del 15% hasta el año 2005)
5) Tarjetas de crédito (total: 40,81 millones a fines 1999).	3,29 millones de tarjetas de crédito nuevas concedidas en 1999; 3,22 millones en el año anterior
8) Volumen ahorro nacional	En torno a 19 billones pesetas (fines 1999); crecimiento del 5,8% respecto año anterior, según Federación de Cajas de Ahorros
9) Colocaciones en Fondos Inversión, Fondos de Pensiones y en Bolsa de los españoles	Según Federación de Cajas de Ahorros, más del 50% volumen ahorro (año 2004)
10) Cambios en los medios de cobro y pago	- En las empresas, progresiva disminución de letras de cambio, sustituidas por pólizas de crédito, recibos y otras modalidades. - Aumento de compensaciones interempresariales - Aumento de pagos a través Internet
11) Comercio exterior	Aumento de volumen de operaciones por encima del PIB; crecimiento de pólizas de crédito y financiación exterior
12) Número de clientes que utilizan banco/caja por proximidad a domicilio o centro de trabajo	- Varía según las encuestas: Media en torno al sesenta por ciento
13) Cajeros automáticos	En 1999, 41.231 (crecimiento del 11,6% en seis años)
14) Terminales punto de venta	En 1999, 490.000 (Visa E. y CECA; no se incluyen los 227.000 de 4B)
15) Volumen de ventas de las tarjetas en comercios y cajeros	En 1999, 14,74 billones ptas. Se han duplicado en seis años
16) Volumen de ventas en compras a comercios:	4,92 billones ptas. (1999)
17) Penetración de "Internet" en las empresas españolas: Nuevas modalidades de "negocio a negocio" (B2B); de empresas a clientes ("B2C"); de mercado ("e-market); creación de "Intranets" o redes internas propias, etc.	Año 1999: Según *The Economist*, en torno al 19%. Puede crecer a la tasa interanual acumulativa del 15% en los próximos años (Suecia tiene una penetración de casi el 60%). Aumento de la "banca electrónica"
18) Operaciones en los mercados de capitales	Tenderán a crecer a ritmos sostenidos al hacerlo el ahorro personal disponible, los recursos de las empresas y la captación de capitales extranjeros
19) Grado de satisfacción de los clientes con su banco o caja de ahorro	- Varía según los productos y servicios. - Comerciantes: Quejas por el coste cobro mediante tarjeta de crédito (comisiones). - Clientes/familias: en algunas Comunidades Autónomas, quejas por comisiones

CUADRO 7.2
Oportunidades sector bancario español

En primer término, se trata de un mercado potencial de 22 millones de clientes, con necesidades muy variadas, según se trate de la banca minorista, de la gestión de patrimonios o de la banca de empresas. Ninguna entidad de depósito puede pretender que sus clientes sean exclusivos. Alguna entidad bancaria se presenta como "el segundo banco para todos", como ocurre en otros países europeos avanzados.

Se estima que en torno a doce millones de ciudadanos tienen una sola cuenta bancaria (en una caja o un banco) y aproximadamente dos millones y medio no tienen ningún producto de inversión.

Es importante destacar el número de usuarios de los servicios de Internet y el ritmo de expansión que se estima para los próximos cinco años. Se trata de personas jóvenes; posiblemente estarán más predispuestas a los medios de cobro y pago electrónicos, a las tarjetas "monedero", a la contratación en Bolsa a través de cuentas bancarias electrónicas - y desde luego por Internet, dentro de poco por teléfonos móviles - y a la aceptación de los nuevos servicios que la banca electrónica vaya suministrando. Las empresas han entrado con fuerza en Internet y se observan soluciones similares a las que primero se aplicaron en Estados Unidos.

En otro orden de cosas, es evidente que a cada situación del ciclo económico corresponden estrategias bancarias distintas. Los bajos niveles de inflación y la política del Banco Central Europeo propiciaron hasta una fecha reciente tipos de interés nominales (a corto plazo) mucho más bajos que los que los ahorradores estaban acostumbrados tras años de elevadas tasas de inflación. Esta nueva situación favoreció a las entidades bancarias que fueron capaces de presentar ofertas interesantes para quienes disponían de ahorro. Entre otras condiciones, el mercado tiene en cuenta ahora, porque lo ha aprendido en una fecha muy reciente, las siguientes circunstancias:

(1) La renta fija - incluso la que no está sujeta al riesgo de devolución del principal, es decir, la deuda pública - no es ningún seguro para obtener rentabilidades "fijas" o invulnerables ante cualquier variación del mercado de capitales. Muchos inversores han descubierto que en períodos de volatilidad las colocaciones en fondos monetarios pueden dar, en algunos episodios, resultados negativos. También lo han sufrido algunos fondos de pensiones.

(2) Por lo que se refiere a la renta variable, la globalización de los mercado ha provocado aumentos en las primas de riesgo y ha añadido volatilidad a muchos sectores. En consecuencia, los partícipes de los fondos de inversión de renta variable han sufrido durante algunos meses - último semestre de 1998, varios meses de 1999 y a partir de marzo de 2000 - pérdidas de valor importantes. Acostumbrados a las elevadas rentabilidades del año 1997 y buena parte de 1998, una corriente importante de inversores buscan colocaciones menos volátiles, especialmente depósitos bancarios de diversos plazos.

Junto a estas circunstancias, las nuevas medidas fiscales, que ponen prácticamente en un plano de igualdad el tratamiento de los rendimientos de los depósitos bancarios a plazo fijo y los rendimientos de los fondos de inversión, favorecen la captación de ahorro por parte de bancos y cajas de ahorros, según hemos señalado en el párrafo anterior, que pueden ofrecer rentabilidades con rendimientos reales - tipos TAE, descontando la tasa de inflación - que en algunos casos son más atractivas que otras colocaciones sujetas, evidentemente, a un riesgo difícil de evaluar.

Por último, en el referido cuadro se sugieren las tendencias que se aprecian en las nuevas formas de cobro y pago, las formas de financiación y el grado de satisfacción de los clientes de las entidades de crédito.

7.5 CONTRIBUCIÓN DE LAS TARJETAS DE DÉBITO Y CRÉDITO A LAS CUENTAS DE RESULTADOS DE BANCOS Y CAJAS DE AHORROS

A finales del año 1997, según información del Servicio de Estudios del Banco de España, el número de tarjetas por cada 10.000 habitantes mayores de 16 años era en España de 11.051 (5.135 de los bancos comerciales; 5.311 de las cajas de ahorro y el resto, 605, de las cooperativas de crédito).

En un solo año - 1999 - se concedieron 3,22 millones de tarjetas nuevas, en buena medida como resultado de la recuperación del consumo y de los aumentos de los gastos que pueden pagarse mediante tarjetas (desde las grandes superficies hasta los pequeños comercios; desde las autopistas hasta los billetes para entradas de cines, teatros y otros espectáculos). También podría estimarse el efecto positivo que empiezan a tener, gradualmente, las compras que los "cibernautas" realizan a través de Internet y otros medios que hasta ahora habían recibido menos atención. Para los que muestran cierta aprensión por el uso de su tarjeta de crédito a través de Internet una compañía ha encontrado una solución (otras siguen medios similares): se asigna un código a su tarjeta y el número de ésta no circula, sino la cifra criptográfica (parecida a las que usaron los servicios de inteligencia en la Segunda Guerra Mundial). Las posibilidades de fraude van cerrándose a pasos agigantados. La "Caixa" ha introducido una tarjeta de pago especial para cibernautas.

En cuanto al número de operaciones, en comparación con otros medios de pago, en el siguiente cuadro (7.3) se comparan algunos conceptos que guardan alguna relación con el tema que venimos desarrollando.

Entidades	Efectos comerciales (miles)	Tarjetas débito y crédito (miles)
BANCOS/años		
1988	18.524	n.d.
1989	18.842	n.d.
1990	18.585	n.d.
1991	18.837	n.d.
1992	17.467	16.638
1993	13.438	16.304
1994	11.798	15.623
1995	10.786	16.280
1996	10.271	16.620
1997	9.938	16.623
CAJAS AHORRO		
1988	4.955	n.d.
1989	3.732	n.d.
1990	3.244	n.d.
1991	3.396	n.d.
1992	2.805	12.628
1993	2.478	13.352
1994	2.357	13.740
1995	2.416	14.560
1996	2.366	15.557
1997	2.707	17.192
Totales (incluyendo cooperativas crédito)	13.054	35.773

FUENTE: Banco de España, *Boletín Económico*, diciembre de 1997, cuadro 1. El símbolo "n.d." indica los datos no disponibles.

CUADRO 7.3

Tarjetas de débito y crédito: evolución y comparaciones

En resumen, para el conjunto del sistema bancario español las tarjetas de débito y crédito llegaban el año 1997 a un total de más de 35 millones de unidades y en 1999 alcanzaban la cifra de 40,81 millones de unidades. Los datos abarcan solamente desde el año 1992 y, en el caso de los bancos, se observa un relativo estancamiento en torno a los 16 millones de unidades. Por el contrario, las cajas de ahorros, que empezaron con una cifra inferior (12.628 miles) superaron a los bancos en el año 1997, con una cifra total de más de 17 millones de unidades.

En el mismo cuadro se han puesto en relación las tarjetas con los efectos comerciales. Evidentemente, no se trata de medios de pago directamente comparables. En primer término, el descuento de efectos comerciales había quedado reservado a los bancos hasta que se produjo la liberalización del sistema financiero y se ampliaron las operaciones al alcance de las cajas de ahorros - que se extendió también a las operaciones de extranjero. Por consiguiente, cuando la mayor parte de las empresas recurrían al descuento de papel comercial - y numerosas ventas a plazos se instrumentaban mediante letras de cambio - el volumen negociado por los bancos era realmente inusitado[7]. En el año 1988 alcanzaron todavía la cifra de 18,5 millones de efectos, pero al cabo de diez años se habían reducido en un 86%. Las cajas de ahorros, que entraron tarde en el descuento de papel comercial - y no dispusieron de manera inmediata de las correspondientes redes de cobro y corresponsales suficientes -, alcanzaron el año 1988 casi cinco millones de efectos, con una fuerte reducción del 79%, hasta situarse en 2,7 millones de efectos.

En buena medida, las pólizas de crédito y otros instrumentos han pasado a sustituir el descuento de papel comercial (dado el elevado coste de este tipo de operaciones), pero los importes medios no son directamente comparables.

En cualquier caso, como señalaba el propio Banco de España en el *Boletín Económico* de abril de 1999, p. 75, refiriéndose al ejercicio de 1998,

> *"(...) las entidades de crédito han logrado aumentar un año más de forma sustancial los productos obtenidos por comisiones (20%). El resto de productos ordinarios... han aportado a la cuenta de resultados 1,2 billones de pesetas, 86.000 millones más que en 1997. Este aumento es el resultado de dos efectos contrapuestos, un fuerte incremento de los ingresos por comisiones (161.000 millones de pesetas)... Por tercer año consecutivo, este bloque de productos representa el 0,80% de los ATM (activos totales medios)".*

---

[7] En los años en los que los bancos se concentraron en el descuento de letras de cambio - efectos comerciales principalmente, pero también efectos financieros - algunas entidades llegaron a tener casi la mitad de la plantilla dedicada a este tipo de actividad. El peso histórico de esa orientación no ha dejado de tener consecuencia, pues las cajas dedicaron una mayor atención a los clientes en las especialidades de préstamos personales, préstamos con garantía real (hipotecas) y la captación de cuentas de depósito en distintos plazos.

Es evidente que la reducción del margen financiero (o margen de intermediación) ha inducido a bancos y cajas, una vez más, a compensar esas caídas con la generación de servicios. Al fin y al cabo, según hemos venido indicando[8], los consumidores y las empresas están dispuestos a pagar de buen grado los servicios que se les prestan con calidad y a precios justos.

En el año 1998, los ingresos por comisiones de todo orden aportaron casi un billón de pesetas a la cuenta de resultados de las entidades de depósito, lo que representaba ya más del 21% del margen ordinario y 66 puntos básicos en términos de ATM, tras tres años de una evolución claramente expansiva. En 1999 la contribución sobrepasó el billón de pesetas, pero su crecimiento fue inferior al del año anterior, según se detalla en el siguiente cuadro (7.4), poniendo de relieve la contribución de las tarjetas de débito y crédito en cada uno de los años:

Conceptos	1995	1996	1997	1998	1999
COMISIONES NETAS	611	674	822	983	1.082
- De disponibilidad	16	17	18	19	20,13
- Tarjetas,	136	160	190	224	262,4
FUENTE: *Boletín Económico*, abril de 1999, cuadro A.4, página 105; abril 2000, p. 126..					

CUADRO 7.4
Detalle de los productos por comisiones
(Conjunto de las entidades de depósito; miles de millones de pesetas)

7.6 INNOVACIONES EN MATERIA DE TARJETAS ELECTRÓNICAS

Es todavía prematuro aventurar el impacto que van a tener las distintas innovaciones que se están produciendo en materia de tarjetas electrónicas. Pero existen algunos indicadores - especialmente en los Estados Unidos, donde también los bancos padecen reducciones importantes de los márgenes de intermediación - que apuntan en el sentido de que la nueva vía electrónica puede compensar, dentro de cierto orden de aproximación, lo que pueda perderse por la reducción del margen financiero. A continuación examinamos las tendencias que se observan en Estados Unidos, pues, al fin y al cabo, muchas de las innovaciones financieras que existen en Europa nos han llegado, a ritmos cada vez más rápidos, desde el otro lado del Atlántico.

---

[8] Véase, en este sentido: Fainé, Isidre y Robert Tornabell, *El euro, la banca y las empresas*, editorial Temas de Hoy, Madrid, 1998, capítulo 5 y siguientes.

7.6.1 "Tarjetas monederos"

Varios países han manifestado su propósito de adelantar la fecha de desmonetización de sus monedas en favor de la moneda única en varios meses, lo que supondría que desde el día primero de enero del año 2002 podrían pagarse las compras en los pequeños comercios, el metro, los transportes urbanos y todo tipos de pequeñas transacciones en euros. La misma decisión ha adelantado el gobierno español.

Las cajas de ahorros españolas van a ofrecer verdaderos "monederos en euros". Consistirá en una tarjeta que podrá recargarse y hará posibles los pequeños pagos. De hecho, el Sistema 6000 de medios de pago será una tarjeta inteligente, pues estará preparada para realizar el cambio de divisa y realizará las conversiones que sean necesarias (por ejemplo, peseta/euro). Entre otras consideraciones, este tipo de tarjeta será, a la vez, tanto un medio inductor para captación de nuevos clientes como un instrumento para conseguir un mayor grado de fidelidad de los clientes propios.

Al propio tiempo, esta tarjeta competirá directamente con los teléfonos móviles de tercera generación (UMTS); es posible que el coste de las transacciones a través de los móviles pueda resultar más bajo.

7.6.2 ¿Tarjetas de crédito vía Internet?

Cuando se trata del uso de Internet suele producirse una cierta ambivalencia. Para unos va a ser la red que se impondrá en el comercio electrónico y se convertirá en el mayor enemigo de la banca que opera al detalle - banca minorista - y el que impondrá las comisiones más bajas para los que se dedican al negocio de compra y venta de valores (prácticamente todas las entidades financieras). Para otros se trata de un medio para crear nuevos mercados, con nuevas reglas y ritmos de crecimientos propios de la era de la Nueva Economía[9]. Los bancos que se anticipen en ofrecer banca virtual obtendrán nuevas vías de negocio.

Es difícil pronunciarse ante esas dos posiciones, pero lo más probable es que siga una vía media, aunque cada entidad financiera tendrá que decidir lo que más le conviene frente a las distintas opciones abiertas. A continuación presentamos algunos casos ilustrativos.

---

[9] Bancos y cajas tienen un importante papel en esos terrenos. Pueden intermediar en las transacciones de empresa a empresa ("B2B") o de las empresas hacia sus clientes ("B2C") y desde luego a lo que puede tener mayor crecimiento: el mercado electrónico ("e-market").

7.6.3 Una tarjeta de crédito que se concede en 35 segundos a través de Internet (mercado de Estados Unidos)

Ha nacido una nueva tarjeta de crédito. En esta ocasión no la emite un banco; tampoco requiere rellenar demasiados impresos ni esperar un cierto tiempo hasta que se consigue la tarjeta. El propietario de esta nueva tarjeta hizo por cierto recientemente una oferta pública de acciones en la Bolsa de Estados Unidos (Nasdaq, el mercado de los títulos sometidos a mayor volatilidad, por su riesgo intrínseco) para hacer pública la compañía - siguiendo la vía rápida que caracteriza los negocios basados en Internet. Se trata de hacer uso de Internet para ofrecer su tarjeta en los Estados Unidos en tiempo real - sistema "on line". Los clientes interesados consiguen la tarjeta en apenas treinta y cinco segundos. En vez de tener una tarjeta impersonal, pueden escoger entre sus propios colores y la reciben desde la red, simplemente "descargándola" (*down-loading*).

Los datos financieros de cada año los puede descargar también a través de Internet (se trata de los programas Quicken, de Intuit y Money de Microsoft.

Un caso ilustra el modo de trabajar de esta nueva modalidad:

"(...) Un ingeniero jubilado, John X., hizo caso en junio de 1999 a la oferta que aparecía en una página de Internet en la que se ofrecía de forma inmediata una tarjeta de crédito. Lo único necesario para conseguir la concesión automática era que el interesado ofreciera su historial de crédito personal. Es evidente que detrás del telón de fondo, la concesión casi instantánea había requerido que cuatro ordenadores se pusieran en contacto con los cuatro grandes registros americanos que recopilan los historiales de crédito. De una manera instantánea, la compañía emisora de la tarjeta, una vez se aseguró de la capacidad de pago del solicitante y de su historial - veinte segundos - pidió a su ordenador que le presentara 30.000 combinaciones de posibles carteras que mejor encajaran con el perfil del solicitante (John X.). Resultados: en vez de las usuales tres a seis semanas necesarias para emitir una tarjeta de crédito y transferir saldos, John X. pasó a ser un nuevo cliente en cuestión de segundos".

Un directivo de esta compañía comentaba a Business Week: "Internet es la más extraordinaria fuente de datos que jamás hemos conocido en la historia... En realidad estamos creando una nueva ciencia a la que será necesario dar algún nombre nuevo" [10].

---

[10] "The Information Gold Mine", *Business Week*, loc.cit.,

Los bancos españoles no se sienten todavía amenazados por innovaciones de este tipo, pero en una reciente encuesta de los consumidores de los Estados Unidos, una elevada proporción contestaron que se sentían más fieles a los programas de este tipo que les ofrecía su entidad financiera (Intuit o Money) que a todos los productos o servicios que les brindara su banco[11].

La nueva tarjeta de crédito tiene otras ventajas: ofrece un seguro pleno ante los posibles daños que pudiera sufrir el titular por el mal uso que pudieran hacer otros "cibernautas" que tuvieran acceso a ella a través de la red de Internet y, además, ofrece diseños a medida del cliente, es decir, tarjetas personalizadas para cada usuario legal.

Inicialmente, el emisor de la tarjeta se ha asociado con una serie de mayoristas para que los titulares de sus tarjetas puedan hacer sus compras "cibernautas" apretando simplemente un botón en un formulario abierto por cada mayorista en la red[12].

7.7 CONTRIBUCIÓN DE LOS SERVICIOS EN GENERAL A LAS CUENTAS DE RESULTADOS DE CAJAS Y BANCOS

Con independencia de los ingresos por comisiones derivados de las operaciones con tarjetas de crédito que se han examinado hasta aquí para el sistema bancario español, conviene extenderse a otro tipo de ingresos ordinarios. En este sentido, el *Boletín Económico* del Banco de España (abril 2000) señalaba, en relación al menor crecimiento de los ingresos por comisiones en 1999 respecto al año anterior (10% respecto al 20%), al que ya hemos hecho referencia:

> *"La causa que explica esta evolución ha sido el menor crecimiento de los ingresos obtenidos por la comercialización de productos no bancarios, que, a su vez, ha sido consecuencia de la pérdida de atractivo por productos como los fondos de inversión, en los que se ha reducido de forma sustancial el número de nuevos suscriptores. Mucha menor relevancia tienen los ingresos por comisiones derivados de la comercialización de fondos de pensiones y de operaciones de seguros, aunque el crecimiento ha sido algo mayor que el de los fondos de inversión.*

---

[11] Este tipo de innovaciones han sido comentadas en el último libro de Fainé, Isidre y Tornabell, Robert, *El euro, la banca y las empresas*, Editorial Temas de Hoy, Madrid, 1998.

[12] A pesar de que el emisor de la tarjeta se ha gastado casi 1.000 millones de pesetas en promociones, en dos trimestres ha recibido "on-line" un millón setecientas mil demandas de tarjetas, si bien en julio de 1999 había emitido solamente 70.000 tarjetas de crédito. Pero también existen cuentas fallidas: para una cartera de créditos de 170 millones de dólares tiene 347.000 dólares en cuentas de dudoso cobro, pero las ha provisionado con un millón de dólares. La plantilla de la compañía es de solamente 18 personas. Véase, Tim Jackson, "Credit company deals the cards face up", *Financial Times*, edición del 18 de mayo de 1999, p.12.

En total, la cantidad que aportan estos servicios asciende (año 1999) a 2,1 mm de euros, con un crecimiento del 10%".

"El resto de las principales partidas que componen estos ingresos - que son, por orden de importancia, los servicios de cobros y pagos, de valores, de riesgos de firma y las comisiones de disponibilidad - experimentan crecimientos superiores a los de años anteriores".

Entre las causas de esos aumentos el Banco de España señala: 1) eliminación de los servicios gratuitos; 2) un mayor volumen de actividad en los servicios prestados, y 3) una tendencia a la elevación de las tarifas, en las que varían tanto los mínimos aplicados como el precio en tanto por mil.

Un año más, como señala el Banco de España, los ingresos por comisiones asociados a servicios de cobros y pagos son la partida que contribuye en mayor medida al margen ordinario: 3.200 millones de euros. Además, es la que más creció en 1999 (11%). Como señala el propio *Boletín Económico* de referencia,

" (...) gran parte de este incremento se ha debido a sus dos principales epígrafes, cuentas a la vista y tarjetas, que se han visto favorecidos por la fortaleza de la demanda de consumo por parte de las familias y por el fuerte aumento que han experimentado los fondos depositados en cuentas a la vista. En conjunto, estas dos fuentes de ingresos crecen por segundo año consecutivo un 17%, alcanzando una cuantía cercana a 2.000 millones de euros. El aumento de los precios de los servicios relacionados con las tarjetas de débito, tanto el coste de emisión de estas tarjetas como el servicio de disposición en cajeros, así como la administración de cuentas corrientes, siguen siendo factores explicativos de consideración, aunque de menor importancia que en años anteriores".

Durante 1999 también han crecido, aunque a un ritmo inferior (8%) las comisiones por órdenes de pago (domiciliaciones, transferencias, giros, etc.).

Por último, crecieron en forma más moderada los ingresos por servicios de valores (4%), alcanzando la cifra de mil millones de euros. Han crecido por el aumento de las comisiones, por la administración y custodia de valores, cuyas tarifas se elevaron en el año 1999. También aumentaron los ingresos por la gestión de patrimonios.

Es de destacar que aumentaron por encima de otros años los ingresos por comisiones de disponibilidad y por riesgo de firma (8%). El crecimiento de las comisiones por avales y otras garantías (11%) se explica en buena medida por el gran desarrollo de la actividad hipotecaria.

Para concluir, los datos anteriores y las tendencias que se observan en los últimos años dan pie para esperar una mayor contribución de este conjunto de servicios al margen ordinario de las entidades de depósito.

7.8 ¿DE LA FIEBRE DEL ORO A LA FIEBRE POR LOS DATOS QUE DISEÑAN EL PERFIL DE LOS CLIENTES Y DE LOS PRODUCTOS Y SERVICIOS QUE LES INTERESAN?

La fiebre del oro ha pasado a la historia. La nueva fiebre es más general y tiene mayor valor. ¿Qué persigue un industrial? Ahorrar dinero para dirigir sus ofertas a los clientes que realmente están interesados por sus productos.

¿Qué desean los distribuidores? Dirigirse a las grandes masas de consumidores; comprender qué es lo que quieren y ofrecérselo (posiblemente con un cierto margen extra).

En general, las empresas necesitan datos para descubrir cuáles son las tendencias y en qué clientes conviene que concentren su atención y esfuerzos. *Business Week* cita el caso de un fabricante de software que se encontraba en este tipo de circunstancias,

> *"(...) A través de Internet la empresa se enteró de que los consultores constituían en realidad el 30% de las ventas on line de uno de sus paquetes informáticos para diseño y diagramación. Lo importante es que aprendieron a quiénes tenían que dirigirse y lo hicieron en tiempo real".*

Algo similar les ocurre a bancos y cajas. Todos tienen una mina de oro; algunos la explotan, respetando la normativa legal sobre uso confidencial de datos. Otros no. No es difícil imaginar quiénes reciben la mayor contribución a su cuenta de resultados.

Las investigaciones de Forrester Research, citadas por *Business Week* en su número especial sobre el tratamiento de las bases de datos, señala las siguientes tendencias (cuadro 7.5):

Conceptos/funciones (años)	1999	2001
- Márketing	18%	52%
- Servicios al cliente	16%	48%
- Ventas	16%	34%
- Mejora de los procesos	2%	22%
- Detección de fraudes	10%	14%
- Desarrollo de productos	4%	10%
- No sabe/no contesta	0%	18%
- No utiliza los datos	72%	0%
FUENTE: Forrester Research Survey de 50 de las 1.000 empresas americanas más grandes; citado por el suplemento de *Business Week*, 26 de julio de 1999.		

CUADRO 7.5

¿Qué uso hacen las empresas de la información que recopilan sobre sus clientes?

Conceptos/años	1999	2001
- Aumentar la facturación	20%	74%
- Reducir costes	16%	34%
- Sin impacto	72%	0%
- No sabe	0%	20%
FUENTE: Forrester Research Survey de 50 de las 1.000 empresas americanas más grandes; citado por el suplemento de *Business Week*, 26 de julio de 1999.		

CUADRO 7.6

¿Cuánto esperan ganar las empresas de la información que disponen sobre los perfiles de sus clientes?

7.9 NUEVAS TENDENCIAS EN LOS ESTADOS UNIDOS EN MATERIA DE MEDIOS DE PAGO

Lo que ocurre en los Estados Unidos en cuestiones bancarias no necesariamente tiene que extenderse a Europa o específicamente al sistema financiero español. No obstante, buena parte de las innovaciones en este campo nacieron en el otro lado del Atlántico y se difundieron - con mayor o menor retraso - en todos los países europeos[13]. Las nuevas tendencias que se observan ahora en el uso de las tarjetas de crédito y los hábitos de los que las poseen pueden señalar, posiblemente, algunas pautas de lo que puede producirse también entre nosotros en un plazo más o menos corto.

Lo que está ocurriendo en los Estados Unidos - según un análisis publicado en el boletín del principal banco central del país, en febrero de 1999[14] - puede resumirse en las siguientes características:

(1) Democratización de las tarjetas de crédito[15].

Según la encuesta sobre las finanzas de los consumidores ("Survey of Consumer Finances"[16]), solamente el cuarenta y tres por ciento de los hogares tenían en el año 1983 una tarjeta de crédito MasterCard, Visa o cualquier tarjeta de crédito de uso múltiple[17]. Al cabo de doce años, en 1995, la proporción había pasado a dos tercios de la población (66%).

En la década de los años ochenta, quienes tenían tarjeta de crédito parecían los miembros de un "club elitista". Ahora parece que todos pueden ser miembros de ese club que se amplía año tras año.

(2) ¿Están llegando las instituciones financieras que prestan dinero a los poseedores de tarjetas a niveles de riesgo excesivos?

---

[13] Sin agotar todos los casos, los certificados de depósito nacieron en Estados Unidos, como luego lo hicieron los denominados "productos derivados" (permutas financieras, de monedas y/o de divisas; futuros sobre tipos de interés, acciones o cualquier activo o materia prima cotizada en los mercados organizados; opciones sobre cualquier activo financiero o materia prima cotizada en los mercados organizados o paralelos) y, en fin, las "colocaciones privadas" (activos comprados por compañías de seguros, la titulación de créditos, y la lista se alargaría indefinidamente, pasando por los fondos de inversión asegurados, etc.).

[14] Fuente: "Meet the New Borrowers", Sandra E. Black y Donald P. Morgan, *Current Issues in Economics and Finance*, Banco de la Reserva Federal de Nueva York, Volumen 5, número 3, febrero de 1999.

[15] Según los autores, el que fuera gobernador de la Reserva Federal - el banco emisor de los Estados Unidos - se refería en el año 1997 al término "democratización" para describir la amplia difusión de las tarjetas de crédito.

[16] El servicio del "Survey of Consumer Finances" lleva a cabo, cada tres años y por encargo del Comité de gobernadores de la Reserva Federal de los Estados Unidos, encuestas "cross-section", es decir, en diferentes estratos, sobre los hábitos de consumo en materia de finanzas entre 4.000 hogares de los Estados Unidos, que son estadísticamente representativos del conjunto del país. Las encuestas se especializan sobre el patrimonio de los hogares y otras características financieras (nivel de endeudamiento, ingresos anuales, etc.).

[17] Los autores de la investigación excluyeron, de manera expresa, las tarjetas de crédito de American Express porque en realidad son "tarjetas de débito" o de cargo, pero no de crédito. En cambio incluyeron en su estudio las siguientes: Visa, MasterCard, Optima y Discovery. La encuesta incluye cinco observaciones para cada uno de los hogares de la muestra.

Ésta es la segunda característica a la que apuntan Sandra E. Black y Donald P. Morgan. Según destacan en su estudio, a partir del año 1995 los créditos fallidos de los bancos - basados en tarjetas de crédito - aumentaron hasta alcanzar un máximo en el año 1997, disminuyendo a lo largo del año 1998. Las dotaciones de los bancos por fallidos en este terreno, expresadas en porcentaje de todos los créditos concedidos mediante tarjetas de crédito, llegó al seis por ciento en el año 1997, el porcentaje más elevado en un cuarto de siglo.

El aumento de los créditos fallidos a partir del año 1995 podría explicarse por la pérdida de fuerza en la creación de nuevos puestos de trabajo, pero la reacción fue más que proporcional y los fallidos siguieron creciendo incluso cuando en 1996 el mercado de trabajo volvió a recuperarse. En el año 1989, cuando el país sufrió una recesión económica, los créditos concedidos a los tenedores de tarjetas de crédito no registraron un nivel parecido de fallidos.

(3) Algunos factores que explican los cambios de tendencia entre 1989 y 1995.

Conviene insistir de nuevo en el hecho de que las pautas sociológicas que se observan en los Estados Unidos no tienen por qué reproducirse en Europa (posiblemente con la excepción del Reino Unido y algún otro país industrializado). No obstante, también en otros países de la Unión Europea se observan comportamientos similares, con las siguientes pautas:

(a) Quienes en el año 1995 tenían tarjeta de crédito en los Estados Unidos era más probable que vivieran solos, en viviendas de alquiler y empleos con menos años de antigüedad que los que tenían tarjeta de crédito en el año 1989.

(b) Los nuevos prestatarios se mostraban más dispuestos a endeudarse, y habían decidido hacerlo para usos de mayor riesgo (por ejemplo, para tomarse unas vacaciones).

Los autores destacan que esos cambios en los comportamientos y actitudes personales de los prestatarios pueden inducir un mayor número de créditos fallidos, pero en realidad no son suficientes para explicar el considerable aumento en el porcentaje de créditos fallidos. Para ellos - y lo mismo sucedería en España - son mucho más importantes los siguientes factores:

- Los nuevos tenedores de tarjetas de crédito presentan un nivel de endeudamiento relativo mucho mayor que los que se registraban en períodos anteriores,

- Esas deudas representan una proporción creciente sobre sus ingresos, de manera que incluso reducciones pequeñas en sus ingresos anuales pueden conducirlos a no poder hacer frente a los pagos o vencimientos pendientes de las tarjetas de crédito.

-También tienen cierta influencia las actividades a que se dedican los propietarios de las tarjetas de crédito. Se observa en general una correlación fuerte que afecta al riesgo en que incurren las entidades bancarias. Los nuevos tenedores de tarjeta de crédito suelen encontrarse entre los que tienen puestos de trabajo poco cualificados, entre los que la proporción de créditos fallidos es mucho mayor, posiblemente porque sus ingresos están más ligados a las fluctuaciones del ciclo económico.

En definitiva, los autores concluyen que el excesivo endeudamiento relativo y el cambio en la proporción de tenedores de tarjetas de crédito que tienen ingresos más vulnerables a los cambios del ciclo económico explican en buena medida el aumento de los créditos fallidos de los últimos años.

7.9.1 Cambios en la composición del "mix" de tenedores de tarjetas de crédito en los Estados Unidos

En el siguiente cuadro se comparan los resultados de las encuestas de los años 1989 y 1995. Según los autores, los datos en los que se indica un asterisco (*) corresponden a las cifras que difieren de los valores que tenían en el año 1989, con un nivel de significación estadística del 5% o menos.

Los créditos basados en tarjetas tienen un período de dieciocho meses antes de que pasen a ser considerados fallidos, lo que implica que las dotaciones que realizan los bancos en el último año o en los dos últimos ejercicios reflejan los malos resultados en el cobro de los tenedores de tarjetas del año 1995 que pidieron créditos. Los autores atienden a los cambios que se han producido en el tenedor medio de una tarjeta de crédito en dos períodos en los que se produjo una recesión económica similar.

En los medios bancarios se supone que los prestatarios más seguros - crédito al consumo o prestatarios personales - son los que están casados, son propietarios de su propia vivienda, tienen raíces en el barrio en el que viven y llevan varios años trabajando en la misma empresa (característica ésta que en los Estados Unidos no es fácil alcanzar). Si estas características fueran importantes, entonces los cambios que se han observado en los nuevos prestatarios tendrían que suponer un mayor índice de riesgo para los bancos que conceden los créditos. En el año 1995, solamente el 61 por ciento de los prestatarios estaban casados, en comparación con el 66,7 por ciento en 1989. También disminuyó la proporción de los que eran propietarios de su propia vivienda y habían vivido menos años en su barrio habitual (la residencia media bajó de nueve a seis años). En 1995, los prestatarios tenían puestos de trabajo más precarios que los del conjunto del año 1989 (por término medio, seis meses menos de antigüedad).

CARACTERÍSTICAS DE LOS PRESTATARIOS	1989	1995
TENENCIA DE TARJETAS Y HÁBITOS ENDEUDAMIENTO		
Porcentaje familias con tarjeta crédito	55,8	66,5 (*)
Porcentaje con cinco o más tarjetas	7,8	11,2
Límite en todas las tarjetas crédito (dólar a 155 ptas.)	945.190	1.364.000
Saldo en tarjetas crédito (mediana). Dólar a 155 p.	18.910	31.000
Saldo medio (dólar a 155 ptas.)	177.165	259.005
CARACTERÍSTICAS PERSONALES		
Edad del cabeza de familia	45	46
Porcentaje de casados	66,7	61 (*)
Porcentaje propietarios de una vivienda	70,7	67,3 (*)
Número de años en la misma dirección (mediana)	9	6 (*)
Numero medio de años	11,6	11,1
Número años contratados por la misma empresa	4	4
Número medio de años	7,9	7,4 (*)
INGRESOS, ACTIVOS Y ENDEUDAMIENTO		
Ingresos de la familia (pesetas; cambio 155 p/$)	6.615.865	5.890.000
% de los que ganan menos de $10.000	4,7	6,6 (*)
$10.000 a $24.999	17,5	21,3 (*)
$25.000 a $49.999	36,4	35,3
$50.000 a $99.999	29,4	27,4
Más de $100.000	12	9,4 (*)
PROPIEDAD DE ACCIONES Y BONOS		
Valor cartera media (en peseta; cambio 155 p/$)	3.035.985	4.433.310
Tenencia de activos líquidos (a); pesetas	1.002.540	728.500
% Deuda sobre ingresos (b)	48,3	55 (*)
Pagos por deudas (% sobre ingresos; c)	12,1	16,7 (*)
PORCENTAJES DE PROPIETARIOS SEGÚN TIPO DE EMPLEO		
Directivos	31,5	25,8 (*)
Personal de ventas/administrativos	19,6	19,3
Servicios	4,5	6,3 (*)
Producción/mantenimiento	11,9	9,9 (*)
Operarios	7,3	12,5 (*)
Agricultores	1,3	1,6
Jubilados	16,9	18,1
No empleados	23,8	24,6
PORCENTAJE DE POSEEDORES DE TARJETAS QUE PIENSAN QUE "ES CORRECTO" ENDEUDARSE PARA:		
Ir de vacaciones	13,3	17,3 (*)
Gastos corrientes (saldos bancarios negativos)	40,1	44 (*)
Para comprar pieles o joyas	7	7,6
Para comprar un coche	86,3	85,8
Para pagar gastos educación	85,4	85,5

Notas: Cifras con (*), indican valores distintos a los de 1989 o significativos por debajo del 5%; (a) los activos l´quidos incluyen todo tipo saldo bancarios (b) Las deudas incluyen las que están ligadas al negocio o las propiedades de la familia. (c) Los pagos de la deuda excluyen los que se hacen por cuenta de las tarjetas de crédito. (d) Número de observaciones: 2.107 (año 1989) y 3.257 (año 1995) tienen en cuenta ponderaciones con la población total Estados Unidos.

Fuente: Sandra E. Black y Daald P. Morgas Meet the New Borrowers, FRBNY Current Issues, Febrero 1999.

CUADRO 7.7

Cambios en los que tienen tarjetas de crédito Estados Unidos: 1989 y 1995

En el siguiente cuadro se detallan las características que, según el estudio al que nos referimos, han tenido mayor influencia en provocar créditos fallidos entre los que se endeudan haciendo uso de una tarjeta de crédito.

Variables	Cambio
INGRESOS, PATRIMONIO Y ENDEUDAMIENTO	
- Pagos deuda en % ingresos	9,93*
- Deuda total en % ingresos	0,51
- Acciones y bonos (en bloques de $100.000 unidades)	-0,21
- Activos líquidos (en bloques de $100.000 unidades)	-6,06*
- Ingresos (unidades en logaritmos)	2,36*
CARACTERÍSTICAS PERSONALES	
- Edad	-0,23*
- Años de educación	-0,61*
- Propietario de su propia vivienda	-0,78
- Años con la misma dirección postal	-0,01
- Antigüedad en el mismo empleo	-0,27*
- Trabajador autónomo	0,91
- Casado/Casada	-2,39*
TIPO DE EMPLEO (EN RELACIÓN A LOS DIRECTIVOS)	
- Ventas/administrativos	1,54
- Servicios	-1,68
- Trabajos de precisión/mantenimiento	1,43
- Operarios	3,95*
- Agricultores	-1,21
ACTITUDES: CREENCIA DE QUE ENDEUDARSE VALE PARA TODO	
- Pagarse unas vacaciones	-1,41
- Complementar los ingresos cuando falla el sueldo	2,26*
- Comprarse pieles o joyas	-1,50
- Comprarse un coche	3,71*
- Gastar dinero en educación	0,43

FUENTE: "Meet the New Borrowers", Sandra E. Black y Donald P. Morgan, *Current Issues in Economics and Finance*, Banco de la Reserva Federal de Nueva York, Volumen 5, número 3, febrero de 1999.
Notas: El cuadro recoge el porcentaje de cambio en el riesgo de fallidos asociado con un pequeño cambio en cada variable, cuyo impacto es estimado manteniendo las otras variables constantes. Para medir ese impacto se ha hecho uso de un procedimiento estadístico adecuado ("probit regression") sobre todos los hogares que pertenecen a la muestra de la encuesta de consumidores (sector financiero) en los años 1989 y 1995 (en total, 7.314 observaciones para el conjunto de Estados Unidos). La variable dependiente de la ecuación en que se basa la regresión indica si alguna familia había resultado un cliente con un vencimiento fallido, en cualquier plazo del año de cada encuesta correspondiente. La regresión controla también el año de la encuesta (las cargas por endeudamiento fueron escaladas entre cero y la unidad).
El asterisco (*) indica que las variables son significativas al nivel del cinco por ciento o por debajo.

CUADRO 7.8

¿Qué características influyen más en los fallidos?

7.9.2 Perfiles de los que tienen tarjetas de crédito

En conjunto, los nuevos poseedores de tarjetas de crédito presentan, en varios sentidos, actitudes o comportamientos que implican un riesgo mayor. Es menos probable que estén casados o que vivan en pareja y están más dispuestos a vivir en casas de alquiler. Tienen un mayor volumen de deuda (en relación a sus ingresos anuales), menos años de antigüedad en la empresa en que trabajan y es más probable que tengan puestos de trabajo de menor cualificación, que son los más susceptibles de sufrir recortes en los salarios o despidos. Conviene insistir en que se trata del caso del mercado de trabajo de los Estados Unidos, que es uno de los más liberales de los países industrializados. Para la muestra del año 1995, los poseedores de tarjetas de crédito parecían tener actitudes ante el riesgo más relajadas: estaban dispuestos a endeudarse para hacer frente a mayores impuestos y por motivos más arriesgados (irse de vacaciones, comprarse artículos de lujo, etc.).

Los autores determinan - por un procedimiento aproximado - hasta qué punto los tenedores de tarjetas de crédito están evolucionando hacia posiciones de más riesgo. Si se toman los dos cuadros anteriores, el primero identifica las características de los hogares que contribuyen al riesgo de que se produzca un fallido. El segundo cuadro proporciona el cambio en la probabilidad de que se produzca un fallido asociado con un cambio pequeño en cada una de las características, dejando las otras constantes[18].

En el segundo cuadro, un valor negativo indica que los aumentos en dicha variable se traducen en una disminución del riesgo de crédito fallido. A su vez, si la variable tiene un asterisco a su derecha (*) eso indica que la variable es plenamente significativa en el plano estadístico y que su variación no se debe a una mera fluctuación de la muestra.

7.9.3 ¿Qué es lo que determina que se produzcan fallidos en los créditos basados en tarjetas de crédito?

En primer término, el estudio demuestra que una de las variables clave para explicar los fallidos es la carga financiera de una familia (las deudas que tiene contraídas). En este sentido, las familias que tienen un ratio de vencimientos pendientes de pago de un uno por ciento por encima de la media pueden haber tenido vencimientos fallidos posiblemente un diez por ciento por encima de la media. La propiedad de carteras importantes de bonos y

[18] Los autores estimaron un modelo en el que los fallidos de cada período se hacían depender del perfil de los poseedores de las tarjetas de crédito. El modelo estima con bastante aproximación la probabilidad de que se produzca un crédito fallido basado en tarjeta de crédito. En este sentido, así como la tasa de fallidos que se produjo en realidad fue del 16,5% en los dos años en estudio, el modelo que los estimó, tomando la media de cada variable, fue del orden del 15 por ciento.

acciones que cotizan en Bolsa puede reducir el riesgo de que se produzca un vencimiento fallido, pero su impacto es pequeño y además no es significativo estadísticamente.

Los fallidos dependen también de las características personales. Las familias de edades más jóvenes presentan un riesgo de impago mayor, y lo mismo ocurre con los que tienen menos años dedicados a conseguir una educación superior. El hecho de tener en propiedad la vivienda y de haber permanecido más años en un mismo barrio tiende a reducir el riesgo de impago, aunque el impacto de ambas variables, medido estadísticamente, es nulo. El riesgo de impago entre las familias casadas es un 2,4% menor del que se registra entre los solteros o los divorciados.

7.10 ¿ ES NECESARIO REPLANTEAR LA MARCA DE LOS BANCOS?

7.10.1 Introducción

La banca de servicios ha de diferenciarse de la que sigue anclada en el negocio tradicional. En estos últimos apartados nos referimos a la "marca" de los bancos.

En la mayoría de sectores industriales se observa que la mayor parte de las marcas de mayor éxito son más antiguas que las empresas que las poseen[19]. Se da el caso incluso de que muchos "product managers" no se atreven a lanzar un nuevo producto dirigido al gran consumo si no lo protegen bajo el nombre de una marca ya introducida en el mercado.

En definitiva, existen en la industria manufacturera compañías que dependen de la marca que ampara sus productos y servicios. Aunque en las prácticas habituales de auditoría no se permite incluir en los balances el valor de las marcas que no hayan tenido como contrapartida un pago efectivo, como consecuencia de la compra a terceros, lo cierto es que son muchas las maneras de dar un valor cuantitativo a una marca. Es más, en muchos negocios la marca llega a ser el mejor indicador (y el activo intangible más valorado) para determinar la trayectoria de sus directivos.

Una de las formas de valorar una marca es descontar los flujos de caja esperados en un horizonte de tiempo suficientemente amplio de las compañías que tienen ganancias sostenidas por encima de la media de su sector.

---

[19] El aumento de las compras y fusiones de empresas está produciendo el fenómeno de que así como muchas de las empresas absorbidas pierden su identidad jurídica, no ocurre lo mismo con sus marcas, que siguen en el mercado, pues conservan un valor tangible. Por consiguiente, un nuevo fenómeno se extiende en Occidente: se alarga la esperanza de vida de las personas, pero se acorta la duración de las empresas. Sólo las marcas - las de reconocido prestigio - tienden a conservarse, incluso a pesar de la dinámica de sucesivas fusiones.

En otros casos se toma el exceso (diferencia de lo que ganan sobre la media del sector). Es una forma de estimar el valor acumulado. Desde otra perspectiva, para algunos psicólogos una marca viva es como una sucesión de imágenes positivas en la mente de los clientes reales y potenciales. Los expertos en márketing reconocen, hasta cierto punto, esta consideración y procuran que esas imágenes no pierdan fuerza con el paso del tiempo y la erosión que pueden provocar las campañas de los competidores o de los rivales más directos. Si todo eso es cierto en la industria manufacturera - y en muchos servicios no financieros - ¿sucede lo mismo en banca?

7.10.2 Los bancos comerciales han de gastar en promociones de su marca más que los bancos de inversiones

Algunos de los mayores bancos intentan presentar, bajo unas siglas que pasan a ser como un "paraguas", una marca que agrupe los distintos tipos de negocios que la compañía tiene. En este sentido, Citibank gasta al año en torno a 350 millones de dólares en márketing (al cambio de 190 ptas/$, 66.500 millones de pesetas), sin duda una de las mayores sumas del sector en el plano mundial[20].

Pero a pesar de los gastos para difundir y potenciar su propia marca, las entidades financieras mundiales no suelen tener los mismos resultados que las compañías de bebidas gaseosas, detergentes o los grandes almacenes dedicados a la venta de bienes de consumo. Interbrand, una empresa especializada en la evaluación de marcas, estableció un ranking de las 60 marcas más valoradas en todo el mundo. Sólo dos entidades financieras figuraban en ese ranking: American Express (con el puesto 19) y Citibank (puesto número 25).

En un ranking de este tipo es preciso distinguir los bancos comerciales - que se dedican principalmente a la banca minorista - de los bancos de inversiones americanos, pues estos últimos están más orientados a las grandes empresas.

Si un banco - o una caja de ahorros, que para el caso es lo mismo - tiene una marca reconocida, las consecuencias para la entidad pueden resumirse en el siguiente cuadro (7.9):

---

[20] Véase, en este sentido, "Financial brands: Round 'em up", *The Economist*, edición del 31 de julio de 1999, p. 67.

Ámbitos	Empleados	Diferenciales, primas y comisiones	Captación pasivo clientes	Lanzamiento nuevos productos
Efectos "masa crítica"	- Pueden contratarse empleados brillantes que pueden estar dispuestos a trabajar por sueldos más bajos y con un mayor nivel de exigencia	- Una buena marca permite transmitir una imagen de confianza - En conjunto hace posible que los clientes estén dispuestos a pagar más por un mejor servicio	- El efecto confianza induce la captación de depósitos y la colocación de títulos de deuda en mejores condiciones	- La marca favorece el lanzamiento de nuevos productos y la revitalización de los antiguos
Capacidad de expansión	- La contratación de los mejores empleados y la creación de redes paralelas hacen posible el crecimiento sobre bases más seguras	- El margen ordinario mejora por la doble vía de una contención de los recortes del margen de intermediación y la generación de nuevas comisiones.	- El pasivo se capta en mejores condiciones y a mejores precios. Se gana un mayor grado de fidelidad de las cuentas	- Los nuevos productos, aunque sean imitados, tienen un ciclo de vida más largo, pues la "marca" les confiere un carácter diferencial

CUADRO 7.9
Relaciones entre la marca de un banco, la masa crítica y el potencial de expansión

En el cuadro anterior hemos destacado la interrelación existente entre una marca reconocida y las "economías de masa crítica"[21]. Éstas se producen cuando un banco o una caja de ahorros alcanza la dimensión que le permite hacer óptimos los medios informáticos - de los servicios centrales y de la red - y, al propio tiempo, entre otras consideraciones, puede contratar por una fracción las costosas campañas de publicidad o la promoción de nuevos productos.

Pero la "masa crítica" tiene que ver también con la diversificación en otros mercados, que se traduce en la reducción de los riesgos al poder invertir en zonas que siguen el ciclo económico con cierto retraso o que tienen una composición del Producto Interior Bruto regional menos vulnerable que otras o, en fin, que compensan las fluctuaciones de amplias zonas donde el

[21] Para un análisis más completo del concepto de "masa crítica", véase Fainé, Isidre y Robert Tornabell, *Una nueva forma de hacer banca*, Ariel, Barcelona, 1992. También en *El Euro, la banca y las empresas*, de los mismos autores, Editorial Temas de Hoy, 1998, Madrid.

banco tiene una fuerte densidad de oficinas de captación de ahorro y colocación de préstamos personales y préstamos con garantía real. En definitiva, y según hemos venido insistiendo, permiten reducir las tasas de morosidad y mejorar los resultados netos de la entidad. Por último, la dimensión puede tener ventajas adicionales en algunos casos, al permitir reestructuraciones de los servicios centrales y territoriales con ahorros de costes importantes.

Las opiniones en torno al papel de las marcas en la banca varían según se trate del sistema bancario de los Estados Unidos o de Europa.

Por el lado de las dificultades, puesto que la buena reputación influye directamente en la percepción de cada marca por parte de los clientes, según ha señalado el director de márketing global Goldman Sachs, un fabricante puede cuidar todos los detalles de sus productos - para General Electric, se trata de trabajar con el nivel de precisión de "seis sigmas" o cero fallos/cero defectos. En el caso de la banca la calidad está en manos, en buena medida, de los empleados del propio banco. Ellos son los que, al fin y al cabo, transmitirán la imagen del banco; bastan algunos fallos para que la percepción de los clientes de la entidad empeore rápidamente. Recuperar la imagen lleva más tiempo.

Para un directivo del banco americano, J.P. Morgan, director de banca corporativa, la marca de un banco es como su "ADN" (la cadena que contiene la identidad genética o el alfabeto del organismo). En otras palabras, refleja su verdadera cultura. En Europa, los esfuerzos del banco británico "HSBC" - entre los que se encuentran la eliminación de las siglas de Midland Bank, para incorporarlas bajo el acrónimo general de "HSBC" - pueden tener un coste, según fuentes internas recogidas por *The Economist*, del orden de 79 millones de dólares.

Para concluir, una buena marca puede ser el mejor medio para disminuir los costes de capital, generar más ingresos y disminuir el riesgo (en particular la tasa de morosidad). En el cuadro anterior se han recogido las distintas relaciones que se producen entre una buena marca, la "masa crítica" de un banco y su capacidad de expansión.

7.11 RESUMEN

En síntesis, en este capítulo se han puesto las siguientes notas distintivas en cuanto a la nueva forma de hacer banca: el beneficio neto de las entidades de depósito dependerá cada vez más de las comisiones que generen prestando servicios de calidad. Y puesto que los servicios pueden ser ilimitados - su gama depende solamente de los límites que impongamos a nuestra imaginación - los bancos que persigan el liderazgo deberán tener potentes departamentos de márketing. Los otros serán simples seguidores.

1. La reducción del margen financiero (o margen de intermediación) se produjo hasta el año 1998. Medido en términos de los activos totales medios, en 1999 se llegó al 2,19% para el conjunto de todas las entidades de depósito (bancos, cajas y cooperativas de crédito). Los bancos registraron el 1,79% y las cajas de ahorro el 2,77%; los bancos sufrieron un recorte del 1,6%, mientras que las cajas tuvieron un aumento del 4,5%[22]. A pesar de esos datos, es necesario desagregar los resultados por grupos de entidades y obtener las desviaciones típicas, pues existe una elevada dispersión entre las distintas entidades.

2. En una dirección que también habíamos apuntado en nuestra publicación, *El euro, la banca y las empresas*, los ingresos por comisiones contribuyeron al conjunto de entidades de depósito, para el mismo año, con más de un billón de pesetas. Eso representa el 22,95% del margen ordinario y el 0,68% sobre activos totales medios.

3. Los ingresos por comisiones crecieron en 1999 un 10,2%, inferior al de 1998, pero por encima del crecimiento de la cifra de negocios (5,8%).

4. En conjunto, el sistema bancario español alcanzó en 1999 la cifra de 40,81 millones de tarjetas y en un solo año éstas aumentaron en 3,22 millones. Las perspectivas no pueden ser más favorables para los próximos años: introducción de las "tarjetas monedero", para realizar operaciones de pagos de pequeñas cuantías en euros; tarjetas dotadas de "chips" de uso múltiple; introducción de nuevos tipos de tarjeta por Internet y otras modalidades que se han puesto de manifiesto a lo largo de este capítulo.

5. Por último, la importante cuota de penetración de Internet entre la población española (19% en 1999 y posiblemente el 40% dentro de cinco años) y, de una manera especial, la rápida extensión entre las empresas permiten esperar nuevos aumentos en la generación de servicios no ligados al riesgo de crédito o de tipos de interés.

6. El riesgo de crédito implícito en las tarjetas de crédito requiere de un análisis especial. Las técnicas de "credit scoring" han sido útiles tanto para los préstamos personales como para las tarjetas de crédito. Y en este sentido la experiencia de los Estados Unidos, que se examina detalladamente a partir de un documento del Banco de la Reserva Federal de Nueva York, nos permite trazar algunas de las pautas que posiblemente van a darse también en Europa.

Para concluir, el próximo capítulo se dedica a las cuestiones que tienen que ver con la credibilidad de las entidades financieras, la proyección de su imagen ante los servicios personalizados que han de prestar y, en definitiva, a las cuestiones que tienen que ver con los códigos de conducta y los códigos de ética.

---

[22] Los bancos tuvieron una reducción del 1,6%, consecuencia del aumento del volumen de activos totales medios y de la reducción del 13% de los productos financieros, a pesar de un menor coste de los gastos financieros. Las cajas de ahorro registraron un aumento de los activos totales medios del 11,2%, pero tuvieron una mayor reducción en sus costes financieros (–23,5%) y también un recorte inferior en los productos financieros generados (–9,3%).

Capítulo 8

Códigos de conducta y códigos éticos

8.1 INTRODUCCIÓN

En este capítulo se tratan los códigos de conducta y los códigos de ética. Es un paso previo antes de pasar a las cuestiones que tienen que ver con el liderazgo y las normas de conducta en general.

Se plantea primero el porqué de la necesidad de tratar de esos códigos y, a continuación, se ilustran dos casos reales. El primero es un extracto del código de conducta del grupo BBV, antes de la fusión con Argentaria, y el segundo es un código de ética de "la Caixa". Posteriormente se analizan algunas cuestiones generales de la ética de los negocios y finalmente se extraen algunas conclusiones.

Como punto de partida, ya en el Prefacio se ha destacado la naturaleza de bienes públicos que todos los sistemas bancarios reconocen a los servicios que prestan las entidades de depósito. Por tratarse de instituciones que se basan en la confianza del público, bancos y cajas de ahorro han de estar sometidos a controles adecuados por parte de las autoridades monetarias y de vigilancia. No se debe precisamente al azar - como ha venido insistiendo el Banco Mundial - que los países más avanzados son los que tienen sistemas bancarios más solventes y autoridades de supervisión más estrictas[1]. Esta

[1] Véanse, en este sentido, las recientes declaraciones del subdirector general del Banco Mundial, Mr. Stanley Fischer, en relación a los procesos de ajuste de los países que se han visto sometidos a lo que en la terminología del Fondo Monetario Internacional se denomina "financial contagion".

naturaleza - que no se da en otros sectores de la industria o los servicios, pero sí tiene algunas connotaciones en el ramo de los seguros - hace aconsejable que las entidades de crédito tengan códigos de conducta y códigos de ética (y leyes y normas de control de las autoridades de vigilancia, ordinariamente sus respectivos bancos centrales o emisores), pues las condiciones en que se dan los servicios y productos de las entidades de crédito son absolutamente distintas a las de otras actividades. A continuación insistimos en la naturaleza especial de las entidades de crédito y las implicaciones que de ello se derivan en el plano de la conducta de los empleados en general y las cuestiones de orden ético.

8.2 LA BANCA COMO PRESTADORA DE SERVICIOS QUE SON "BIENES PÚBLICOS"

Las entidades de crédito - bancos, cajas de ahorro y cooperativas de crédito - ofrecen unos productos y servicios que, por su propia naturaleza, tienen, desde la perspectiva económica, el carácter de "bienes públicos"[2]. Es decir, los servicios bancarios en general son muy distintos de los que puedan ofrecer otras empresas, industriales o comerciales. Eso es así porque las dificultades que pueda atravesar una determinada entidad de crédito pueden transmitirse - en cuanto a pérdida de imagen y al clima de desconfianza que podría eventualmente desatarse por contagio - perjudicando al resto de bancos del sistema y recíprocamente. De ahí que las autoridades de vigilancia no estén dispuestas a ceder competencias en materia de control. Su intervención, las normativas que emiten en razón de sus competencias y la vigilancia que ejercen se extiende - como no podía ser de otra manera - desde los coeficientes de liquidez y solvencia a la labor de inspección, auditoría, etc. En último término, las diversas Directivas Bancarias de la Unión Europea se han promulgado para preservar ese carácter de "bien público", que es genuino de los servicios de las entidades de crédito en general.

Desde la óptica de la Teoría Monetaria, y aunque la cuestión desborde el ámbito de este libro, es esencial que esos "bienes públicos" no pierdan su condición porque las entidades de crédito realizan, entre otras, las siguientes

[2] El papel de la vigilancia y supervisión de los sistemas bancarios ha sido puesto de relieve - como también lo ha hecho el Banco de España periódicamente - por el Deutsche Bundesbank. Éste señala. "(...) Un sistema operativo que tenga a su cargo la supervisión de los bancos (de un país) es la piedra de toque en que se fundamenta el sistema financiero de una nación. Sólo un sistema financiero estable, cuyo mantenimiento constituye un objetivo central de las regulaciones gubernamentales y de una supervisión prudente, es capaz de conseguir, de una manera óptima, su función macroeconómica global: hacer que los recursos financieros disponibles se movilicen y que sean utilizados para usos eficientes y asignados de una manera en la que los costes sean realmente efectivos". Véase, "The Deutsche Bundesbank´s involvement in banking supervision", en Deutsche Bundesbank Monthly Report, septiembre 2000, página 31.

funciones únicas (y de ahí que el Banco de España las haya denominado "entidades delegadas"):

(a) Intermedian en la liquidez del sistema financiero (es decir, actúan como intermediarios entre quienes tienen ahorro y desean depositarlo en forma segura y quienes desean tomar prestado sin que tengan que estar pendientes de que en algún momento se les pudiera exigir, por dificultades del prestador, la devolución anticipada de lo recibido en préstamo y en condiciones distintas a las pactadas).

(b) Las entidades de crédito, a diferencia de otras instituciones, son especialistas en el análisis de riesgos: en primer término, del riesgo de insolvencia (de sus prestatarios reales o potenciales) y también del riesgo derivado de la transformación de plazos (en la literatura anglosajona, "maturity intermediation"), así como del riesgo de los productos derivados. En los capítulos anteriores hemos destacado que, entre otras condiciones, el éxito de un banco depende en no poca medida de su gestión eficaz de esos riesgos, por citar tan sólo algunos de los que ya hemos enunciado anteriormente (riesgo de insolvencia, riesgo de firma, riesgo de transformación de plazos y riesgo de productos derivados).

Pero el papel de las entidades de crédito - y por consiguiente las notas que les confieren una naturaleza especial en todo sistema bancario - no acaban con los riesgos que hemos identificado. La banca tiene el privilegio de crear los principales componentes de la oferta monetaria (es decir, de la liquidez del sistema)[3]. No es una cuestión que pueda tratarse en pocas líneas en este texto, pues escapa a su especialidad, pero esencialmente consiste en lo siguiente: cuando una entidad de crédito concede un préstamo, en el caso más simple la operación da lugar a la apertura de una cuenta o bien a un abono en una cuenta ya existente de un cliente habitual. Con esta sencilla operación, la oferta monetaria del país ha aumentado. Según cuáles sean los motivos del prestatario, los nuevos depósitos serán utilizados para realizar pagos que se difundirán a lo largo de la economía o quizá en nuevos depósitos en la misma institución o en otras entidades de crédito. Esos nuevos fondos pasarán a ser nuevas reservas - una vez dotados los coeficientes de liquidez y los que sean aplicables en el sistema - y se producirán nuevos préstamos. Y así sucesivamente, hasta llegar a lo que se conoce como "proceso de expansión de los depósitos a través del multiplicador" de la liquidez del sistema bancario[4].

---

[3] El dinero efectivo en manos del público, los depósitos a la vista y los depósitos a plazo reciben la denominación - en España y en los Estados Unidos - de M3 - o disponibilidades líquidas.

[4] En algunos países y durante ciertos períodos de tiempo, el control de la liquidez se realizó controlando el volumen del crédito que concedían las entidades bancarias. Francia fue uno de los países más destacados en este sentido. En Estados Unidos se ha venido dando más importancia a la oferta monetaria, es decir, a la suma del dinero en manos del público, el sector de las entidades financieras, especialmente los bancos comer-

Si las entidades financieras tienen ese trato especial por parte de sus respectivos bancos centrales, de las autoridades de vigilancia y las autoridades monetarias, de alguna forma los servicios que presten sus empleados han de participar también, de alguna manera, de las responsabilidades que se derivan de la naturaleza de bien público, característica de sus productos y servicios: han de mantener una absoluta confidencialidad cuando tratan con la información de los clientes; han de cumplir estrictamente toda la legalidad en materia de fiscalidad, blanqueo de capitales y, evidentemente, en la gestión de los recursos ajenos, que han sido confiados a la entidad en que trabajan por la confianza que ésta merece al público.

En el capítulo 1 nos hemos referido a una especie de compromiso que puede establecerse entre una institución financiera y sus empleados. Se basa en renovar el sentido de responsabilidad de quienes son los verdaderos protagonistas de un banco o una caja. Ha de establecerse un trato justo en el que los empleados, dirigidos teniendo en cuenta los valores, ofrecen lo mejor de sí mismos al ser tratados como personas que desarrollan sus facultades en un ámbito de libertad en el que se respeta su dignidad[5].

Pero llegados a este punto, y una vez se ha justificado el carácter especialísimo de las entidades de crédito y el papel de sus empleados, quizá convenga distinguir en qué se diferencian los códigos de conducta respecto de los códigos de ética. En principio, los primeros se refieren a un conjunto de técnicas - en el sentido etimológico de la raíz, del griego "*tekhne*" o arte o técnicas para el desarrollo de determinadas funciones y para finalidades concretas -, mientras que los códigos éticos tienen su fundamento en la ética. Ésta procede del término griego *ethikós*, de *ethos*, o costumbre[6].

---

ciales, y el sistema de la Reserva Federal (en su condición de banco central). España, desde principios de la década de los años setenta siguió pautas similares a las de los Estados Unidos, pero luego, al avanzar el proceso de desintermediación y con la introducción de nuevos instrumentos financieros se recurrió a medidas más amplias (es decir, se pasó del control de M3 al control de los activos líquidos en manos del público, también conocidos como ALPs.). Para un análisis adecuado, véanse las memorias anuales del Banco de España. Desde un punto de vista comparativo, véase, Sinkey, Joseph F. Jr., *Commercial Bank Financial Management*, cuarta edición, MacMillan P.C, Nueva York, 1992., pp. 39 y siguientes.

[5] En el sistema actual, el Banco de España forma parte del sistema de bancos que se rigen en buena medida por la normativa del Banco Central Europeo, con sede en Frankfurt. Pero éste a su vez, como la Reserva Federal de Estados Unidos, el Banco de Inglaterra o el banco emisor de Suiza - que no pertenecen evidentemente a la Zona Euro11 - forman parte de un sistema más amplio, el que rige el Banco Internacional de Pagos (Bank for International Settelments) de Basilea. De éste se desprenden los ratios que bancos y cajas han de mantener sobre recursos, normativa en materia de riesgos. El ratio Cooke (la proporción que es necesario mantener entre los recursos propios y los activos sujetos a distintos grados de riesgo, que se ponderan según normas precisas) nació precisamente de un comité creado por el que se denomina "banco central de todos los bancos centrales".

[6] En el Dicccionario de Uso del Español, de María Moliner (Gredos, reimpresión 1983, Madrid), el término ético, del griego *ethikós* se toma como carácter (*ethos*). La ética de Aristóteles, según el traductor de la versión griega, Francisco de P. Samaranch (*Obras de Aristóteles, Introducción a los tratados de Ética*). "(...) para Aristóteles la moral será, ante todo y mucho más que una ciencia, una técnica o un arte, o bien, si se quiere, un quehacer práctico... la ética es la ciencia del carácter y la conducta humanos ...".

Aristóteles[7] situó como bien máximo de la ética el sentido de la justicia y, en cierto modo, los códigos éticos pretenden establecer una serie de reglas explícitas fundadas en la equidad[8].

De esta manera, las cuestiones de tipo ético son inherentes a los denominados códigos éticos.

Para desarrollar este capítulo separamos claramente (1) lo que se refiere a los códigos de conducta y los códigos éticos, y (2) presentamos una cierta aproximación a la ética de los negocios.

Se indaga primero qué entiende por código de conducta un grupo bancario, Banco Bilbao Vizcaya, y a continuación se examina, en sus grandes líneas, el código ético de "la Caixa". Seguidamente, planteamos una serie de cuestiones de orden práctico y otras de tipo más general.

8.3 ¿CÓMO ENTIENDEN LOS CÓDIGOS DE CONDUCTA Y DE ÉTICA ALGÚN BANCO Y UNA CAJA DE AHORRO?

8.3.1 Banco Bilbao Vizcaya

El grupo Banco Bilbao Vizcaya puso en marcha, a finales del año 1994, lo que denominó Programa 1.000 días. En la Memoria Anual 1996 daba cuenta de los objetivos y resultados alcanzados cuando se encontraba en el ecuador de los 70 planes que a su vez se desdoblaron en diez grandes líneas. Para lo que tiene interés especial para este capítulo, es de destacar que en el citado programa se planteaba un compromiso con los accionistas, los clientes, los empleados y la sociedad.

En ese programa de 1.000 días - años 1994 a 1997 - existían elementos relacionados con el código de conducta, mientras que en el Informe Anual 1999 se avanzaba un paso más y se daba cuenta de los avances en materia de gestión del capital intelectual.

---

[7] Aristóteles dedica un libro entero a la Justicia (Ética o Nicómaco, V; Eudemo, IV). La justicia, según él, no es una virtud particular, sino la virtud íntegra y perfecta. Según el Estagirita, sobre la justicia se funda el derecho.

[8] Debemos a J. Fernández Aguado una nota precisa sobre el concepto de equidad y sus relaciones: "(...) los clientes de un banco son frecuentemente personas morales y la relación de equidad es entre personas morales; la relación entre empleado y cliente es una relación entre personas físicas, pero por parte del empleado representa a una persona moral... Por tanto, las relaciones de equidad deben quedar claro dónde y en qué ámbitos se establecen...". Véase, Fernández Aguado, J., *Sobre el hombre y la empresa*, (2000a, segunda edición), Instituto Superior de Técnicas y Prácticas Bancarias, Madrid. Véase también, del mismo autor, *Formar directivos y otros ensayos* (2000b), Instituto Superior de Técnicas y Prácticas Bancarias, Madrid.

8.3.1.1 Código de conducta y gestión del capital intelectual

A partir de los documentos anteriormente citados, en las siguientes páginas resumiremos la forma en que el BBV - fase anterior a la fusión con el grupo Argentaria - enlazaba ambas cuestiones: el código de conducta de los directivos y la gestión del capital intelectual.

Por lo que se refiere a este último, el "capital intelectual", el BBV lo define como el conjunto de activos intangibles que crean o crearán valor en el futuro y lo divide en "capital relacional, "capital estructural" y "capital humano".

El Capital Relacional recoge las formas de relación del grupo bancario y los agentes de su entorno (clientes, proveedores, competidores, etc.). Es un activo intangible que no figura en el balance de situación, pero tiene una importancia vital para la organización. Ha de ser medido y gestionado.

Entre los indicadores del "capital relacional" el banco destacaba el índice de lealtad de los clientes de la red comercial (93,3%); el índice de satisfacción de los clientes en dicha red (77%); el índice de notoriedad espontánea (9,6) y los índices de satisfacción del cliente interno en oficinas y de las estructuras intermedias (72,7% y 77,3%, respectivamente).

Los indicadores del "capital estructural" del banco, que no figuran tampoco, evidentemente, en el balance consolidado del grupo, van desde la flexibilidad de la retribución (porcentaje variable sobre el total, 6,77%) o la flexibilidad de la retribución en porcentaje de las personas con retribución variable (60,9%). Y así sucesivamente.

El banco persigue lo siguiente: es necesario mantener la interrelación de los tres tipos de capital. El capital humano ha de transformarse en capital estructural y en capital relacional, que a su vez, a través de un proceso de retroalimentación, crea y desarrolla el capital humano. Como señala el Informe hecho público en la Memoria Anual, este proceso se realiza a través del modelo BBV de gestión del conocimiento: promoviendo la conversión del conocimiento individual en conocimiento colectivo, convirtiendo las competencias de los individuos en más y mejores relaciones con los clientes, conectando a los individuos con el exterior para que incorporen nuevas perspectivas y sobre todo garantizando que el conocimiento colectivo revierta y enriquezca el desarrollo de las competencias de las personas.

Esta forma de plantear la dirección moderna en recursos humanos tiene mucho que ver con el código de conducta, que a continuación se expone poniendo de relieve los aspectos más destacados a partir del código de estilo: Grupo BBV.

8.3.1.2 Código de conducta del BBV

Antes de que se formalizara la fusión con el grupo Argentaria el BBV tenía un código de conducta que se recoge, en apretada síntesis, en el siguiente cuadro. Éste constaba, (1) de los principios que lo inspiran, (2) los valores en que se fundamenta, y (3) las misiones que el banco formula con carácter general.

BBV: CÓDIGO DE VALORES	
Conceptos	Contenidos
- Principios	- Respeto a la legalidad. - Aplicación de principios de ética profesional de régimen interno, para autorregular nuestro comportamiento y garantizar una mayor transparencia y protección a nuestros clientes. - Cumplimiento de nuestro proyecto de empresa, que define el marco de nuestros valores corporativos, el estilo de dirección y la política de recursos humanos.
- Valores	- Satisfacer las necesidades de nuestros clientes constituye la orientación prioritaria de nuestra actividad. - Formar, integrar, motivar y retribuir a toda nuestra plantilla se configuran como los pilares clave de la política de recursos humanos. - Alcanzar una calidad para nuestros productos y servicios que coincida con la programada y con la percibida por nuestros clientes. - Gestionar eficientemente nuestros recursos disponibles por medio de su asignación a las actividades más productivas. - Actuar con espíritu empresarial y con sentido de innovación rentable son responsabilidades permanentes de cada uno de nosotros. - Aprovechar las sinergias y cooperar activamente con sentido corporativo y visión de Grupo BBV. - Asumir el compromiso y la entrega personal como pautas de nuestra actuación profesional.
- Misiones	- Ofrecer una permanente y atractiva rentabilidad para nuestros accionistas, a través de una constante orientación a resultados. - Mantener un alto nivel de solvencia, que garantice el cumplimiento de nuestros compromisos. - Orientar la acción al servicio de nuestros clientes y de la comunidad. - Buscar posiciones de liderazgo a través de la creación de ventajas competitivas sostenidas.
FUENTE:Banco Bilbao Vizcaya; "Código de Estilo Grupo BBV".	

En la Memoria Anual del banco, año 1999, se señalaban los resultados alcanzados tras haber conseguido finalizar el ya referido "Programa 1.000 días", que es un desarrollo de un cierto "proyecto de empresa". En el documento relativo al código de conducta se señala, específicamente:

"El propósito general de nuestro proyecto de empresa establece que el BBV debe realizarse como empresa, siguiendo pautas de actuación que conforman los códigos de conducta, fundamentado en el respeto a la legalidad, la asunción de los principios éticos y la vocación de servicio a la sociedad de la que forma parte".

El mismo documento señala que la esencia del código de conducta del banco es la ética profesional, "que limita accesos, señala cauces y guía la actuación de los altos directivos en situaciones de conflicto de intereses. En el siguiente cuadro se resumen los principales ámbitos y contenidos de dicho código de conducta. Se indican en letra cursiva los textos que corresponden a la redacción del código de conducta.

BBV: CÓDIGO DE CONDUCTA DE LOS ALTOS DIRECTIVOS	
Conceptos	Contenidos y ámbito
1. Objeto	- La esencia del código de conducta "es la ética profesional que limita accesos, señala cauces y guía la actuación de los altos directivos en situaciones de conflictos de intereses".
2. Principio	- Principios generales: Responsabilidad; independencia; profesionalidad; dedicación y confidencialidad, "en los términos que en este código se establecen y con referencia al proyecto de empresa en que se fundamenta".
3. Responsabilidad: El elevado grado de responsabilidad que corresponde a los altos directivos por razón de su cargo, y la gestión que pueden ejercer en representación del BBV y la consiguiente responsabilidad, le corresponden los siguientes deberes:	3.1 Legalidad 3.2 Proyecto de Empresa " Asumir las misiones y valores recogidos en el proyecto de empresa y en el código de estilo, aplicar las políticas, objetivos, criterios y normas de actuación establecidas por el Banco, así como velar por su eficaz cumplimiento y realización." 3.3 Lealtad y buena fe "Ajustar en todo momento su actuación a los principios de lealtad y buena fe, tanto para con el Banco y sus superiores jerárquicos, como para con los terceros con que aquél se relaciona." 3.4 Conducta social y pública "Mantener en todo momento una conducta social y pública acorde a los criterios, reglas y valores de aceptación general".

4. Independencia "El alto directivo lleva a cabo sus funciones con independencia y objetividad, en interés del Banco y sin influencia de obligaciones y lealtades conflictivas. Los deberes en que se concreta este principio son los siguientes"	4.1 Prioridad de los intereses del Banco 4.2 Conflicto de intereses, "Evitar que intereses personales o familiares puedan influir en sus decisiones, actuaciones, servicios o asesoramientos adoptados, realizados o prestados en nombre del Banco, así como abstenerse de influir, especialmente en aquellas cuestiones que debieran estar relacionadas con negocios, empresas y actividades profesionales de cualquier índole en que, directa o indirectamente, participe o tenga interés." "Abstenerse de influir especialmente cuando se trate de la concesión y fijación de condiciones de facilidades crediticias, financieras o que, en general, entrañen riesgo para el Banco, en las que tenga intereses particulares, directos o indirectos. 4.3 Relaciones familiares "Comunicar al Banco las relaciones familiares que mantenga o contraiga con personas que pertenezcan o vayan a pertenecer a la plantilla del Grupo" 4.4 Operaciones afectadas por información privilegiada 4.5 Adquisición y venta de propiedades 4.6 Comunicación de posiciones deudoras 4.7 Comisiones "Actuar, en las relaciones del Grupo con sus proveedores, en base a principios de economía y objetividad, y en el caso de que sean ofrecidas comisiones de cualquier clase, deben ser siempre repercutidas como menor coste de compra." 4.8 Obsequios (no aceptar)
5. Profesionalidad "El alto directivo debe significarse por su elevada profesionalidad y especiales conocimientos, que le permitan desarrollar destacadas funciones y actividades para el progreso del Banco y del Grupo"	5.1 Formación 5.2 Eficiencia "Atender, dentro del marco de austeridad y economía de medios definido en el proyecto de empresa, al desempeño profesional y eficiente del cargo o función que le sean asignados." 5.3 Innovación "Atender a la innovación y mejora de los productos, servicios, procesos y sistemas que constituyen la actividad del Grupo en todas sus áreas, con vistas al logro de los objetivos señalados." 5.4 Cooperación y sinergias 5.5 Colaboradores y empleados 5.6 Información 5.7 Actuación con la clientela "Abstenerse de realizar cualquier actuación irregular contraria a los criterios sustentados por el Banco, que tengan por finalidad favorecer o beneficiar, directa o indirectamente, los intereses de la clientela del Banco." 5.8 Uso de los recursos del Grupo para fines particulares (prohibición)

6. Dedicación "El alto directivo presta la plena dedicación que requiere en cada caso el desempeño de sus funciones, y queda sujeto a las incompatibilidades que en relación con actividades concretas y determinadas señale el Banco."	6.1 Exclusividad 6.2 Cargos ajenos al Banco 6.3 Integración corporativa 6.4 Remuneraciones percibidas de terceros "Poner a disposición del Banco las cantidades que, en su caso, pudieran corresponderle como retribución, atenciones estatutarias o por cualquier otro concepto, percibidas de terceros cuando el cargo o servicio que las origine sea desempeñado o prestado dentro del marco de su relación laboral con aquél."
7. Confidencialidad "El alto directivo se desenvuelve en el marco de su actuación profesional bajo el estricto deber de permanente confidencialidad, tanto en el ámbito interno del banco como en sus relaciones con terceros." "Este principio, que mantiene su vigencia aun después del cese del alto directivo, se desarrolla en el cumplimiento de los siguientes deberes".	7.1 Información de la clientela "Mantener el secreto profesional en relación con los fondos, valores y toda clase de operaciones de la clientela, etc." 7.2 Información del Banco "Mantener el secreto profesional en relación con los datos, informes, cuentas, balances, planes estratégicos, etc." 7.3 Reserva de programas y sistemas informáticos "Sujetarse a la más estricta confidencialidad en la utilización del ***know how interno***." "El banco conserva en todo momento la propiedad intelectual e industrial de los programas y sistemas informáticos, manuales, vídeos, programas, cursos, estudios, informes, etc., creados, desarrollados o perfeccionados por sus directivos, sin que puedan éstos utilizarlos para fines propios o de terceros o valerse de los mismos para obtener beneficio o lucro".
Interpretación del código de conducta	"A efectos de interpretación del código de conducta se nombrará una Comisión compuesta al menos de tres miembros, de los que uno pertenecerá a la dirección de recursos humanos." "Corresponde a la dirección de recursos humanos velar por el cumplimiento del código de conducta, recibir la comunicación de sus posibles incumplimientos, proceder, en su caso, a la correspondiente instrucción y elevar sus actuaciones y propuestas a la referida comisión a los efectos oportunos."

FUENTE: Grupo BBV.

8.3.1.3 Resumen acerca del código de conducta del grupo BBV

En general se observa una fuerte integración del proyecto de empresa (del que el Programa 1.000 días fue una iniciativa muy notable) con la dirección moderna de recursos humanos. De hecho, el código de conducta pretende que los valores de la entidad y las misiones que persigue se materialicen en unas normas que han de orientar a los altos directivos. En último término, la ética profesional entra en sintonía con los objetivos y metas que el banco pretende alcanzar bajo un estilo de dirección que tiene en cuenta tanto la dignidad de las personas como un proyecto muy ambicioso: buscar posiciones de liderazgo a través de la creación de ventajas competitivas sostenidas. Sin duda, el código de conducta se convierte en un medio para alcanzar esos fines.

Una vez se han descrito algunos aspectos relacionados con las líneas maestras de la misión, objetivos y el código de conducta del grupo bancario español BBV (antes de la fusión con Argentaria), se procede a continuación al análisis del texto de "la Caixa".

8.3.2 "La Caixa"

A continuación describimos, en lo esencial, el código ético de "la Caixa", según la versión revisada de marzo del año 1998.

8.3.2.1 Código ético de "La Caixa"

En este apartado presentamos, en forma de síntesis, el código de ética (o principios generales de actuación) de "la Caixa". Cinco líneas maestras vertebran este código, según la edición actualizada de marzo de 1998[9]. Éstas son:

1. Ámbito de aplicación: todos los empleados y colaboradores de la entidad.
2. Relación con los clientes.
3. Relaciones de los empleados, en grupo o individualmente, por cuanto trabajan en un proyecto común.
4. Relación con la Entidad.
5. Relación con el Estado (y la sociedad en general).

En el siguiente cuadro se presenta una sinopsis de los principales contenidos y relaciones, si bien más adelante se desarrollan algunos de los puntos de dicho cuadro general.

---

[9] Este Código Ético fue elaborado y aprobado cuando era Director General de la institución D. Josep Vilarasau Salat.

"la CAIXA": CÓDIGO ÉTICO (Cuadro sinóptico)	
Conceptos	Contenidos y relaciones
1. Ámbitos de aplicación	- El código se dirige a todos los empleados y colaboradores de la entidad. Abarca todos los niveles de la empresa. Y su contenido se refiere tanto a la actuación profesional de cada uno como, en algunos aspectos, a cuestiones de la vida privada en la que esa actuación pueda tener alguna incidencia. Porque desde los dos ámbitos se preserva la confianza de los clientes en la institución y se consigue mantener su reputación.
2. Relaciones con los	El código pone el acento en algo esencial: la calidad de las relaciones de "la Caixa" con sus clientes se fundamenta, de una manera especial, en la confianza. Y ésta se consigue cuando es posible mantener un equilibrio entre los intereses de los clientes y los de la empresa. En este sentido, en el código se destaca que los clientes escogen los servicios financieros de "la Caixa" bajo dos condicionantes: unos son en sí comerciales; los otros están basados en la confianza. Estos últimos, tales como la honestidad, el sentido profesional, la disponibilidad y el trato o la discreción son para el público aspectos decisivos. El cliente está dispuesto a discutir y negociar las condiciones comerciales. Pero es inflexible con todo lo que tiene que ver con las actitudes, formas de conducta y los valores.
3. Relaciones de los empleados en cuanto trabajan en un proyecto común	Los empleados son compañeros que trabajan en grupo o individualmente, dedicados a unas tareas que tienen un proyecto común dentro de "la Caixa". En este sentido, el espíritu de equipo y el respeto mutuo han de caracterizar las relaciones profesionales entre colegas.
4. Relaciones con la Entidad	Las relaciones de trabajo con "la Caixa" se basan en tres principios: (1) la honestidad, (2) la lealtad y (3) la discreción. El respeto de estos tres principios constituye el primer paso para mantener en el nivel más alto la imagen de la institución.
5. Relaciones con el Estado (y la sociedad en general)	En cualquier sociedad, el sector financiero se ha convertido en el medio clave del mundo económico. Por consiguiente, existe una legislación específica que regula la actuación en el mercado de bancos y cajas de ahorro. Dentro de todas las cuestiones sujetas a regulación, existen tres con las que la entidad ha de ser especialmente estricta y cuidadosa: se trata de la legislación sobre el blanqueo de capitales, la evasión fiscal y todo lo que tiene que ver con la información privilegiada.
FUENTE: Adaptación a partir del documento, "Ética Profesional: Principios generales de actuación en la Caixa"; edición actualizada de marzo de 1998. Barcelona.	

(1) RELACIONES CON LOS CLIENTES

Éstas se basan, fundamentalmente, en la honestidad, la competencia profesional de los empleados, la disponibilidad de quienes les atienden, la discreción, el respeto, la calidad y la manera como es percibida por los clientes el servicio que se les presta. De otra parte, la institución, junto con la mayoritaria participación de la plantilla, establece cada año una serie de objetivos de calidad, crecimiento y rentabilidades, los cuales comprometen a todos sus empleados.

A continuación se resumen algunos de los fundamentos de esas relaciones, sin que se pretenda presentarlas de forma exhaustiva.

(2) HONESTIDAD

En el código de referencia, la honestidad se entiende por facilitar al cliente toda la información que necesita para que pueda tomar por sí mismo una decisión concreta. En muchos casos, los empleados han de aconsejar a sus clientes acerca de la gestión cotidiana de sus ahorros, inversiones y, en ocasiones, incluso sobre operaciones que pueden implicar ciertos riesgos financieros. Cuando se trate de estos casos no ha de perderse de vista, como señala el propio texto,

"(...) que la decisión final ha de ser siempre del cliente y que el empleado tiene la función de ayudarle para que pueda elegir la opción que más le convenga a su situación personal... Por consiguiente, ha de facilitarse a los clientes una información veraz, sin caer en informaciones incompletas o exageraciones, así como tampoco dejar de advertirle de los posibles riesgos de las operaciones. Los beneficios a corto plazo que se obtienen con falsas promesas o verdades a medias se convierten siempre en pérdidas que se multiplican"[10].

(3) COMPETENCIA PROFESIONAL Y DISPONIBILIDAD

En el documento se insiste en el hecho de que "la Caixa" opera en el sector de los servicios. Por consiguiente, eso exige a los empleados un nivel muy alto de disponibilidad, cuestión que en muchos casos se concreta en sus relaciones con los clientes, en el sentido de que ha de prestarse la debida atención incluso a los detalles más pequeños.

En síntesis y para recoger solamente algunos aspectos, el texto señala:

"(...) Disponibilidad y predisposición son dos conceptos que van unidos. Los clientes esperan de nosotros que pongamos el máximo interés para resolver sus demandas, por pequeñas que éstas puedan ser. De la misma forma, también esperan que esa pre-

[10] Ibíd., p. 2

disposición se traduzca en un trato amable y abierto. Los clientes de una oficina lo son también de las otras oficinas y de toda 'la Caixa'; por consiguiente, ellos esperan el mismo nivel de disponibilidad en cualquier punto de la red de oficinas. Para todos nosotros constituye un deber que esas expectativas puedan cumplirse".

(4) DISCRECIÓN

La información financiera, por su propia naturaleza, es una materia muy sensible. El documento destaca que el derecho a tener acceso a ella y a trabajar con este tipo de información está subordinado al ejercicio profesional de cada empleado. Textualmente, el código trata la cuestión en los siguientes términos:

"(...) A menos que un empleado tenga que trabajar con ella para desempeñar su función, nadie tiene derecho a disponer de la información sobre los clientes. De la misma forma, la información a la que podemos acceder no puede en ningún caso sobrepasar los límites del ámbito profesional. Éste deber es ineludible y hemos de tenerlo presente en todo momento...".

(5) RESPETO

El documento es especialmente categórico en cuanto al respeto a la dignidad de la persona y lo considera un deber que todos han de tener presente en sus relaciones con los clientes. No tiene cabida ningún tipo de discriminación de éstos, ya sea por motivos de raza, sexo, religión, ideología o situación personal. La institución no permite ningún trato discriminatorio por cualquiera de los motivos anteriormente indicados. Cuando se presenten situaciones de riesgo, el código manifiesta que constituye un deber prioritario de la entidad la seguridad física de sus clientes así como su integridad personal.

(6) CALIDAD Y QUEJAS DE LOS CLIENTES

El código es muy expreso en materia de calidad (página 5), pues se trata de uno de los objetivos prioritarios de la entidad. De una manera precisa indica: la experiencia demuestra que un error que se silencia provoca consecuencias más graves - e incluso irremediables - que un error comunicado a tiempo.

En el mismo orden de cosas, el código reconoce un principio esencial en el márketing relacional:

"(...) La calidad de los servicios no es lo que nosotros creemos; es lo que cree el cliente. Por consiguiente, cualquier queja, incluso

la que pueda parecer que no tiene fundamento, ha de ser tratada de una manera seria... Las quejas de los clientes son una oportunidad, nunca una amenaza. Las quejas permiten ofrecer una respuesta y, por tanto, representan la opción de enderezar la opinión que el cliente tiene de nosotros, cosa que no sucede si no nos comunica su reclamación...".

CUESTIONES RELACIONADAS CON LA ENTIDAD

En general han sido expuestas, en sus grandes líneas, en el anterior cuadro sinóptico. Merecen destacarse, no obstante, los tres principios que se destacan en el código: las relaciones de trabajo con "la Caixa" se basan en (1) la honestidad, (2) la lealtad y (3) la discreción. Textualmente, el código es muy preciso (página 9 y siguientes):

"(...) El respeto de esos tres principios es el primer paso para mantener la imagen de 'la Caixa' en su nivel más alto... Este deber es irrenunciable como empleados de la entidad, pero se extiende también sobre algunos aspectos de la vida privada. El compromiso de honestidad, lealtad y discreción se proyecta más allá de las paredes de 'la Caixa' y abarca todas las acciones que puedan comprometer el prestigio y la imagen de la entidad".

HONESTIDAD

El código trata la honestidad desde múltiples perspectivas. En primer término pone de manifiesto que la confianza del cliente es para la institución un capital tan importante como el negocio que pueda aportar. La confianza, señala, es lo que, por encima de cualquier otra consideración, determina que una persona sea o no cliente de la entidad. Tratándose de la materia prima (el dinero) que constituye la base del trabajo de los empleados, el código es taxativo:

"(...) Alguna persona puede tener la tentación de utilizarlo (el dinero) como si fueran fondos propios: apropiándoselo directamente o haciendo operaciones por su cuenta. Pues bien, la honestidad es una condición a la que no puede renunciarse en ninguna circunstancia y el incumplimiento de esta norma es una causa inmediata de ruptura de la relación laboral... Existen una serie de actuaciones que pueden favorecer una gestión incorrecta de los recursos de los clientes. Algunas conductas particulares, tales como contratar endeudamientos excesivos, llevar un ritmo de vida por encima de nuestras posibilidades o realizar operaciones financieras de alto riesgo, pueden, además de cuestionar la confianza de nuestros clientes, comprometer la integridad profesional...".

LEALTAD

La lealtad significa, según el código ético de la entidad, que los empleados compartan los objetivos personales propios con los que persigue "la Caixa" y hacer lo posible para que éstos se consigan. Se trata, en definitiva, de poner todos los medios para que se produzca el "alignment" o sintonía a la que nos hemos venido refiriendo en los capítulos 1 y 2.

Pero el texto del código ético es muy explícito acerca del sentido de la lealtad (página 10):

"(...) los objetivos de la entidad son el buen servicio y un crecimiento y rentabilidad suficientes para mejorar la solidez y sostener los servicios a la comunidad que se presten a través de la obra social.

"La coincidencia de objetivos entre los empleados y la empresa ofrece a los clientes una buena imagen de 'la Caixa'. En sentido contrario, las manifestaciones negativas, las actitudes escépticas o el rechazo de la estrategia de la entidad, incluso fuera del lugar de trabajo, comprometen seriamente la imagen de 'la Caixa'.

DISCRECIÓN

No existe ninguna relación fecunda y estable si no se basa en la confianza. En términos parecidos, el código ético de "la Caixa" sostiene, abiertamente:

"(...) Los datos e informaciones sobre los clientes, los planes estratégicos, los proyectos de inversión o de campañas comerciales, así como la concepción de productos... entre otros, son temas cuya divulgación podría comprometer el éxito. Se espera de nosotros que mantengamos la máxima discreción sobre estas informaciones...".

El código de ética hace también referencia a la normativa del mercado de valores en cuanto a la información privilegiada y su estricta reserva.

RELACIÓN CON EL ESTADO

La entidad recoge los principios y las medidas de una serie de textos legales que le son directamente aplicables.

En primer término, la ley 19/1993 de 28 de diciembre, sobre determinadas medidas de prevención del blanqueo de capitales. En este sentido hace una referencia expresa al artículo tercero y desarrolla una serie de recomendaciones y precauciones.

También se incorpora, como Anexo 2, una parte del Real Decreto 629/1993 del 3 de mayo sobre normas de actuación en los mercados y registros obligatorios.

El Anexo 3 se refiere al artículo incluido en el Título 3, "Normas de conducta" de la ley 24/88 sobre el mercado de valores.

Por último, en el Anexo 4 se hace referencia al Reglamento de Operaciones del "Monte de Piedad" de "la Caixa". El artículo 36 (prohibición de adquirir bienes) señala:

> *"Queda prohibido a los consejeros y empleados de 'la Caixa' tomar parte, directa o indirectamente, como licitadores en las subastas que el Monte de Piedad celebre o contrate, adquirir lotes no rematados o mediar en ninguna de las gestiones relacionadas con estos actos".*

8.3.2.2. Resumen acerca del código ético de "La Caixa"

El código ético de "la Caixa" se destaca, entre otras características, por cinco notas distintivas:

(1) Es un código de conducta que se inspira en el respeto a las personas (clientes, empleados, colaboradores, otras instituciones, etc.,) y el estricto cumplimiento de la legalidad.

(2) En los distintos apartados se defienden los intereses de los clientes en cuanto a su seguridad e integridad personal, el tratamiento confidencial de sus datos y la búsqueda de las mejores oportunidades para su interés, facilitándoles una información veraz para que puedan ser ellos mismos quienes tomen las decisiones que consideren más adecuadas. También se tienen en cuenta los riesgos de determinadas operaciones financieras.

(3) Se destaca también una concepción moderna de la calidad. Ésta se plantea en la relación de "la Caixa" con sus clientes y se basa, fundamentalmente, en la confianza. Y ésta se obtiene - según el texto que comentamos - cuando se consigue mantener un equilibrio entre los intereses de los clientes y de la entidad financiera. De una manera expresa se indica que el cliente está dispuesto a discutir y a negociar las condiciones comerciales. Ahora bien, es inflexible en todo lo demás (valores, promesas, trato, veracidad de la información, etc.).

(4) La teoría moderna de la gestión (a partir de los trabajos de Peter Senge[11], del Instituto Tecnológico de Massachusetts) propugna una cultura organizativa en la que se produzca el "alignment", también conocido como la sintonía de intereses entre una institución y sus empleados. En el código de ética de "la Caixa" (página 10) eso tan esencial se consigue gracias a la "lealtad" que se pide a todos los empleados, entendida ésta como la disposición de éstos de compartir los objetivos profesionales propios con los de "la Caixa" y hacer lo posible para que éstos se alcancen.

---

[11] Véase Senge, Peter, *The Fifth Discipline*, Capítulos 1 y 3.

En el caso de una caja de ahorro, es evidente que esos objetivos han de ser (como señala oportunamente el código ético), entre otros, asegurar el crecimiento y conseguir una rentabilidad suficiente para mejorar la solidez de la institución.

(5) Por último, los aspectos dedicados a la buena imagen y la reputación de la entidad son el hilo conductor de todo el texto. En este sentido y como conclusión, es muy significativo que se ponga el acento en la necesaria coincidencia de objetivos entre los empleados y la entidad. Esa concordancia - en el tiempo y en distintos planos - ofrece a los clientes una buena imagen de "la Caixa". En sentido contrario, señala el código ético, las actitudes escépticas, o el rechazo de la estrategia de la entidad, incluso fuera del lugar de trabajo, comprometen de una manera muy seria la imagen de "la Caixa".

8.4 UNA APROXIMACIÓN A LA ÉTICA DE LOS NEGOCIOS.

Hasta aquí se han examinado dos casos reales. Se han aportado resúmenes de un "código de conducta" y de un "código ético" y se ha puesto de manifiesto su importancia para que cada entidad financiera consiga alcanzar los objetivos y metas que han de hacerlas mejores, aumentando su contribución a favor de empleados, clientes, la sociedad y los accionistas (en el caso de los bancos).

En Estados Unidos y en toda Europa, los directivos empresariales se preocupan de una manera creciente por la ética de sus organizaciones y la de sus empleados. Las grandes empresas redactan "códigos de conducta", elaborados después de meses de reflexionar sobre lo que es bueno o malo para la sociedad y la propia compañía. En muchos casos, si revisamos las distintas listas de códigos de conducta de las grandes empresas, aparecen algunos principios de carácter general, como los siguientes:

(1) Integridad (de los empleados y de la propia compañía),

(2) Respeto a las personas,

(3) Consideración y respeto hacia los clientes,

La ética de los negocios empezó a enseñarse a principios del siglo XX en la Universidad de Harvard, pero en el mundo de las empresas tuvo sus comienzos en el año 1985, en la compañía General Dynamics, dedicada a industria de la defensa.

En el sector bancario los códigos de conducta son antiguos y extremadamente exigentes, como no podía ser de otra forma: los empleados no pueden dedicarse a juegos de azar; han de tener un comportamiento ejemplar, manteniendo el secreto de los datos que por su función pueden conocer, y la lista es suficientemente conocida por razones obvias. No pueden tampoco, como es evidente, entrar en operaciones de blanqueo de capitales y así sucesivamente, pues las funciones de una entidad financiera están consideradas, según hemos venido insistiendo en más de una ocasión, como un verdadero "bien público" que es necesario preservar para mantener la confianza del público en un determinado sistema bancario.

En la ética de los negocios, no es infrecuente observar movimientos a favor de formular reglas de conducta prácticas a partir de principios abstractos. Como señala Christian Tyler[12], esos líderes empresariales recurren a conceptos tales como,

- Confianza
- Integridad
- Juego limpio
- Respeto de los demás.

Para ellos la moralidad significa algo más que estar dentro de las normas de la ley. Algo que es evidente, pues la moral pública no puede sostenerse sin la moral privada.

8.5 SEGUIR LOS PRINCIPIOS DE LA ÉTICA DE LOS NEGOCIOS ES RENTABLE

Este texto no puede abordar de forma adecuada una cuestión que es más propia de los filósofos. Pero no pueden pasarse por alto algunos casos ilustrativos[13].

8.5.1 Movimientos que propician quienes creen en la posibilidad de llegar a definir unas reglas éticas de aplicación universal

Muchos líderes de empresas de todo tipo están intentando extraer reglas de comportamiento prácticas a partir de principios abstractos. Durante el mes de abril de este año el Institute of Business Ethics se ha dirigido a Naciones Unidas, siguiendo las propuestas de Sir Sigmund Sternberg, para que se alcance un acuerdo sobre códigos de conducta de ámbito universal.

---

[12] Tyler, Christian, "The Age of Moral confusion", *Financial Times*, edición del 22 de abril de 2000.

[13] Según J. Fernández Aguado, "(...) la ética, entre otras funciones, defiende a la persona de sí misma, cuando ésta se considera por encima de todo y de todos: nos recuerda que la persona es un ser frágil, y que sin respetar determinadas indicaciones, que lo son para su propio bien, corre el riesgo de 'quebrarse' parcial o totalmente". Véase, del mismo autor, *Mil consejos para un directivo* (2000c) CIE, Dossat 2000, Madrid. También, Fernández Aguado, J. (coord.) *Ética de los negocios*, 2000c, Ariel, Barcelona (en prensa). Argandoña, A., "El tratamiento de los problemas éticos en las instituciones y los mercados financieros", en *La dimensión ética de las instituciones y mercados financieros* (ed. Antonio Argandoña), Cátedra Fundación BBV, Bilbao, 1995, pp. 21-48. Sobre la ética en general, Lozano, Josep Ma., tesis de doctorado (no publicada), Universidad de Barcelona) y ESADE, Barcelona 1997.

Desde otro orden de cosas, Jonathan Sacks ha señalado oportunamente a la comunidad judía:

> *"(...) Cuando las personas empiezan a perder su sentido moral la sociedad se resiente... La sociedad civil descansa en una relación moral que es el resultado de un convenio más que de un contrato. El modelo de la relación entre las personas no es en ningún caso el mercado..."*[14]

8.5.2 ¿Cómo pueden incorporarse esos códigos de conducta en las empresas?

En la introducción a este capítulo hemos puesto de manifiesto la diferencia existente entre los códigos de conducta - que tienen que ver más con aspectos técnicos para alcanzar determinados objetivos - y los códigos éticos. Los medios para aplicar unos y otros son tan diversos como las situaciones y los países donde deberían aplicarse.

The Economist[15] destaca el caso de la compañía que fabrica los aviones Boeing. Ésta intenta dar una guía a sus empleados acerca de los comportamientos éticos ofreciéndoles – vía Internet y "on line" – un conjunto de situaciones morales, con un cuestionario y sus correspondientes respuestas.

8.5.3 ¿De las auditorías contables tradicionales a las auditorías éticas?

Hasta una fecha relativamente reciente pocos habrían apostado por la ética de los negocios. Ahora PriceWaterhouse and Coopers, de los Estados Unidos, ofrece sus servicios para practicar auditorías acerca del comportamiento ético de las compañías.

En materia de recursos humanos, la gente prefiere – en términos generales – trabajar para empresas que gocen de una buena reputación y cuyo comportamiento se considere apropiado desde el punto de vista ético. Algunos directores de recursos humanos también lo tienen en cuenta. Es un activo intangible de la compañía. Ajustarse a un código de conducta paga dividendos (en la Bolsa y en el reclutamiento de los mejores empleados) y, sin duda alguna, contribuye a mejorar la imagen de la empresa entre sus clientes y toda la comunidad.

---

[14] Sacks, Jonathan, *Politics of Hope*, citado en la edición de *Financial Times* del 22 de abril de 2000 por Christian Tyler.

[15] Ibíd., p.73

8.5.4 Ética, dirección por valores y sentido del trabajo

Hasta aquí nos hemos referido a la ética de los negocios, las tendencias que se observan en algunos países y las medidas que están tomando las grandes empresas. En los siguientes apartados haremos referencia a cuestiones que son más ambiguas, pero no por ello menos importantes.

En el plano sociológico, un pensador[16], perteneciente a la corriente de la ética humanista nos puso sobre aviso acerca del "sentido del trabajo". En anteriores capítulos hemos destacado el papel de los empleados, la importancia de su dedicación y el grado de sintonía que alcancen con los objetivos de la entidad. En la banca de servicios y desde luego en cualquier otra actividad, los empleados no deberían trabajar solamente a cambio de una retribución. Habría que esperar de los empleados bancarios que sintieran alguna forma de pasión por la banca; insistimos de nuevo en el mismo concepto. Las emociones nos mueven para alcanzar un mejor desempeño (y desde luego para sentirse más realizado en el trabajo). Es necesario que perciban el trabajo como una forma de contribuir a la sociedad. Pero estas cuestiones tienen que ver también con la ética del trabajo, con los códigos de conducta de las entidades financieras y, en último término, con lo más profundo de las personas, porque se refiere a su manera de ser.

Como ha señalado Viktor Frankl,

"(...) El trabajo puede representar el espacio en el que la singularidad de la persona se enlaza con la comunidad, cobrando con ello su sentido y su valor".

Diversos estudios demuestran - como hemos destacado en el caso de los trabajos de Abraham Maslow - que trabajar sólo por la remuneración que se recibe termina por tener efectos perjudiciales sobre el tono vital de los empleados. Para la corriente de pensamiento a la que nos referimos, el hombre que no comprende el sentido peculiar de su existencia - su carácter de ser único e irreemplazable - puede sentirse paralizado en las situaciones difíciles de la vida. Puede ocurrirle, según Viktor Frankl[17], "como al alpinista que se encuentra escalando una pared de hielo en los Alpes, envuelto por una niebla espesa y que, al no tener la meta ante sus ojos, se expone al peligro de que le asalte un cansancio fatal y haga dejación del sentido de supervivencia. Tan pronto como divisa el sendero que buscaba o la señal que ha de conducirlo al refugio de alta montaña recobra el ánimo y nuevas oleadas de energía dan fuerza a sus brazos, en el instante mismo en que parecía que ya iban a dejar de responderle".

---

[16] Véase, "Business Ethics: Doing well by doing good", *The Economist*, edición del 22 de abril de 2000, páginas 72-74.

[17] Ibíd.,

No estamos planteando en la banca situaciones heroicas de esta naturaleza. Pero es difícil imaginar que se pueda desempeñar un puesto de trabajo con ilusión si no se tiene un cierto sentido del valor del trabajo; si no se aprecia su valor para la sociedad y para uno mismo.

En este orden de cosas, Deutsche Bank señala de manera específica en su Web (Internet)[18] cuando hace referencia a un nuevo concepto de concebir la carrera profesional de sus empleados bancarios:

"(...) Para algunos, evidentemente, un cargo puede significar un medio de escalar nuevas posiciones; la promoción para una función que se desarrolla en un nivel de responsabilidad más elevado. Pero está ganando importancia una nueva concepción del desempeño de un cargo: se trata del desarrollo de las propias capacidades, de ser capaz de expandir la base del propio conocimiento y de ganar prestigio gracias a las habilidades, el conocimiento y la personalidad que uno tenga, ya sea de los clientes, los colegas y de los superiores jerárquicos. Sería decisivo que cada uno tuviera la oportunidad, en todas las fases del desarrollo de una carrera profesional bancaria, de acceder a un cargo que supone nuevos retos y en el que uno puede crecer desde un punto de vista personal, un cargo que permita crecer en competencia y prestigio, y eso en cualquier nivel o responsabilidad.

"(en el banco), los empleados que avanzan rápidamente en funciones que exigen una mayor responsabilidad ponen menos énfasis en los títulos o los símbolos que da el estatus. Ellos definen su lugar en el banco de una manera mucho mejor haciendo uso de su capacidad profesional y la experiencia de algunas de las siguientes situaciones:

(a) ser tenido en cuenta,

(b) recibir el encargo de asesorar al banco en alguna cuestión,

(c) ser informado,

(d) ser tratado con confianza, y

(e) tener la capacidad para hacer que las cosas y tareas se pongan en movimiento".

Hasta aquí esta moderna concepción sobre el papel de los recursos humanos en un gran banco alemán. Indirectamente, en una declaración de principios de esta naturaleza palpita cierto eco de la equidad a la que nos hemos venido refiriendo. Este hecho podría identificarse, hasta cierto punto, en el Annual Report 1998 de Deutsche Bank, que a continuación extractamos en lo que se refiere al papel de los empleados y las relaciones con los demás partícipes de las relaciones que se producen en un gran banco.

---

[18] Véase: www.deutschebank.de; Career.

En dicho Informe Anual, el banco declara su voluntad de servir a cuatro "stakeholders" o participantes:

(1) Los accionistas,
(2) Los clientes,
(3) Los empleados y
(4) La sociedad.

El orden en que aparecen en la lista anterior (página 39) no se corresponde con la importancia relativa de cada uno de ellos y tampoco con la red de interconexiones que el propio banco presenta mediante el diagrama 8.1, al que denomina "Basic consensus of interest".

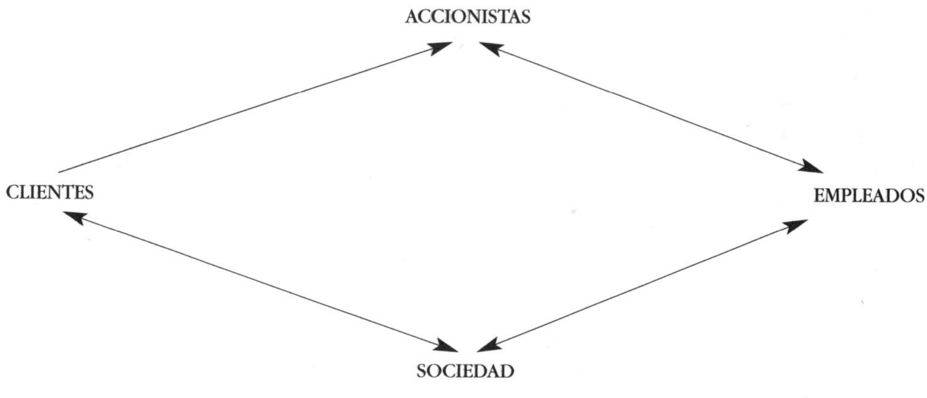

Fuente: DEUTSCHE BANK; Annual Report for 1998.

DIAGRAMA 8.1
Consejo básico de intereses: los 4 partícipes

Para el banco, el hecho de que exista un consensus básico entre los intereses de los cuatro grupos en sus relaciones con él no significa que las prioridades de cada uno de esos cuatro partícipes sean las mismas. Como señala el referido documento:

"(...) Pero el banco depende de los cuatro, y debe por consiguiente satisfacer los intereses de los cuatro grupos, de la misma forma que los miembros de este 'cuarteto' dependen entre sí. Tan sólo en el caso de que la cooperación se dé en todos los niveles estaremos en condiciones de proteger nuestra posición de liderazgo en el mercado y asegurar nuestra capacidad de generar beneficios a largo plazo".

Más adelante, Deutsche Bank reconoce que las interrelaciones entre los cuatro partícipes son complejas. A título ilustrativo, el documento pone un ejemplo muy claro: Deutsche Bank necesita capital de sus accionistas para aumentar su base de negocios y ser más rentable. Pero el capital sólo puede ser utilizado de una manera rentable a largo plazo si los clientes están satisfechos con la oferta que el banco les ofrece. Esto, a su vez, exige prestar servicios excelentes, lo que a su vez requiere tener empleados extraordinariamente motivados.

Como destaca el informe del banco,

"Deutsche Bank sólo conseguirá aumentar el valor para los accionistas, como ciertamente deben éstos esperar, si se cumplen los requisitos de satisfacción e interrelación puestos de manifiesto en el diagrama de los cuatro participantes".

Ahora bien, sigue la línea de argumentos del banco, el éxito en los negocios, lo cual se refleja en el valor de las acciones, hace que los puestos de trabajo sean más competitivos y, por consiguiente, más seguros.

Pero, según Deutsche Bank, no es suficiente que exista una buena coordinación de los intereses que persiguen accionistas, empleados y clientes. El banco también tiene que conseguir ser aceptado por la sociedad, un término que aquí el banco introduce en un sentido muy amplio. Incluye la creación de las condiciones que hagan posible la mejora de las condiciones económicas. No existen indicaciones explícitas del código de conducta, pero la Web del banco en Internet da algunas indicaciones[19]:

UN MODELO DE GESTIÓN PARA ALCANZAR RESULTADOS PRÁCTICOS

El banco ha entrado en un proceso de refundir los viejos modelos de gestión - el antiguo balance de situación social y las auditorías ecológicas - con otros procedimientos más modernos. Se trata del "Balanced Structured Card". Incorpora datos estructurales, cifras clave para cada uno de los cuatro participantes anteriormente citados y los pone en relación con la medición de proyectos altamente creativos. Por ejemplo, para los accionistas se persigue la transparencia. Para aumentar la satisfacción de los clientes el banco reconoce que necesita conocer qué es lo que quieren y darles una respuesta rápida.

Y por lo que se refiere a las relaciones del banco con sus empleados, que en algunos casos se refleja en las tasas de absentismo o en la fluctuación de los puestos de trabajo, el banco tiene previsto fortalecerlas mediante modelos de empleo flexible y el desarrollo de trabajos más adecuados a cada puesto.

[19] Véase el apartado de "Mission and Objectives" en el Website ya citado, WWW.deutschebank.de.

8.6 RESUMEN

Este capítulo es tan sólo una aproximación a una de las cuestiones más delicadas en la actualidad: los códigos de conducta y los códigos éticos. A lo largo del texto hemos procedido de lo más simple a lo más complejo. Hemos partido del análisis de cómo están actuando en esta materia el grupo BBV y "la Caixa".

A continuación hemos presentado un bosquejo de los orígenes de la ética y su evolución hasta llegar a la ética de los negocios y hemos revisado las tendencias más recientes.

Los casos que hemos presentado revelan que quienes tienen un comportamiento ético - empresarios, directivos y en general todos aquellos que tienen que ver con la producción de bienes y servicios - obtienen mejores cotizaciones en las Bolsas de valores, pueden contratar a los mejores directivos y tienen el reconocimiento de la sociedad. Es más, los clientes se ganan (y no se pierden) si confían en la entidad financiera con la que mantienen sus operaciones habituales. Los códigos de conducta y los códigos éticos, con los matices que hemos introducido en el texto, contribuyen a reforzar esa confianza con la que es percibida cada entidad.

En sentido opuesto y en el caso de los Estados Unidos, las empresas que no tienen un código de conducta y carecen de comportamientos éticos pueden verse sujetas a fuertes penalizaciones cuando violan la normativa legal y han de hacer frente a demandas en los tribunales de justicia.

Los comportamientos éticos hacen posible el crecimiento sostenible y favorecen la solidaridad y contribuyen de una manera muy especial a que las personas puedan vivir con dignidad. Al fin y al cabo, son cuestiones que tienen que ver con la vigente Declaración Universal de los Derechos del Hombre.

Capítulo 9

¿Ha de tener la banca líderes en cada puesto de mando, en cada oficina y en cada división?

"Nunca se ha conseguido nada realmente grande sin entusiasmo."

Ralph Waldo Emerson.

9.1 INTRODUCCIÓN

En el capítulo anterior hemos tratado de los códigos de conducta, los códigos éticos y de la ética de los negocios en general. La sociedad moderna es cada vez más exigente con quienes gestionan recursos, ya sean éstos propios o ajenos. No importa que sean recursos no renovables - el petróleo, las selvas tropicales de las que depende la formación de oxígeno y el medio ambiente en general - o bien los ahorros de una comunidad o una nación. No se debe al azar, por consiguiente, que el liderazgo - las mujeres y los hombres que han de modernizar la gestión de las empresas bajo esa nueva concepción - sea uno de los capítulos a los que nos hemos referido a lo largo del libro y que ahora presentamos como un tema monográfico.

Todos hemos tenido algún tipo de experiencia similar a la que vamos a describir, en la industria, en el comercio o en la banca: una persona que parecía poco dotada para enderezar un negocio que capeaba con dificultades el aumento de la competencia y las luchas de precios que reducían hasta niveles insostenibles los márgenes y los beneficios salió adelante con sus planes de modernización de la empresa. Posiblemente otros tenían más conocimientos técnicos en alguna área determinada - en los medios de producción o la innovación de los procesos de ingeniería -, pero él supo presentar a sus colaboradores una imagen convincente, unas líneas directrices nuevas. Despertó en ellos lo mejor de su potencial y la organización se puso en marcha de nuevo y fue capaz de sortear las dificultades con soluciones imaginativas. Ante un caso de este tipo ¿estamos en presencia de un líder o de un buen "manager" o directivo? Sin duda alguna, quien produjo esos cambios era un líder. Porque los directivos pueden planificar, ejecutar y resolver buena parte de los problemas existentes, pero sólo las personas con capacidad de liderazgo son capaces de concebir una nueva dirección, convencer a los demás de que el cambio que proponen es el más adecuado, y ejercer una cierta pedagogía para que se establezcan los planes de acción que han de hacer posible la nueva línea directriz que les ha presentado.

En otro caso - posiblemente más frecuente - se trataba de la dirección regional de una entidad financiera española. El banco había situado al frente de la misma - por la importancia que tenía para la entidad - a una persona muy inteligente, con una sólida formación y desde luego se trataba de una persona respetada tanto en la sede central como por sus colaboradores más inmediatos. Había sido la delegación que mejor cumplía los objetivos de la entidad y en su zona dominaba plenamente los avances de sus competidores, tanto en la captación de depósitos como en las distintas variantes de negocio. Su posición en el mercado podría representarse mediante la curva de Charles Handy - reproducida a continuación, gráfico 9.1 -, en la que cuando alguien en una organización alcanza el éxito a menudo no es consciente de que está ante un cambio importante en la orientación del negocio (el punto "A").

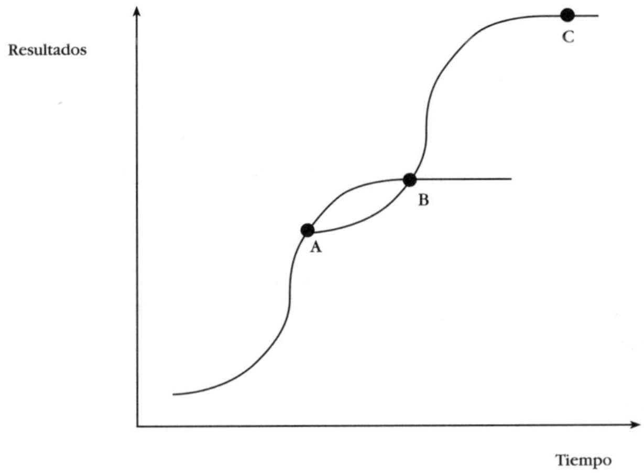

Fuente: A partir de la conferencia de Charles Handy en ESADE, marzo de 1999 (véase *El espíritu hambriento: más allá del capitalismo*). 1998. Ediciones Apóstrofe. Barcelona

GRÁFICO 9.1
Cuando los resultados se agotan es necesario reinventar el negocio

Un buen directivo, aunque fuera en el plano regional, tendría que haber percibido los cambios que se manifestaban en las percepciones de los clientes y las acciones de los competidores ante esos cambios de mercado. Él no se dio cuenta de qué tipo de cambios se estaban produciendo o bien no les dio la importancia que merecían. Pudo haber pasado a la segunda curva, mediante una nueva concepción de la forma de hacer frente a la competencia: más cajeros automáticos; una nueva forma de crear "ventas-cruzadas"; nuevas ofertas a los clientes; modificación de los precios de los créditos y de los servicios; segregar cuentas, asignándolas a los mejores empleados. Analizar la cartera de clientes para identificar cuántos de los clientes de los dos últimos años seguían siendo cuentas activas, etc.

En fin, anticipar los cambios que muchos percibían como reales y efectivos. A pesar de su inteligencia, fuera de lo común, no tuvo la visión suficiente para darse cuenta de la nueva situación. Evidentemente, en este segundo caso no estamos ante un directivo innovador, sino un directivo que gestiona de forma reactiva pues lo hace ante hechos consumados. No supo identificar los signos de cambio que apuntaban desde distintas direcciones, la mayoría desfavorables para el desempeño de sus funciones.

Posiblemente, según venimos anticipando desde el capítulo 1, no se había mantenido atento a los cambios en su posición competitiva y no se había planteado el deseo de mejorar su posición relativa en el mercado, estimulando la ilusión por el trabajo de sus colaboradores e intentar motivarles.

En este capítulo vamos a referirnos a las diferencias que a nuestro juicio existen entre los "directivos" (o "managers") y los líderes, y conviene que anticipemos nuestra respuesta a la pregunta que da título a este capítulo: tener líderes en cada puesto de responsabilidad de un banco o una caja de ahorros no sólo es posible sino que si se desea alcanzar la excelencia en la prestación de servicios con rentabilidad es absolutamente necesario que no exista ni un solo puesto que no esté cubierto con empleados dotados de las dotes de liderazgo.

A menudo se ha sostenido que un líder ha de ser un experto en el área de negocio específica o en los tipos de conocimientos especializados de la empresa que se dirige. Eso no siempre es cierto y, de hecho, según hemos destacado también en el referido capítulo 1 y que ahora cerramos como el punto de un círculo que da un giro de 360 grados, lo importante es la "inteligencia emocional". El caso de IBM es ilustrativo, según ha demostrado Daniel Goleman[1] y también lo demuestra el reciente nombramiento de la nueva presidenta de Hewlett Packard:

"Cuando Lou Gestetner fue nombrado presidente de IBM sabía que el cambio de la organización no podía producirse escribiendo simplemente informes, sino que tenía que recurrir a las emociones de sus miles de empleados. Porque, en definitiva, las personas no sólo participan en una empresa con su mente sino que también lo hacen con sus corazones y sus vísceras".

A continuación desarrollamos estos conceptos.

9.2 ¿PUEDE UN DIRECTIVO NO TENER INTELIGENCIA EMOCIONAL?

Es evidente que para dar respuesta a una pregunta de esta naturaleza sería preciso antes plantearse otra: ¿existe realmente la inteligencia emocional?

En los capítulos 1 y 2 nos hemos extendido en los resultados de las investigaciones que demuestran - desde McClelland a Gardner y Goleman, de la Universidad de Harvard - que la inteligencia emocional existe y tiene importantes implicaciones para el mundo de las empresas y, de una manera especial, para las empresas de servicios y las entidades financieras.

No es, desde luego, la única corriente que explica el liderazgo, pero es la más reciente y posiblemente una de las de mayor alcance. En un número

[1] Goleman, Daniel, *Working with emotional intelligence*, 1998.

relativamente reciente de *Harvard Business Review* (noviembre-diciembre de 1998), Daniel Goleman se preguntaba: ¿Qué es lo que hace que alguien sea un líder?[2].

Los resultados que demuestran la existencia de la inteligencia emocional no suponen, en ningún caso, que para ejercer un puesto en un banco o una caja de ahorros no se requiera un grado elevado de inteligencia del tipo cognitivo, racional y hasta cierto punto analítico. Es más, cuanto más complejos sean los problemas que es preciso resolver y más sofisticadas las técnicas, tanto mayor deberá ser la inteligencia de tipo conceptual (lógica) de los empleados bancarios. Pero la cuestión es de otra índole: ¿puede un directivo ser líder si no tiene un grado suficiente de inteligencia emocional?

Gardner, en la Universidad de Harvard, demostró que no. Daniel Goleman va más allá y lo hace en los siguientes términos:

> *"(...) Identificar las personas que poseen las características adecuadas para ser un líder tiene más que ver con el arte que con la ciencia. Después de todo, los estilos personales de los mejores líderes son distintos: algunos líderes son callados y analíticos; otros lanzan sus manifiestos para que sean escuchados en todas partes. Y lo que es más importante, a cada situación le corresponde un tipo de líder distinto. La mayoría de las fusiones necesitan al frente un negociador sutil, mientras que las empresas que han de reorganizarse necesitan de una personalidad fuerte que ejerza su autoridad de una manera manifiesta... Pero yo he descubierto, no obstante, que los líderes más efectivos tienen en común un elevado grado de lo que ha llegado a denominarse 'inteligencia emocional'... Sin ella una persona puede tener la mejor formación intelectual del mundo; puede tener una mente aguda y analítica; puede ser una fuente inagotable de ideas que inspiren nuevos proyectos, pero con todo eso no llegará todavía a ser un gran líder..."*[3].

¿Cómo se evalúa la inteligencia emocional y, por consiguiente, cómo pueden identificarse las personas con dotes de liderazgo?

La respuesta a esta pregunta la ha dado Daniel Goleman a través del modelo que identifica las competencias de las personas, según la descripción que presentamos a continuación.

---

[2] Goleman, Daniel, "What Makes a Leader", *Harvard Business Review*, noviembre-diciembre de 1998, pp. 93 a 102.

[3] Ibíd., p. 94.

9.3 UN MODELO PARA DEFINIR LAS COMPETENCIAS DE LAS PERSONAS

Daniel Goleman - entre otros - ha desarrollado un modelo de "competencias". Agrupa la capacidad de las personas en tres categorías:

(a) Capacidades puramente técnicas

- Se trata de conocimientos tales como la contabilidad; el dominio de técnicas financieras; el ejercicio de las actividades de planificación de tareas y tiempos, etc.

(b) Capacidades de tipo cognitivo

- Incluye dentro de éstas la capacidad de llevar a cabo razonamientos de tipo analítico, en sus distintas variantes de tipo matemático, informático o simplemente en el análisis de procesos y funciones.

(c) Capacidades que demuestran la competencia de tener cierto grado de inteligencia emocional

- Tales como la disposición y la capacidad de trabajar con los demás, la efectividad para liderar los procesos de cambio, etc.

En el siguiente cuadro se reproducen los cinco componentes de la inteligencia emocional en una situación activa. Se trata de los cinco factores siguientes:

(1) Conocerse a sí mismo (*Self-Awareness*)
(2) Autocontrol (*Self-Regulation*)
(3) Motivación
(4) Empatía (*Empathy*)
(5) Habilidades sociales (*Social Skills*)

Componentes	Definición	Factores distintivos
Conocerse a sí mismo	Es la capacidad de reconocer y entender los estados de ánimo, las emociones de uno mismo, así como sus efectos sobre los otros.	- Autoconfianza. - Percepción realista de los hechos y las situaciones. - Sentido del humor (y tomarse uno mismo con cierta distancia)
Autocontrol	Es la capacidad de controlar o de redirigir los impulsos y estados de ánimo que surgen de improviso.	- Integridad personal y la capacidad de que los demás puedan contar con uno.
Motivación	Tener la pasión de trabajar por motivos que van más allá del dinero o de la posición en la empresa o en la sociedad.	- Tener una fuerte orientación para alcanzar resultados. - Ser optimista, incluso ante las dificultades de todo orden. - Compromiso con los requisitos de la estructura organizativa.
Empatía	Tener la capacidad de entender los estados emocionales de los demás. Tener la habilidad de tratar a los demás de acuerdo con sus reacciones de tipo emocional.	- Tener la habilidad de estimular y retener a la gente con talento. - Tener sensibilidad frente a otras culturas. - Servicio a los clientes y a los consumidores.
Habilidades sociales	Ser efectivo en mantener relaciones humanas y la construcción de redes ("networks").	- Ser efectivo en liderar los procesos de cambio. - Ser convincente. - Ser experto en formar y liderar equipos de trabajo.

Fuente: Daniel Goleman, "The five components of emotional Intelligence at work", loc.cit. p.95.

De los cinco factores de Goleman, los tres primeros tienen que ver con la capacidad de controlarse uno mismo, mientras que los dos restantes se refieren a nuestras relaciones con los demás.

De estos dos últimos, la habilidad social es la más compleja y, posiblemente, la que se interpreta de manera incorrecta. No se trata sólo de hacer amigos. Consiste también en la capacidad de conseguir que la gente acepte tomar decisiones en la dirección que uno desea: puede tratarse de un acuerdo sobre un nuevo plan de márketing o bien de la buena disposición para lanzar un nuevo producto o un nuevo servicio bancario.

Para Goleman, la capacidad social se demuestra en la facilidad con que se entablan nuevas relaciones en los medios menos ligados al trabajo de cada uno. Eso se pone de manifiesto en su capacidad para crear "redes de relaciones personales" (*networks*), que en algún momento podrán sernos de gran utilidad (y también serán positivas para los que participen en ellas).

Un caso real puede ilustrar el alcance de las relaciones sociales en el sentido en el que las estamos analizando.

> *" El delegado regional de una caja de ahorros de tamaño mediano era miembro, entre otras organizaciones, de un centro cultural que tenía diversas manifestaciones artísticas. Al propio tiempo, se había relacionado con la agrupación de empresarios (empresas familiares y Pymes) del cinturón industrial de su zona y participaba también en un círculo de ayuda a las personas que se encontraban frente a situaciones de marginalidad...".*

Aparentemente, ese conjunto de actividades, que poco o nada tenían que ver de una manera directa con su papel como delegado o director de una oficina bancaria, le habían introducido en un tejido social compuesto de diversas capas. En algunas ocasiones había tenido la oportunidad de tener opiniones desinteresadas sobre la percepción de determinados productos bancarios, las tácticas de la competencia o el grado de satisfacción de los clientes, a pesar de que muchas de sus relaciones no tenían cuenta abierta en las agencias bancarias que tenía a su cargo. En otros casos había dado testimonio de su preocupación por encontrar soluciones para quienes se encontraban en situación de paro o atravesaban una situación difícil en el plano familiar o personal.

Este tipo de habilidades - y, por qué no, cualidades humanas - van a menudo acompañadas de las primeras: la gente tiende a mantener buenas relaciones con los demás si al propio tiempo son capaces de entender sus propias emociones y estados de ánimo y someterse a un autocontrol, manteniendo una posición de empatía con los otros. Como señala Goleman en su último trabajo,

> *"(...) Incluso la motivación contribuye a las habilidades sociales. Recuérdese que la gente propensa a alcanzar resultados suele ser optimista, incluso ante los obstáculos o fallos... Se trata de gente muy apta para dirigir equipos. A la vez, son personas muy capaces para persuadir - una manifestación de la autoidentidad y del autocontrol - a la vez que son conscientes de los sentimientos y actitudes de los demás. Dadas esas habilidades, quienes tienen la capacidad de persuadir saben cuándo han de recurrir a un aspecto emocional o cuándo sería más oportuno recurrir a un argumento de tipo racional. Y la motivación,*

cuando se manifiesta de una manera expresa y pública, convierte a las personas en colaboradores excelentes; su pasión por el trabajo se difunde hacia los demás, y todos se sienten predispuestos para encontrar soluciones a los problemas".

A continuación es inevitable que nos planteemos una cuestión importante: ¿cómo puede medirse el grado de "inteligencia emocional" de una persona y de su capacidad de liderazgo?. A juicio de Daniel Goleman, existe un procedimiento bastante fiable: se trata de constatar el grado de aprovechamiento de las facultades y competencias que el líder consigue convertir en competencias para encontrar soluciones para los problemas reales a que han de hacer frente sus subordinados.

En sus propios términos[4],

"(...) Las competencias emocionales resultan especialmente importantes en el campo del liderazgo, pues éste pretende lograr que las personas lleven a cabo su trabajo del modo más eficaz posible. Por consiguiente, la incapacidad emocional de los directivos (managers) consume tiempo, genera roces, desalienta la motivación y el compromiso, fomenta la hostilidad y la apatía y, en suma, provoca un bajo rendimiento entre los empleados. De esta forma, las fuerzas y debilidades de la competencia emocional de un directivo pueden medirse prestando atención al hecho de si realmente ha conseguido aprovechar el talento de sus subordinados".

A lo largo del libro hemos insistido en una nueva concepción: "Dirigir por valores". Es decir, dejar que los directores de oficina y todos los empleados se fijen sus propios metas, dentro de un espacio de libertad que les ha de permitir desarrollar toda su creatividad, alcanzando una mejor realización en su carrera profesional y en su motivación, un proceso en el que, evidentemente, necesitará la ayuda de su jefe superior. Todo eso tiene mucho que ver con la nueva forma de concebir el liderazgo.

Daniel Goleman no duda en citar la opinión de un experto en liderazgo para dar más fuerza a sus propios argumentos. Se trata de Robert E. Kaplan, director del Center for Creative Leadership. Según este último,

"(...) los mejores líderes tienen una capacidad casi mágica para obtener el máximo partido de una determinada situación y conjugar un plan de acción claro y convincente. Expresado de otra forma, el liderazgo implica la capacidad de activar la imaginación de los demás e inspirarles para que se orienten en la dirección deseada, algo que sin duda va más allá de la capacidad de motivar y dirigir a los empleados".

---

[4] Goleman, Daniel; *Working with emotional intelligence*, 1998.

Queda por último, en estos aspectos, una cuestión pendiente: si tan importante es la inteligencia emocional para los líderes, ¿puede ésta aprenderse o se trata de un conjunto de capacidades innatas?

9.4 LA INTELIGENCIA EMOCIONAL PUEDE APRENDERSE Y EJERCITARSE

La escuela de Harvard, con McClelland primero, Gardner después y Goleman y sus seguidores más recientemente, ha demostrado que la inteligencia emocional, aunque puede tener cierto grado constitutivo o innato, puede aprenderse y ejercitarse.

En cierto modo, se trata de nuevo de la pregunta de todos los tiempos: los líderes nacen o se hacen? En materia de inteligencia emocional - y por consiguiente uno de los principales componentes del liderazgo, cuando no su principal determinante - la respuesta es afirmativa. En primer término, la inteligencia emocional aumenta con la edad. Según Goleman, ésta nace precisamente en los neurotransmisores del sistema límbico del cerebro, que es el que gobierna los sentimientos, los impulsos y las decisiones. Las investigaciones han puesto de manifiesto[5] que la inteligencia se desarrolla en mayor medida cuanto más intensa es la motivación, cuando se ponen en juego las facultades intelectuales y se tiene en cuenta el *feedback* o el conocimiento que se adquiere al examinar los resultados de las acciones, estados de ánimo y sentimientos que uno experimenta al actuar, tomar decisiones y hacer frente a nuevas situaciones.

En sentido opuesto, el conocimiento y el aprendizaje, que tienen lugar en la zona del neocórtex - la que gobierna las habilidades de tipo analítico y técnico - tienen a su cargo captar conceptos y formular razonamientos lógicos. Es la parte del cerebro que se plantea cómo hacer uso de un ordenador personal o vender un producto acudiendo a la lectura de un manual adecuado.

La inteligencia emocional tiene que ver, posiblemente, con una de las partes que nos hacen ser más humanos. Pero se aprende con mucha más dificultad que la geometría o la programación informática. Y no obstante, de ella depende, en buena medida, la posibilidad de que un empleado de una entidad financiera o de cualquier empresa de servicios alcance su verdadero potencial.

Goleman es hasta cierto punto categórico cuando, en el libro en el que desarrolla las aplicaciones de su teoría (*Working with emotional intelligence*), señala:

---

[5] Goleman, Daniel, loc. cit., p. 97 y siguientes.

"(...) La importancia de la inteligencia emocional aumenta a medida que se asciende dentro del organigrama de una empresa... La diferencia existente entre los directivos que se destacan por encima de la media y los que tienen trayectorias mediocres hay que buscarla en el campo de las competencias emocionales. Por eso los directivos más destacados son diestros en habilidades tan marcadamente emocionales como la capacidad de influir en los demás, el liderazgo, la conciencia política, la confianza en sí mismo y la motivación propia para conseguir resultados. No resulta aventurado concluir que, como regla general, el 90% del éxito del liderazgo depende de la inteligencia emocional".

9.5 OTRAS CONCEPCIONES DEL LIDERAZGO MÁS ALLÁ DE LA "INTELIGENCIA EMOCIONAL"

Retrocediendo en el tiempo, el derecho romano nos ha transmitido una distinción muy precisa. Distingue entre el poder formal o *potestas*, que es el que se deriva del puesto que ocupa una persona para hacer cumplir sus órdenes y la *auctoritas*, en cuyo caso se trata de un verdadero poder personal; sus órdenes son aceptadas sin que necesite ejercer ninguna coacción sobre sus subordinados. En muchos casos se considera que el líder tiene esa cualidad a que hacía referencia el derecho romano (*la auctoritas*), porque el líder no se impone: el líder arrastra.

9.6 LOS LÍDERES "TRANSACCIONALES" FRENTE A LOS LÍDERES "TRANSFORMADORES"

Existen otras concepciones del liderazgo y los tipos de líderes. A continuación las revisamos por su importancia en el campo de la banca.

M. Burns presentó, en el año 1978, un nuevo concepto de líder, al distinguir entre los líderes transaccionales y los líderes transformadores, referidos especialmente al terreno de la política en las democracias avanzadas. Los líderes políticos transaccionales son aquellos que, en la definición del propio Burns[6],

"(...) Se dirigen a sus seguidores con la mirada puesta en cambiar una cosa por otra; lugares de trabajo por votos; subsidios o ayudas a cambio de contribuciones pecuniarias para su campaña electoral. Este tipo de transacciones comprenden la mayoría de las relaciones que se establecen entre el líder y sus segui-

[6] J.M. Burns, *Leadership*, New York, Harper and Row, 1978.

dores, especialmente entre los grupos, partidos políticos y cámaras legislativas...".

Por el contrario, el líder "transformador", al que nos referiremos con más detalle más adelante, por considerarla una de las concepciones más importantes de los últimos años, si bien establece también una relación de intercambio entre él y sus seguidores, tiene en cuenta además la satisfacción de las necesidades superiores de los demás y atiende, en buena medida, a los planos superiores de la jerarquía de necesidades que figuran en la denominada pirámide de Maslow[7]. El liderazgo transformador se caracteriza por crear estímulos en las dos direcciones - del líder a sus seguidores y recíprocamente -, elevando el plano de relaciones. Como se ha señalado,

"(...) Convierte a los seguidores en líderes y llega a convertir a los líderes en verdaderos agentes morales. Si las necesidades superiores de los seguidores son auténticas - deseos de realización personal en el trabajo, deseo de realizar obras que trasciendan la mera retribución por un trabajo, aunque éste esté muy bien pagado, etc. -, entonces podremos observar el surgimiento de un liderazgo moral"[8].

(1) El lider se manifiesta en situaciones de crisis o momentos en los que una empresa se enfrenta a una encrucijada[9], si bien en períodos de bonanza puede haber estado preparándose para los períodos de dificultades. No se trata de una catástrofe, sino de un punto en el que es preciso tomar un nuevo rumbo para cambiar la trayectoria de la organización, en respuesta precisamente a los cambios del entorno que el líder identifica anticipándose a la percepción de los demás.

(2) Esa capacidad de identificar las situaciones de crisis y de encontrar un nuevo rumbo se basa, de una parte, en su profundo conocimiento de las fuerzas y el pasado de la empresa y, de otra parte, brota de su seguridad personal. Tiene confianza en sí mismo y transmite una imagen de serenidad[10] y

---

[7] Según hemos destacado anteriormente, A.H. Maslow, autor de *Motivation and Personality*, New York, Harper, 1954, distingue cinco tipos de necesidades humanas: en la base de la pirámide sitúa las de tipo fisiológico (alimento, descanso, protección contra los elementos de la naturaleza, etc.); necesidades de seguridad (protección ante la eventualidad de que se produzcan carencias o peligros); necesidades sociales (dar y recibir afecto; sentirse aceptado por los demás; alcanzar el reconocimiento de la sociedad) y, por último, la necesidad de autoestima (estimación propia, en cuanto a tener confianza en sí mismo, competencia profesional, conocimientos, etc.) y el reconocimiento de los demás en cuanto a cómo los otros aprecien las cualidades propias. Según puede observarse, existen en sus conceptos, tres décadas antes de que Goleman formulara su teoría sobre la "inteligencia emocional", elementos que tienen que ver con los sentimientos, las actitudes y las habilidades interpersonales.

[8] Véase el texto del profesor del IESE, Juan Antonio Pérez López, *Introducción a la dirección de empresas*, año 1997.

[9] Véase, en este sentido, Filella i Ferrer, Jaume, *La práctica del liderazgo transformacional*, Papeles ESADE, número 26, septiembre de 1989.

[10] La serenidad que el líder irradia nace de su ausencia de conflictos internos. Sus acciones brotan de una manera natural y se manifiesta exteriormente por la congruencia de sus principios y actitudes. Véase Filella i Ferrer, Jaume, ibíd., p. 9. Nótese la coincidencia de esos factores con los tres primeros que identifican, según Daniel Goleman, la "inteligencia emocional", según hemos expuesto en la primera parte de este mismo capítulo.

de la aceptación de riesgos calculados. Ha racionalizado la complejidad y diseña medidas para reducirla a un conjunto de planes viables. Sus decisiones son valientes, pero no temerarias. Cuida los pequeños detalles, pero su marco de referencia tiene siempre presente el sentido de la globalidad. Posee un marcado sentido de la realidad, pero puede proyectar en el futuro sus planes para mejorar lo existente, aun a riesgo de provocar situaciones que, aparentemente, podrían parecer confusas. No teme equivocarse, pues cuenta con una estrategia que le permita rehacer el camino, soslayando las dificultades. Como el que navega a vela, aprovechando la dirección cambiante del viento, su rumbo parece que se produce en zigzag, pero a él no le importa, porque tiene siempre muy presente el destino final de su trayectoria. Es más: como ocurre con la moderna navegación a vela, más que un navegante él es el diseñador de la embarcación, el verdadero arquitecto naval que va rediseñando la nave para adaptarla a distintas singladuras[11].

(3) Pero no basta con acertar en el diagnóstico de una situación, identificar cuándo la empresa se encuentra ante una encrucijada y proponer la nueva dirección que ha de tomarse para aprovechar las fuerzas internas y soslayar las amenazas que proceden del exterior. Es necesario saber comunicar a los demás su visión del futuro, una comunicación que exige que se mantengan contactos personalizados - de individuo a individuo - y la capacidad de transformar a los ejecutivos de la empresa, a su vez, en otros líderes inspiradores del proceso de cambio[12]. Una de las características distintitivas del líder es, desde luego, su poder para estimular la aparición de otros líderes dentro de la misma organización en la que ejerce su influencia irradiadora.

(4) El directivo ha de ser capaz de convivir con la ambigüedad - una situación que él se encarga de identificar, cuando no la provoca con sus planes de cambio y de progreso hacia nuevas metas - y ha de transmitir a los demás la seguridad de que las soluciones que propone son el medio más adecuado para alcanzar nuevos niveles de excelencia o para sortear los obstáculos que él ha constatado. Sus soluciones son extremadamente simples -

---

[11] Este texto se ha reproducido íntegramente del trabajo de Isidre Fainé Casas, presentado en la Real Academia de Ciencias Económicas y Financieras, bajo el título *Liderazgo y progreso económico*, Barcelona, 1992. La moderna concepción del líder como verdadero "diseñador" de las organizaciones o "arquitecto naval", en contraposición a la imagen tradicional, según la cual el líder era visto como el "capitán de empresa" se debe a Senge, Peter, expuesta principalmente en uno de sus últimos libros, *The Fith Discipline* (existe traducción española).

[12] Tener la capacidad de transformar a los otros ejecutivos en verdaderos líderes supone que el liderazgo puede aprenderse. En un principio se supuso que el líder nace, no se hace. A partir de Bass (1985) se ha reconocido que es posible el aprendizaje del liderazgo. Para Filella i Ferrer, J., loc. cit., la acción del líder se perdería si no fuera capaz de influir en las actitudes de sus empleados. Otra cosa es hasta qué punto va a ser capaz de extender el radio de su influencia, pues, en último término, va a depender de sus contactos personalizados. Pero, en la medida en que consiga transformar en otros líderes a sus ejecutivos, el radio de acción se difundirá progresivamente y con ello la organización sufrirá una profunda transformación, ganando en flexibilidad y capacidad de respuesta para aprovechar las oportunidades del mercado.

pero no triviales. Esta sencillez nace del hecho de que sus propuestas van a lo esencial, a la raíz de las cosas; y sucede que todo lo esencial es simple por su propia naturaleza de ser algo básico y definitivo. Lo que es accesorio tiende a complicar innecesariamente los planes, haciéndolos a menudo inviables. De nuevo, años más tarde, Daniel Goleman, a través de la concepción de la "inteligencia emocional", llega a planteamientos hasta cierto punto similares.

(5) Este modelo de líder podría encuadrarse dentro del marco denominado "líder persuasivo", orientado hacia las relaciones personales, en el que los resultados se alcanzan gracias al clima de confianza que se crea. No es, por consiguiente, autócrata, y posiblemente el proceso de toma de decisiones habrá sido más lento del que habría conseguido el tipo de líder *task-oriented*, más frío y distante, obsesionado por la consecución de resultados concretos. En este caso, Daniel Goleman difiere en sus planteamientos, pues para él la capacidad de persuasión es inherente al líder.

Pasando al plano de la gestión de la banca moderna es preciso distinguir tres funciones:

(1) La formulación de las estrategias,

(2) La implementación y puesta en práctica de dichas estrategias y

(3) El liderazgo, que ha de hacer posible la aceptación de las estrategias y políticas por parte de los empleados y, al propio tiempo, activar las energías de la organización para despertar la iniciativa y las actitudes gerenciales de los empleados.

Solamente los líderes son capaces de movilizar el potencial de las organizaciones, porque una de sus principales características es que el dinamismo que generan provoca que las "cosas se hagan", y que se hagan bien. Su habilidad más típica podría resumirse diciendo que ellos tienen la habilidad de "poner las cosas en marcha"[13].

El directivo ante los procesos de cambio

En el mundo empresarial, los ejecutivos acostumbran ver las situaciones de cambio como períodos que crean confusión, y de ahí su propósito de controlar toda situación ambigua hasta reducirla a algo manejable. El directivo, por el contrario, buen conocedor de los antecedentes de su empresa u organización, reacciona con fuerza y serenidad para encontrar una nueva línea directriz.

A continuación se destacan algunas de las concepciones erróneas en materia de liderazgo.

[13] Filella i Ferrer J., ibíd., p.6; Isidre Fainé i Casas, loc. cit.,

9.6.1 Primera concepción errónea: por grande que sea una empresa o una institución, basta con tener un solo directivo y sólo uno

Esta creencia - conviene insistir en el hecho de que se trata de una simple opinión, si bien hunde sus raíces en una escuela doctrinal concreta - considera que los líderes son necesarios, pero solamente considera como tipo representativo el que ha venido a denominarse "líder carismático". Por consiguiente, quienes favorecen esa corriente sólo valoran al líder que da inspiración y sentido de futuro a la empresa, una corriente que procede de la creencia de que el líder está dotado de un cierto carisma. Se supone que ese carisma es percibido por los demás, que se sienten arrastrados - son sus supuestos "seguidores" - por la fuerza que emana de su comportamiento. Es admirado y, por consiguiente, existe cierta lejanía entre él y sus subordinados; en su presencia, los seguidores perciben un cierto poder, que parece emanar de ciertas cualidades (entereza ante las dificultades, perspicacia ante las oportunidades, perseverancia para alcanzar los "objetivos" que también él se propone, etc.). Si la empresa o la institución tiene ese líder carismático ¿para qué necesita otros líderes en las distintas dependencias de la empresa, sostienen los seguidores de esa concepción? Pero diversas investigaciones han demostrado que también en este punto estamos en presencia de otro mito: porque, bajo otra concepción más moderna, es mejor que existan varios líderes y que incluso en cada departamento, cada función, cada punto de venta y cada puesto de trabajo pueden tener un líder (y ojalá lo tengan, porque de ellos dependerá su permanencia y expansión en el mercado).

9.6.2 Segunda concepción errónea: en situaciones de emergencia, solamente las empresas con una fuerte dirección centralizada pueden sortear las dificultades del entorno y sobrevivir

El estudio de la naturaleza del liderazgo no está desligado de la estrategia militar. Y no obstante, en materia de organización de empresas suelen sostenerse criterios opuestos a los que se observan en la estrategia militar: en este campo suele decirse que, en época de paz, la estructura centralizada de un ejército es la más apropiada; es eficiente porque las respuestas inmediatas y sobre el terreno no son necesarias, mientras que en una situación bélica es esencial poder desenvolverse con rapidez en los distintos teatros de operaciones. En el campo de las empresas se ha consolidado un criterio opuesto: ante una emergencia, centralizar la dirección. En períodos de estabilidad - lo que se califica de entornos apacibles -, aplicar la dirección local o descentralizada.

9.6.3 Tercera concepción errónea: todos los ejecutivos son líderes

Utilizaremos en lo que sigue el término "ejecutivo" en el sentido de "directivo", equivalente al concepto anglosajón de "manager", en cuanto se dedica a gestionar. A menudo suelen confundirse con los "líderes", posiblemente porque quienes los presentan como iguales suponen que nadie puede ser un "líder" empresarial si a la vez no es capaz de dirigir, de gestionar un banco, una empresa o cualquier institución. Pero la cuestión puede (y debe) plantearse en otros términos: un líder puede ser un buen gestor, pero el don de liderazgo no va implícito en las dotes de los ejecutivos o "managers"[14]. Es más, en realidad son total y radicalmente distintos, como ahora vamos a tener ocasión de poner de relieve[15].

Los ejecutivos son gestores de la complejidad: toman decisiones y resuelven problemas. Todas sus energías están orientadas hacia la consecución de determinados objetivos y la creación de estructuras organizativas eficientes para la gestión de las personas y los recursos. Con objeto de que sus soluciones sean aceptadas por los demás tienden siempre a buscar el acuerdo entre posiciones contrarias y son propensos a contemporizar y a buscar equilibrios estables, cuando menos a corto plazo. Los verdaderos directivos tienen comportamientos absolutamente opuestos: en vez de buscar soluciones entre cursos de acción alternativos ellos abren nuevas vías, aparentemente inexistentes antes de que fueran presentadas a los demás; para ser seguidos han de presentar imágenes sugerentes, que tengan la fuerza suficiente para arrastrarlos. No contemporizan y no les importa que sus decisiones provoquen desequilibrios y desajustes. Es más, se sienten cómodos ante situaciones ambiguas, lo que no soportan los ejecutivos, que buscan en todo momento la racionalidad de los controles, las medidas precisas, el orden y la estabilidad[16].

---

[14] En torno a las distintas concepciones del liderazgo en versión española, véanse: "¿Empresa o negocio?: Distintos enfoques para la dirección de personas en las organizaciones", de María Nuria Chinchilla, IESE, septiembre de 1990 (Nota Técnica de la División de Investigación); "La dirección de empresas y el liderazgo", del profesor Juan Antonio Pérez López, IESE, octubre de 1985 (Nota Técnica de la División de Investigación); "El liderazgo", de José María Rodríguez, IESE, Barcelona. En cuanto a las últimas tendencias, véase, Daniel Goleman, loc. cit., según los comentarios que figuran en los primeros apartados de este capítulo.

[15] El artículo clásico de Abraham Zaleznik. "Managers and Leaders: Are they different?", publicado en *Harvard Business Review*, mayo-junio de 1977, constituye sin duda el trabajo más destacado en la distinción moderna entre el papel de los ejecutivos y el de los líderes. Más recientemente, en su libro del año 1990, P. Kotter considera como función esencial del líder la de producir el cambio "adaptativo" o útil, mientras que los ejecutivos tienen a su cargo el procurar que la organización (es decir, la empresa) opere sin fricciones y de una manera regular. El liderazgo tiene, para Kotter, una naturaleza de "direction-setting", un proceso que no genera planes sino "visiones" o imágenes conceptuales y estrategias. Para este autor, lo esencial del liderazgo es que produce "alineamiento", es decir, consigue que los individuos (los empleados) entiendan, acepten y se orienten en la dirección elegida. En contraste, concibe la tarea de los ejecutivos como una función de "organizar" y coordinar.

[16] Véase Abraham Zaleznik, loc. cit., p. 127.

Los ejecutivos procuran trabajar con los demás y su relación con ellos se basa en el papel que desempeñan en los procesos de decisión. Los líderes, por el contrario, que tienen más en cuenta las ideas y los conceptos, se relacionan con los demás de una manera más intuitiva y personal. Los ejecutivos atienden a la forma "como" se hacen las cosas; los líderes, lo que significan esas decisiones y acontecimientos para los que participan en ellos[17].

Los ejecutivos no se implican emocionalmente con los demás, pues procuran en todo momento mantener el equilibrio de poderes y alcanzar objetivos concretos; por el contrario, los líderes están dotados de la capacidad de identificar y estimular los sentimientos y deseos de sus seguidores, algo que en la doctrina se conoce como "empathy"[18] y que tiene que ver con las dotes de intuición y de percepción, y no simplemente de la intelección. Por eso sus decisiones tienden a despertar adhesiones y sentimientos de admiración. De nuevo, existe en esas concepciones una clara anticipación de la teoría que defiende Daniel Goleman y que hemos expuesto en los cinco primeros apartado de este capítulo.

En la última década, y por la influencia que nos llega desde el otro lado del Atlántico, los directivos nos abruman con un concepto que, por su manipulación, está llegando a perder significación. Nos referimos al término de "estrategia". Parece como si ningún aspecto de las empresas fuera ajeno a la definición e implementación de una estrategia. Como ha señalado uno de los autores[19] destacados en materia de liderazgo, cada problema desemboca en soluciones estratégicas. Por consiguiente, tenemos estrategias de márketing, estrategias para remunerar a los empleados, estrategias para internacionalizar las empresas y así sucesivamente. No obstante, cuando las empresas se aferran demasiado a las estrategias pasan por alto los resultados. Es más, se olvida a menudo que el concepto de "estrategia" no es otra cosa que una derivación de la rama de la economía denominada organización industrial. Ésta plantea modelos de competencia y tiene por objeto conseguir la introducción de los productos en mercados competitivos mediante el uso de determinadas técnicas. Pero conviene insistir en ello: quien se deja llevar por

---

[17] Como señaló Abraham Zaleznik en un artículo clásico, "The distinction is simply between a manager's attention on how things get done and a leader's to what the events and decisions mean to participants. In recent years, managers have adopted from game theory the notion that decision-making events can be one of two types: the win-lose situation (or zero-sum game) or the win-win situation in which everybody in the action comes out ahead. Managers strive to convert win-lose into win-win situations as part of the process of reconciling differences among people and maintaining balances of power". Véase, "Managers and leaders: are they different?", *Harvard Business Review*, marzo abril de 1992. El artículo original fue publicado, en la misma revista, en el número de mayo-junio de 1977.

[18] En un artículo relativamente reciente de Abraham Zaleznik, que actualiza su trabajo clásico del año 1977, publicado por *Harvard Business Review* en la edición de marzo-abril de 1992, el autor se lamenta de la proliferación de las estrategias empresariales, que parecen desbordarlo todo, y el abandono de la política de empresa que, bajo la dirección de los líderes, tendría que marcar las líneas de avance. Como señala textualmente Zaleznik "(...) In relying on strategy, organizations have largely overlooked results..."

[19] Abraham Zaleznik, loc. cit., p. 131 (versión de marzo-abril de 1992).

las estrategias puede terminar por descuidar el análisis de los resultados de las empresas.

9.6.4 Cuarta concepción errónea: el líder nace, no se hace

Ésta es, posiblemente, la confusión más peligrosa dentro de las concepciones erróneas en materia de gestión empresarial. Porque quienes se dejan llevar por esta concepción, especialmente en situaciones de crisis, buscan al líder carismático que, como si tuviera una varita mágica, recomponga las piezas del rompecabezas hasta que surja una nueva situación de peligro. Pero el verdadero liderazgo tiene que ver con el cambio de las actitudes de las personas y no será efectivo si no consigue comunicar los deseos de mejora que, en mayor o menor grado, están presentes en todos nosotros. El líder ha de plantear metas, según hemos venido insistiendo, y no solamente objetivos, pues ha de contribuir al proceso de mejora de toda la organización. Las investigaciones en este campo son concluyentes[20]: el liderazgo puede aprenderse. Puede estimularse y ejercitarse, hasta el punto de que el verdadero líder ejerce su influencia estimulando en los otros el ejercicio del liderazgo, del que, en último término, depende el éxito de las empresas ante procesos de cambio.

La segunda tiene que ver con el papel de los líderes en la interpretación de la realidad y en su función de dar sentido y orientación a las aspiraciones de los que les siguen; los líderes no contemporizan, sino que buscan nuevas vías para el progreso; no se limitan a la búsqueda de equilibrios entre distintos poderes en el seno de las organizaciones, sino que inducen el cambio porque su concepción es creativa y, a la vez, profundamente intuitiva. Los líderes, como hemos señalado antes, se sienten cómodos con la ambigüedad que nace de los procesos de cambio, de manera que mientras los ejecutivos pretenden controlar las situaciones - poniendo en práctica los métodos tradicionales de la gestión, es decir, planificando, organizando, dirigiendo y controlando - los líderes aprovechan esa ambigüedad para encauzar las energías de las empresas y darles una nueva dirección, en respuesta apropiada a los cambios que perciben.

Para terminar y como última conclusión, los líderes presentan imágenes - ofrecen una visión de avance - que despiertan las energías latentes en las organizaciones porque estimulan los deseos de progreso que se hallan presentes en todos nosotros. Es decir, nos ayudan a plantearnos nuevas metas. Su acción es a menudo oscura y callada, pero sus resultados son claramente visibles y de largo alcance. La teoría económica ha considerado que la capa-

[20] Cfr. Filella i Ferrer J., loc. cit. Para un tratamiento más reciente y desde la perspectiva de la "inteligencia emocional", según la versión de Daniel Goleman, véanse los apartado 1 al 5 de este mismo capítulo.

cidad de crecimiento de las grandes empresas se veía restringida por las dificultades de coordinar las grandes organizaciones[21], pero la existencia de líderes en distintos puntos claves de las empresas es la base del progreso. Ellos son los que revitalizan el tejido industrial y los que contribuyen a la transformación de las sociedades, modernizando las estructuras productivas y asegurando el progreso y la mejora de las condiciones de vida en todos los órdenes.

9.7 RESUMEN Y CONCLUSIONES

Este capítulo cierra el círculo que hemos abierto al introducir el papel de los empleados, en su condición de verdaderos protagonistas de la banca moderna, de la banca de servicios.

Hemos presentado una nueva manera de concebir los recursos humanos: la dirección por valores.

En toda la exposición hemos hecho alguna referencia a la necesidad de que en cada departamento, división y en cualquier entidad financiera existan líderes (una cuestión que puede constatarse si se toma una muestra de directores de oficinas de distintas entidades financieras).

Sin ellos es difícil que se liberen las energías que han de promover el cambio, inducir la orientación hacia los resultados y conseguir que los empleados desempeñen con pasión sus distintas tareas y funciones. Y todo eso sólo se consigue cuando cada empleado puede dar de sí mismo todo lo que tiene dentro.

Hemos insistido repetidamente en el hecho de que el liderazgo puede aprenderse y ejercitarse. Basta con que el banco tenga una cultura organizativa que haya promovido la formación de líderes en cada sección y en cada oficina. Existe en el líder una vertiente poco conocida: se trata de su papel, entre otros, de pedagogo. Porque, de una parte, ha de hacer explícita su visión del futuro de la organización y, de otra parte, ha de ser el testimonio y punto de referencia que los demás pueden seguir para asegurar la difusión de las ideas que inspiran las estrategias y políticas de la entidad. Son también necesarios "managers" o buenos directivos, pero para comunicar el entusiasmo y despertar la pasión por realizar un trabajo fecundo son imprescindibles los directivos con capacidad de liderazgo.

---

[21] Véase, en este sentido, la descripción de la fase tardía de la revolución industrial de Gran Bretaña, en la obra clásica de Alfred Marshall, *Principios de Economía*.

Capítulo 10

Resumen, 10 preguntas y conclusiones finales

Este libro se ha dividido en diez capítulos. En cada uno de los nueve primeros se ha introducido una especie de resumen, pero ahora necesitamos un marco de referencia más amplio. Sucede lo mismo cuando nos encontramos en una ciudad desconocida en la que no existen puntos de referencia; sólo un mapa puede darnos una visión de conjunto y orientarnos hacia dónde se encuentran el centro o la periferia; hacia lo que es recomendable no pasar por alto y lo que puede dejarse para una segunda visita.

La visión de conjunto, tratándose de un libro de temas muy variados, podría perderse si el lector no tuviera a su alcance una cierta visión panorámica y pudiera identificar también, con relativa facilidad, los puntos de referencia.

Esta visión panorámica vamos a plantearla a través de 10 preguntas. Éste constituye el objeto del capítulo 10:

Primera pregunta: ¿Quiénes son los protagonistas de los bancos modernos?

La pregunta quizá podría parecer exclusiva para la banca, pero también es aplicable a todo tipo de empresas: se trata de los empleados. Ellos son los verdaderos protagonistas de los servicios y actividades que han de ofrecerse para cubrir las necesidades reales de los clientes, los de hoy y los de mañana.

Es posible que el término "protagonistas" sea el que mejor convenga a los empleados de un banco o una caja de ahorros, tanto a los de la organización territorial como a los de los servicios centrales. Procede del griego: *proatos* (primero) y *agonistés* (actor). En sentido etimológico - y desde luego real - ellos son la figura esencial: de su actuación depende todo lo demás.

No se debe por consiguiente al azar que exista en el libro un hilo conductor: el papel de los empleados en general en su orientación hacia los resultados, su preocupación por la calidad, sus relaciones con los clientes, su interés hacia los objetivos que persigue la institución y así sucesivamente.

El título del libro, *Pasión por la Banca*, tiene que ver también, de una manera expresa, con una nueva forma de concebir la gestión de los recursos humanos. La nueva economía - la economía digital; la que ha nacido de la sociedad del conocimiento - parecía una exclusiva de las nuevas tecnologías. Se nos dijo que prácticamente todo se resolvería mediante la técnica. Pero el *Fausto* de Goethe nunca llegó a imaginar un despropósito de este calibre. Algunos llegaron a pensar que los empleados pasarían a un segundo término. Todo eso no era, afortunadamente, más que un espejismo. La banca moderna se ha adaptado, no sin algunas dificultades, a las nuevas oportunidades que nos brindan los sistemas de información, Internet y la telefonía móvil, pero ha demostrado que las personas han ganado una importancia todavía mayor a la que todos reconocían cuando nos movíamos en la "vieja economía".

En un principio - y especialmente desde la experiencia de algunos bancos de los Estados Unidos - se extendió otra concepción distinta, algo que nunca se habría producido en Europa: la oficinas de "tejas y ladrillos" (*bricks and mortar*), se decía, eran ya una reliquia del pasado; quien tuviera "banca on-line o en tiempo real", conectada a Internet, terminaría por conseguir la mayor cuota de mercado. Los que anunciaron a los cuatro vientos esa nueva forma de ver las cosas descubren ahora que el tesoro oculto de bancos y cajas de ahorro son precisamente las oficinas que tienen situadas en enclaves estratégicos. En márketing relacional - como en las reglas clásicas de la estrategia militar de Clausewitz - sólo la infantería puede ganar y conservar los terrenos que han de ocuparse. En España, afortunadamente, la realidad se impuso a las modas pasajeras, aunque sin dejar de aprovechar, por supuesto, las oportunidades que nacen de la banca electrónica,

Por todo eso la banca también se está convirtiendo en una industria que es intensiva en tres sentidos: porque lo es en conocimientos, en capital y en nuevas tecnologías de una forma creciente: para el conjunto de bancos, cajas de ahorros y cooperativas de crédito, en 1998 los activos totales medios alcanzaron la cifra de 149,58 billones de pesetas, con unos beneficios, también globales, de 1,09 billones. Todo ello contando con una plantilla global de 238.901 empleados, lo que equivale a unos activos por empleado del orden de más de 626 millones.

La banca, según hemos destacado, es progresivamente intensiva en conocimientos, capital y nuevas tecnologías, pero se dedica esencialmente a dar servicios. No ocurre lo mismo en muchas industrias maduras, como es el caso del automóvil, en la que una factoría tiene apenas unos centenares de empleados. El resto figuran en la nómina de los proveedores, quienes aportan también el 90% del capital. La red de distribuidores tampoco es propia, pues gozan de una franquicia, de la que también obtiene beneficios el fabricante de la marca. Es más, como hemos destacado en el capítulo 1, la financiación figura como una fuente adicional de resultados, que se desarrolla, bajo distintas modalidades, con pocos empleados. Y la cuestión no termina aquí, porque una parte no despreciable de los resultados se obtiene también por los servicios que se prestan, la venta de los recambios e incluso las pólizas de seguros de alguna filial relacionada con la factoría que fabrica los automóviles.

Segunda pregunta: ¿Qué es un banco moderno?

Lo hemos destacado en el mismo capítulo: Un banco es moderno (1) cuando tiene una estructura organizativa que se adapta a los cambios del mercado, (2) cuando tiene una política de recursos humanos en la que los empleados establecen en equipo sus propios retos, de acuerdo con sus superiores inmediatos y comparten los objetivos globales de la entidad, y (3) satisface las necesidades reales de sus clientes, los de hoy y los que van a salir al mercado mañana. Es un banco que se anticipa a los cambios del mercado y en el que su cultura organizativa tiene una fuerza directriz que propicia la iniciativa y la flexibilidad: los retos que los propios empleados desean plantearse en equipo para dar de sí todo su potencial, hasta realizar la carrera profesional que dé sentido a su trabajo y les haga partícipes del proyecto común de la organización en la que trabajan.

Porque ninguna caja de ahorros o ningún banco es mejor que sus empleados. La imagen que pueda proyectar - y la calidad de sus servicios - depende exclusivamente de ellos.

Pero lo que es realmente decisivo es que sientan la pasión de ejercer su trabajo; que surja en ellos la necesidad de plantearse metas de mejora y, en definitiva, que sientan el deseo de intentar llevarlo a cabo de una manera entusiasta. En el capítulo 1 se ha puesto el acento en algo que ciertamente es obvio: puesto que la gente se siente motivada por metas permanentes (un objetivo que no se sustente en una meta no es propiamente un objetivo sostenible), los empleados tenderán a conseguir más de lo que unos simples objetivos podrían, aparentemente, motivarles.

Las emociones son las que nos mueven - y eso significa el término "e-moción: movimiento inducido. Bancos y cajas han de encontrar los medios para que sus empleados se sientan partícipes de un trabajo común que les atraiga.

Parece demostrado que las personas son seres finalistas, que buscan un sentido a su trabajo. Por consiguiente, es preciso que tengan un conocimiento claro de lo que se espera de ellos y de lo que el banco pretende alcanzar a medio y largo plazo.

De la misma manera que la energía no se agota, sino que se transforma, también el entusiasmo se comunica. Destaquemos la siguiente respuesta global a esta segunda pregunta:

"Una organización galvanizada por el sentido de una misión que todos comparten y unas propuestas firmes que, dentro de un espacio de libertad, cada uno de los empleados se plantee con su jefe inmediato dentro de un plan general pueden potenciar los resultados, no importa cuál sea la dimensión de la entidad o el tamaño del mercado".

Tercera pregunta: ¿Son realmente tan importantes los resultados (los Cash Flow libres)?

Lo son en todos los órdenes de actividad. Una industria - en la nueva economía o en la que se califica como vieja economía, la que produce bienes y materiales - sólo puede tener futuro si sus activos son rentables y sólo tendrá una senda de crecimiento sostenible si sus flujos de caja futuros son positivos y crecientes[1].

Esas cuestiones, que son evidentes en todos los sectores de la industria, la construcción o los servicios en general, adquieren un carácter especial en las entidades de crédito. La razón es muy simple: una fábrica puede colocar en el mercado sus productos, pero la calidad y las prestaciones de éstos no influyen - hasta cierto punto y por espacio de un período de tiempo corto - en la imagen y la confianza de toda la sociedad. Eso no ocurre en el caso de los servicios y productos de las entidades de crédito, porque ellas ofrecen, en la terminología de la teoría económica, "bienes públicos". Es decir, si alguna se declarara insolvente y defraudara la confianza de los ahorradores la imagen desfavorable afectaría a todo el sector financiero. Y a eso se debe la existencia de las autoridades de vigilancia y el control de los bancos centrales de cada país, que se extiende al Banco Mundial y al banco central de todos los bancos emisores (el Banco de Pagos Internacionales, que tiene su sede en Basilea).

---

[1] A lo largo del libro hemos insistido en el hecho de que el valor del dinero vale menos cuanto más alejado está en el tiempo y mayor es la incertidumbre para disponerlo hoy. Por consiguiente, los flujos de caja futuros han de descontarse a una tasa que incluya el verdadero coste del capital del banco o caja de ahorro más una prima de riesgo. De nuevo, las políticas de buena gestión exigen dotaciones adecuadas por los riesgos en que se incurren, coberturas para los posiciones que se tomen y, en cualquier circunstancia, la solvencia de cada entidad de crédito ha de ser la prioridad fundamental a corto, medio y largo plazo.

Es un hecho demostrado: sólo los países democráticos que tienen un sistema bancario sólido, solvente y con autoridades de vigilancia competentes y estrictas pueden crecer sin sobresaltos. En el caso de España, esas condiciones se han dado gracias a la afortunada vigilancia del Banco de España y, más recientemente, desde el primero de enero de 1999, a la cobertura adicional que nos brinda la Unión Económica y Monetaria ante episodios de ataques especulativos que tengan su origen en el exterior de la Zona Euro11.

Todo eso podría expresarse en términos más precisos: todas las entidades de crédito han de tener, por su propia naturaleza, resultados positivos adecuados, ser solventes y tener cubiertos sus riesgos. De nuevo, es una condición necesaria que nace del privilegio de que disfrutan: según la definición de la Teoría Monetaria, ellas ofrecen al mercado "bienes públicos"; tienen la capacidad de "crear medios de pago" (que influyen en la liquidez del sistema financiero) y son los mejores expertos en el tratamiento de todo tipo de riesgo (riesgo de divisas; riesgo de tipos de interés; riesgo de liquidez, ante plazos de cobros y pagos desplazados en el tiempo; riesgo de crédito, etc.). La actuación de un banco - la imagen de su solvencia - no queda reducida a su ámbito interno sino que se difunde y tiene influencia en la confianza que ha de preservarse siempre para la estabilidad del sistema financiero en general.

Para concluir, se trata de renovar los esfuerzos por mejorar los resultados en todos los órdenes: aumentar la productividad; disminuir paulatinamente los gastos de explotación; reducir los índices de morosidad (prestando mucha atención a los primeros indicadores o incidencias y atendiendo a los ciclos) y, en general, insistir en los planes de aumentar los beneficios y la reducción del riesgo (en todas sus variantes) mediante una gestión orientada al crecimiento con niveles máximos de seguridad. Ahora bien, esas mejoras no se obtienen gratuitamente y la importancia de los resultados a la que alude esta tercera pregunta exige insistir en algunos puntos:

3.1 Importancia del ratio de eficiencia

La proporción que guardan los gastos de explotación respecto al margen ordinario o bien, desde otra perspectiva, el porcentaje del margen ordinario que las entidades destinan a gastos de explotación ha de seguirse muy de cerca y poner todos los esfuerzos en su progresiva mejora.

Para el conjunto del sistema bancario español, en el año 1999 el ratio de eficiencia se ha mantenido en torno al 65,5%. Por grupos de entidades, el ratio de eficiencia sigue siendo más favorable para el conjunto de cajas (64%) que los bancos (67%).

Los aumentos de productividad - por empleado y por oficina - pueden reducir el porcentaje del margen ordinario que ha de destinarse a gastos de explotación, pero existen otros factores no menos importantes

3.2 Rentabilidad de los recursos propios

Insistimos en los puntos destacados en el capítulo 3. Los recursos propios de bancos y cajas son fundamentales para su crecimiento y están sujetos a riesgo. Las entidades de depósito tienen ante sí dos tipos de condicionantes: los factores controlables (la composición de la cartera de inversiones; la generación de ingresos financieros; la calidad de los créditos y préstamos en general y, sin agotar todos los casos, insistimos de nuevo en las acciones de todo orden sobre los gastos de explotación y su incidencia en el ratio de eficiencia), y los factores no controlables.

Lo que sí puede y debe controlar una entidad financiera es el riesgo de crédito y, por supuesto, los riesgos de tipos de interés y de divisas y la distribución en el tiempo de los plazos de los activos y pasivos.

3.3 Factores que inciden en el riesgo de crédito: algunas causas de tipo general

Entre otros, con carácter general hemos destacado los siguientes:

- Errores en la formalización de las operaciones de crédito
- En algunos casos no se evalúa adecuadamente el nivel de riesgo que la entidad financiera contrae
- En general tiende a conocerse poco la marcha de las empresas, sus equipos directivos, y no existe un proceso de seguimiento que permita detectar las primeras señales de alerta que podrían evitar que una primera incidencia se convirtiera en un moroso al cabo de poco tiempo.
- En no pocos casos se observa también una falta de seguimiento de las operaciones vivas que están en la cartera de préstamos o créditos de una entidad.
- La evolución de las distintas fases del ciclo económico.

A riesgo de insistir en demasía sobre la morosidad, la importancia del asunto hace necesario destacar que, según hemos comentado oportunamente, en un estudio llevado a cabo por un conjunto de entidades financieras se llegó a las siguientes conclusiones:

(1) El 25% de los fallidos se debe a un análisis inadecuado de la operación de crédito

(2) El 35%, a la falta de un proceso de seguimiento apropiado, capaz de detectar las primeras evidencias y evitar que se conviertan en operaciones abocadas a la morosidad.

(3) Y el 40% restante se debía a errores producidos en la fase de formalización, en la vulneración de las facultades de quienes tenían competencia para dar los créditos, a comportamientos fraudulentos de algunos empleados y, en muchos casos, a la propia evolución negativa del sector.

En resumen, una de cada dos operaciones fallidas podría haberse evitado con una gestión adecuada.

Por el lado de los ingresos hemos destacado también la renovada importancia de las comisiones; en primer término, por su condición de medios de cobro y pago, de actividades que no están sujetas en general al riesgo de interés y, en segundo término, porque son el reflejo de los servicios que se ofrecen a los clientes en respuesta a sus necesidades reales.

Cuarta pregunta: ¿Pueden diseñarse en banca productos y servicios bancarios que aseguren la calidad absoluta, con cero defectos y plena satisfacción de los clientes?

En la industria manufacturera existe un principio que se ha extendido en todos los órdenes: cero defectos (fabricar con un nivel de seguridad de seis sigmas) y satisfacción plena de los clientes. Para conseguirlo los ingenieros diseñan los productos pensando en las distintas fases hasta que lleguen a los consumidores. ¿Es posible conseguirlo en la banca? Aumentan los indicadores que permiten confiar en un proceso parecido. Así lo hemos destacado oportunamente; destacamos solamente tres cuestiones (aunque la lista completa se desarrolla en el capítulo dedicado a la calidad).

1. Es necesario tener una orientación persistente hacia la mejora de los productos y servicios. Todo ello con el propósito de llegar a ser competitivos y de seguir en el negocio en el que estamos y proporcionar nuevos puestos de trabajo.

2. Es necesario adoptar esa nueva filosofía porque nos encontramos en una nueva economía. Los gestores ("managers") de las empresas de Occidente han de despertar ante el reto que se les plantea, y han de aprender sus responsabilidades y ejercer el liderazgo necesario para que se produzca el cambio.

3. Es preciso terminar con la práctica de basar los negocios en los precios de venta. En sentido opuesto, lo que conviene es hacer mínimos los costes. Dirigirse hacia un solo proveedor para cada artículo o componente, creando una relación de lealtad y confianza a largo plazo.

Quinta pregunta: ¿Quiénes pueden prescindir de un departamento de márketing potente?

Nadie: en ningún sector y en ninguna actividad y, desde luego, mucho menos pueden hacerlo bancos y cajas de ahorro.

Es recomendable la siguiente batería de preguntas: las de hoy y las del futuro próximo. ¿Qué estamos haciendo para conocer a quiénes estamos prestando nuestros servicios hoy? ¿Cómo serán nuestros clientes de mañana? Los cambios se producen desde distintas direcciones: por la acción de nuestros competidores; por las transformaciones en los hábitos de conducta que se derivan de las nuevas estructuras demográficas y, sin agotar todas las posibilidades, por las relaciones que existen entre la elasticidad de la demanda respecto a la renta personal disponible. En este sentido, los servicios bancarios son sensibles a los aumentos relativos de determinadas capas sociales cuando la renta personal disponible de éstas cambia al hacerlo su progreso dentro de una determinada profesión, su situación familiar, etc.

HOY	MAÑANA
- ¿A qué clientes servimos hoy?	- ¿Qué clientes tendremos mañana?
- ¿A través de qué canales llegamos hoy a nuestros clientes?	- ¿Qué canales utilizaremos mañana para llegar a ellos?
- ¿Quiénes son hoy nuestros competidores?	- ¿Quiénes serán nuestros competidores en el futuro?
- ¿En qué consiste hoy nuestra ventaja competitiva?	- ¿Cuál será nuestra ventaja competitiva en el futuro?
- ¿Cómo se genera hoy nuestro margen financiero?	- ¿De dónde procederá el margen financiero en el futuro?
- ¿De dónde se obtienen hoy las comisiones?	- ¿De dónde procederán las comisiones en el futuro?
- ¿Qué proporción de ventas cruzadas se obtienen hoy?	¿Qué proporción obtendremos en el futuro?
- ¿Qué tasa de retención de los clientes tenemos hoy?	¿Qué tasas tendremos en el futuro?
- ¿Qué servicios, competencias y sistemas organizativos nos hacen hoy únicos?	¿Qué servicios, competencias y sistemas organizativos nos harán únicos (y distintos) en el futuro?
- ¿Qué índice de satisfacción de los clientes tenemos hoy?	¿Qué índice de satisfacción de los clientes deseamos tener en el futuro?
- ¿Cuál es hoy el grado de orientación al mercado de nuestros empleados y oficinas?	¿En cuánto hemos de mejorar nuestra orientación al mercado en el futuro?
- ¿Cuál es hoy nuestro índice de eficiencia (gastos de explotación sobre margen ordinario?	¿En cuántos años llegaremos a tener un índice de eficiencia inferior al 57%?
- ¿Qué proporción de nuestros empleados de la red están realmente dedicados al servicio de los clientes?	¿Qué proporción lo estarán en los próximos años?
- ¿Se aplica la regla de medir al valor percibido por nuestros clientes?	Si no se aplica hoy, ¿cuándo estaremos en condiciones de hacerla nuestra, es decir: Valor percibido = beneficios percibidos/sacrificios percibidos?
FUENTES: Adaptación propia, para el caso de la banca, a partir del artículo de Gary Hamel y C.K. Prahalad, "Competing for the future", *Harvard Business Review*, julio-agosto de 1994, páginas 127 y 128.	

Sexta pregunta: ¿Qué papel desempeñan los códigos de conducta y los códigos de ética?

Esta pregunta tiene una amplia respuesta en el capítulo 8. Si las entidades de crédito prestan servicios y ofertan productos que, según la teoría económica - y la práctica de todos los bancos centrales de los países avanzados, incluyendo el Banco Mundial -, son por naturaleza bienes públicos, sus empleados deberán seguir no sólo las regulaciones que emanan de las autoridades de vigilancia sino los códigos de conducta y de ética de la propia entidad en la que trabajen.

Esta naturaleza especial de "bien público" no se da en la producción de las empresas manufactureras y tampoco en las que se dedican al sector comercial. Es intrínsecamente propia de la banca. Las razones son evidentes: en primer término, las entidades de crédito se basan en la confianza que les otorguen los depositantes. Bastaría que una entidad tuviera dificultades para que pudiera difundirse una mala imagen, y de ahí el papel del Fondo de Garantía de Depósitos, la vigilancia, auditorías y controles del Banco de España y, en último término, las directivas bancarias que se promulgan en la Unión Europea.

Pero por si eso fuera poco, los bancos crean liquidez en el sistema. En virtud del denominado proceso de expansión de los depósitos, el multiplicador genera oferta monetaria (en el caso de España, se controlan además los activos líquidos en manos del público, o ALPs).

También son necesarios los códigos internos de las entidades de crédito porque manejan información confidencial, son depositarias de los recursos de terceros y, en cualquier caso, de ellas depende la estabilidad del sistema financiero en general.

En el capítulo de referencia hemos distinguido entre los códigos de conducta - que atienden más a las cuestiones o técnicas para conseguir determinados objetivos - y los códigos de ética, en los que se pone el acento en los valores y principios.

Séptima pregunta ¿Podríamos prescindir de la ética y de los códigos en sus distintas variantes?

La respuesta es categórica y se ha anticipado en la pregunta anterior. Pero, como ha señalado J. Fernández Aguado - cuya referencia se ha recogido anteriormente -, "la ética, entre otras funciones, defiende a la persona de sí misma, cuando ésta se considera por encima de todo y de todos: nos recuerda que la persona es un ser frágil, y que sin respetar determinadas indicaciones, que lo son para su propio bien, corre el riesgo de ´quebrarse´ parcial o totalmente (...)".

Octava pregunta: ¿Qué papel desempeñan los líderes en la banca?

La banca de servicios es difícilmente concebible si no se cuenta con directivos con dotes de liderazgo en cada oficina, en cada área, en cada departamento y, evidentemente, en la plana mayor de la entidad financiera.

En un número relativamente reciente de *Harvard Business Review* (noviembre-diciembre 1998), Daniel Goleman se preguntaba: ¿Qué es lo que hace que alguien sea un líder?[2].

Para ejercer un puesto en un banco o una caja de ahorros es preciso tener un grado elevado de inteligencia del tipo cognitivo, racional y hasta cierto punto analítico. Es más, cuanto más complejos sean los problemas que es preciso resolver y más sofisticadas las técnicas, tanto mayor deberá ser la inteligencia de tipo conceptual (lógica) de los empleados bancarios. Pero a lo largo del libro nos hemos planteado una cuestión de otra índole: ¿puede un directivo ser líder si no tiene un grado suficiente de inteligencia emocional?

Gardner, en la Universidad de Harvard, demostró que no. Daniel Goleman va más allá y lo hace en los siguientes términos:

"(...) Identificar las personas que poseen las características adecuadas para ser un líder tiene más que ver con el arte que la ciencia. Después de todo, los estilos personales de los mejores líderes son distintos: algunos líderes son callados y analíticos; otros lanzan sus manifiestos para que sean escuchados en todas partes. Y lo que es más importante, a cada situación le corresponde un tipo de líder distinto. La mayoría de las fusiones necesitan al frente un negociador sutil, mientras que las empresas que han de reorganizarse necesitan de una personalidad fuerte que ejerza su autoridad de una manera manifiesta... Pero yo he descubierto, no obstante, que los líderes más efectivos tienen en común un elevado grado de lo que ha llegado a denominarse 'inteligencia emocional'... Sin ella una persona puede tener la mejor formación intelectual del mundo; puede tener una mente aguda y analítica; puede ser una fuente inagotable de ideas que inspiren nuevos proyectos, pero con todo eso no llegará todavía a ser un gran líder..."[3].

¿Cómo se evalúa la inteligencia emocional y, por consiguiente, cómo pueden identificarse las personas con dotes de liderazgo?

La respuesta a esta pregunta la ha dado Daniel Goleman a través del modelo que identifica las competencias de las personas. Es un nuevo campo para hacer surgir de las personas sus mejores cualidades y abrirles caminos para que conviertan en una realidad los factores que determinan su potencial.

---

[2] Goleman, Daniel, "What Makes a Leader", *Harvard Business Review*, noviembre-diciembre de 1998, pp. 93 a 102.

[3] ibíd., p. 94.

Novena pregunta: Cuestiones que han de ser sometidas a futuros debates

Buena parte de los descubrimientos de la ciencia - incluyendo en ella el amplio campo de las ciencias sociales - fueron el resultado afortunado de alguna pregunta que surgió en una mente incisiva que se preguntó el porqué y el cómo de algo (un fenómeno natural; una aparente regularidad de la física; el paro persistente en la década de los años treinta, etc.). Con el nuevo milenio otra batería de preguntas nos incita a buscar nuevas respuestas. En el terreno de la banca no podía ser de otra forma, porque los propios avances de la tecnología y el aumento de la dimensión de las entidades y los espacios globales son hechos nuevos.

10.1 PUESTOS DE TRABAJO

¿Contratamos a una persona para que desarrolle sus capacidades o nos limitamos a cubrir un puesto de trabajo? Evidentemente, por lo expuesto en los capítulos anteriores, en la dirección por valores se persigue que se desarrollen las capacidades de las personas.

10.2 ¿QUÉ DESEAN EN ÚLTIMO TÉRMINO LAS PERSONAS?

En general tienden a que les sean reconocidas sus capacidades y esperan una remuneración adecuada a sus cualidades, competencias y responsabilidades. Pero en forma creciente tienden a prestar más atención al progreso en la senda de una carrera profesional en la que se les dé un margen para su creatividad, dentro del marco de las acciones coordinadas en toda la organización.

10.3 ¿QUÉ RESPONSABILIDAD TIENEN LAS EMPRESAS CON SUS EMPLEADOS?

Lo hemos destacado en capítulos anteriores: darles los medios para que puedan desplegar su iniciativa y, en todo caso, hacerles partícipes de un proyecto común en el que son tratados como personas con un espacio de libertad para que puedan dar de sí lo mejor que tienen. En algunos sectores se tiende a procurar que los empleados sean responsables de su propia "empleabilidad", según una corriente que nació en Estados Unidos en sectores muy sensibles al ciclo económico (industrias muy volátiles).

10.4 ¿QUÉ NO RECOGE EL BALANCE DE UN BANCO O UNA CAJA DE AHORROS?

- La profesionalidad de sus empleados y directivos.

10.5 ¿CUÁLES SON LAS FUERZAS MOTRICES DE UNA ENTIDAD FINANCIERA?

- Desde luego, su capacidad para satisfacer las necesidades reales de sus clientes. El grado de sintonía de sus empleados con la misión de la entidad; al fin y al cabo, ellos son, según hemos venido insistiendo, los que tienen que llevarlo a cabo con su dedicación y entusiasmo, como verdaderos protagonistas.

Décima pregunta: Otras preguntas sobre el trabajo

Victor Frankl, en sus frecuentes conferencias en los Estados Unidos se encontraba siempre - incluso en la década de los años ochenta - con las mismas preguntas de los jóvenes americanos (de California o de Nueva Inglaterra; de Virginia o de Illinois):

¿Qué sentido tiene mi vida si la sociedad no me ofrece un trabajo digno?

¿Qué sentido tiene la vida?

¿Qué sentido tienen esas campañas publicitarias que nos bombardean con mensajes dirigidos a dar importancia al tener; qué persiguen esas sugerencias subliminales de acumular riquezas; de consumir, de gastar en lo superfluo, cuando lo que realmente sentimos los jóvenes es la necesidad de ser?

Él les respondía que desde su perspectiva personal la sociedad occidental parecía haber perdido el norte: el hombre es un ser finalista; un ser relacional. Necesita saber el para qué de su vida y el porqué de su trabajo.

Valor de los intangibles: ¿Cuánto vale el capital intelectual acumulado por la experiencia de los empleados de una empresa? ¿Cuánto vale la cultura organizativa?

En la dirección por valores surgen cuestiones interminables. Entre otras, dentro de la que se ha dado en llamar "sociedad del conocimiento", se trata de algunas de las preguntas que vamos a formular a continuación.

¿Cuánto vale el capital intelectual de una entidad financiera? Si tiene algún valor - y eso nadie parece ponerlo en duda, porque es el fruto de los conocimientos y la experiencia de sus empleados, en todos los órdenes, acumulado a lo largo de muchos años -, ¿cómo se mide; de qué manera podemos evaluarlo? ¿Puede de alguna forma dar respuesta a las preguntas que formulábamos en el apartado anterior, a partir de la obra de Viktor Frankl?

¿Cuánto vale la cultura organizativa de un banco, de una caja de ahorros o de una empresa industrial o de servicios? Pocos dudan también de que tenga algún valor, pero la cuestión es cómo se determina. Desde luego no es lo mismo tener una empresa con una cultura organizativa madura y orientada al mercado, donde los empleados se plantean objetivos cualitativos y cuantitativos personales, frente a otra caracterizada por tener una cultura organizativa burocrática, donde lo que cuentan son los objetivos puramente cuantitativos y no las metas personales, porque no se confía lo suficiente en los empleados y, por consiguiente, no existe un espacio de libertad donde ejercer las responsabilidades. A menudo eso explica que en algunos casos se trabaje con desgana simplemente porque no se han dado las condiciones para que la creatividad encuentre nuevos caminos para desarrollar las nuevas oportunidades que surgen sin cesar y la empresa pueda crecer sobre bases sólidas.

Estas cuestiones no son pueriles y desde luego tampoco quedan reducidas en el espacio de las "torres de marfil" del mundo académico. Tienen que ver con la motivación de las personas; nacen de la realidad del mundo empresarial y son el reflejo del reconocimiento de que quienes trabajan con ahínco, iniciativa y flexibilidad contribuyen a mejorar la institución en la que colaboran.

A pesar de que sea realmente difícil medir el valor del "capital intelectual" o el valor de una determinada "cultura organizativa", todo el mundo reconoce que es el resultados de los esfuerzos, los deseos y las experiencias acumulados por los miembros de una entidad financiera con el paso del tiempo.

En algunos casos, el valor intangible supera al valor de los activos y de todos los elementos materiales de los balances de las empresas. En otros no sucede así.

¿ES POSIBLE MEDIR EL VALOR DEL CAPITAL INTELECTUAL?

Existe alguna evidencia en cuanto al valor de los conocimientos en determinadas industrias. En Dinamarca, según *The Economist*, el ministro de Comercio pidió a un grupo de 20 empresas que redactaran informes sobre "capital intelectual" durante tres años con objeto de establecer una especie de guía más general.

En Suecia, una empresa de seguros, tenedora de las acciones de otras compañías financieras, ha sido pionera en la publicación de informes acerca de su "Capital Intelectual".

Para concluir, en la sociedad del conocimiento es preciso valorar no sólo lo que mide la Bolsa; es necesario prestar atención a las experiencias, habilidades y conocimientos que los empleados acumulan a través de su trabajo en equipo. Su compromiso con cada entidad vivificará los procedimientos y hará posible que las experiencias se compartan en toda la organización, haciéndola más consistente y valiosa. Cuando eso ocurre, se alcanza lo que en la terminología anglosajona se denomina "alignment" o también "belonging", es decir, tener un sentido de pertenencia con la institución.